suhrkamp taschenbuch 2904

»Je mehr ich darüber nachdachte, desto besser gefiel mir die Idee, mich in New York City von einem Simultandolmetscher verführen zu lassen«, sagt die junge Esther Greenwood unbeschwert. Wenig später unternimmt sie in »Doktor Gordons Privatklinik« ihren ersten Selbstmordversuch. (Sylvia Plath) Über welch großes Unglück könnten Schuhe ein vierzehnjähriges Mädchen hinwegtrösten? (Lisa St Aubin de Terán) Und wann wird aus Liebe Haß? »I'll be glad when you're dead«, sagt die Verlassene verzweifelt. (Marlen Haushofer) »Na, komm schon rein, Mittelalter, komm rein, komm rein! Gib mir deine Hand, laß dir ins Gesicht schauen… Oh… Siehst Du wirklich so aus? … Oh, Gott, hilf mir… hilf mir«, sagt eine Vierzigjährige und tanzt den »Geburtstagsblues«. (Dorothy Parker) »Der Körper ist ewig, nur der Geist ist vergänglich«, tröstet Dubravka Ugrešić angesichts der weiblichen Körper im Fitness Center – »so *crunchy*, so *fluffy*, so *delicious* and so *irresistible*«.

»Leben pur« – geht das? (Clarice Lispector)

Die in diesem Band versammelten Texte zeigen Facetten eines Frauenlebens und erzählen von Liebe und Haß, Glück und Unglück, Erfolg und Scheitern, Eigensinn, Übermut und Selbstbehauptung.

Frauenleben

Ein Lesebuch

Herausgegeben von
Susanne Gretter

Suhrkamp

Umschlagfoto: Attard, Transglobe

suhrkamp taschenbuch 2904
Erste Auflage 1998

Quellennachweise am Schluß des Bandes
Suhrkamp Taschenbuch Verlag

Satz: Fotosatz Uhl + Massopust, Aalen
Druck: Ebner Ulm
Umschlag nach Entwürfen von
Willy Fleckhaus und Rolf Staudt

1 2 3 4 5 6 – 03 02 01 00 99 98

Inhalt

Verführungen

Erklär mir Liebe

River of no return

Wer bin ich?

Es ist die Hölle auf Erden

Nur der Geist ist vergänglich

Verführungen

Katherine Mansfield

Ihr erster Ball

Genau zu sagen, wann der Ball eigentlich begonnen hatte, das wäre Leila schwergefallen. Vielleicht war sogar das Taxi ihr erster wirklicher Partner. Dabei spielte es keine Rolle, daß sie das Taxi mit den Sheridan-Mädchen und deren Bruder teilte. Sie saß in ihre eigene kleine Ecke zurückgelehnt, und das Polster, auf dem ihre Hand ruhte, fühlte sich an wie der Ärmel vom Abendanzug eines unbekannten jungen Mannes. Und davon rollten sie, vorbei an Laternenpfählen und Häusern und Zäunen und Bäumen, die sich alle im Walzertakt drehten.

»Bist du noch nie auf einem Ball gewesen, Leila? Ach, Mädchen, das ist ulkig –«, riefen die Sheridan-Mädchen.

»Zu unserem nächsten Nachbarn waren es fünfzehn Meilen«, sagte Leila leise, wobei sie behutsam den Fächer auf- und zuklappte.

O Gott, wie schwer fiel es doch, so gleichgültig zu tun wie die andern! Sie gab sich große Mühe, nicht zuviel zu lächeln; sie gab sich große Mühe, sich nichts draus zu machen. Aber jede Einzelheit war dabei so neu und aufregend... Megs Tuberosen, Joses lange Bernsteinkette, Lauras kleiner dunkler Kopf, der sich über ihren weißen Pelz schob wie eine Blume durch den Schnee. Das würde sie nie vergessen. Als sie ihren Cousin Laurie die Seidenpapierfetzen wegwerfen sah, die er vom Verschluß seiner neuen Handschuhe abzupfte, empfand sie sogar einen stechenden Schmerz. Am liebsten hätte sie diese Fetzchen als Andenken behalten, als Erinnerungsstückchen. Laurie beugte sich vor und legte Laura die Hand aufs Knie.

»Hör mal, Kleines«, sagte er, »wie immer den dritten und den neunten. Klar?«

Oh, wie wundervoll war es doch, einen Bruder zu haben! In ihrer Aufregung spürte Leila, daß sie, wenn dazu Zeit gewesen wäre, wenn es nicht unmöglich gewesen wäre, gar nicht anders gekonnt hätte, als zu weinen, weil sie ein Einzelkind war und kein Bruder jemals ›Klar?‹ zu ihr gesagt hatte. Keine Schwester würde sich je an sie wenden, wie sich eben in diesem Augenblick Meg an Jose wandte: »So wie heute abend ist dir deine Frisur noch nie geglückt!«

Aber dazu war natürlich keine Zeit. Sie waren bereits an der Turnhalle; lauter Taxis, vor ihnen und hinter ihnen. Fächerartige Lichter schwankten auf und ab und erhellten von beiden Seiten die Straße, und auf den Bürgersteigen schienen ausgelassene Paare durch die Luft zu schweben; kleine Satinschuhchen haschten einander wie Vögel.

»Halt dich an mir fest, Leila, damit du nicht verlorengehst«, sagte Laura.

»Los, Kinder, auf ins Gefecht!« rief Laurie.

Mit zwei Fingern faßte Leila Lauras rosarotes Samtcape an und irgendwie wurden sie an der großen goldenen Laterne vorbeigehoben, den Gang langgeschoben und in den kleinen Raum mit der Aufschrift ›Damen‹ hineingeschubst. Hier war das Gewimmel so groß, daß sie kaum genug Platz fanden, ihre Sachen auszuziehen; es herrschte ohrenbetäubender Lärm. Auf den beiden Bänken an jeder Seite türmten sich Mäntelberge. Zwei alte Frauen in weißen Schürzen liefen hin und her, die Arme voll bepackt, und warfen frische Ladungen darauf. Und alle drängelten nach vorn, um zu dem kleinen Ankleidetisch und Spiegel am andern Ende vorzustoßen.

Ein breiter flackernder Lichtstrahl aus der Gaslampe erhellte die Damentoilette. Er konnte nicht stillhalten; er tanzte bereits. Als die Tür wieder aufging und ein Schwall von Tönen – die Instrumente wurden gestimmt – hereinflutete, hopste er nahezu an die Decke.

Blonde und Schwarzhaarige strichen sich die Haare glatt, banden Schleifen neu, steckten sich Taschentücher ins Mieder, glätteten alabasterweiße Handschuhe. Und weil sie alle lachten und fröhlich waren, kamen sie Leila alle schön vor.

»Gibt's hier denn keine unsichtbaren Haarnadeln?« rief eine Stimme. »Das ist ja wirklich erstaunlich! Ich kann keine einzige unsichtbare Haarnadel sehen.«

»Pudre mir mal den Rückenausschnitt, sei so lieb«, rief eine andere.

»Aber ich brauche unbedingt Nadel und Faden. Ich hab' mir ja ellenlang die Rüsche abgerissen«, jammerte eine dritte.

Dann: »Weitergeben, bitte weitergeben!« Der geflochtene Korb mit den Programmen wanderte von Arm zu Arm. Süße kleine Programme, ganz in Rosa und Silber, mit rosaroten Stiften und flauschigen Troddeln. Leila zitterten die Finger, als sie eins aus dem Korb nahm. Sie war drauf und dran, jemanden zu fragen: »Ist auch eins für mich dabei?«, ihr blieb aber gerade genug Zeit zu lesen: ›3. Walzer. *Zu zweit in einem Boot allein.* 4. Polka. *Da fliegen die Federn*‹, als Meg auch schon rief: »Fertig, Leila?«, und sie drängten sich durch das Gewühl im Gang zu den großen Doppeltüren der Turnhalle.

Der Tanz hatte noch nicht angefangen, aber die Kapelle hatte jetzt mit dem Stimmen aufgehört, und es war so laut, daß es einem vorkam, daß keiner die Musik hören würde, als sie endlich zu spielen anfing. Leila, die sich an Meg drängte und ihr dabei über die Schulter blickte, schien es, daß sogar die quer unter der Decke gespannten wogenden bunten Fähnchen drauflos plauderten. Sie vergaß ihre Scheu völlig. Sie vergaß, wie sie sich mittendrin beim Ankleiden aufs Bett gesetzt hatte, einen Schuh schon an, den andern noch nicht, und ihre Mutter gebettelt hatte, ihre Cousinen anzurufen und zu guter Letzt doch noch abzusagen. Und die Anwandlung von Sehnsucht, die sie gepackt hatte, auf der Veranda ihres einsamen ländlichen Hauses zu sitzen und den jungen Käuzchen zu lauschen, wie sie ihr ›Kiwitt-komm mit‹ in die mondhelle Nacht riefen, war jetzt in eine Anwandlung von Freude umgeschlagen, so strahlender Freude, daß sie kaum allein zu ertragen war. Sie hielt den Fächer umklammert, und wie ihr Blick den golden glänzenden Fußboden, die Azaleen, die Laternen und hinten die Bühne mit dem roten Teppich, den vergoldeten Stühlen und der Kapelle in der Ecke umfing, dachte sie atemlos: »Wie himmlisch! Ganz einfach himmlisch!«

All die Mädchen standen in Grüppchen beisammen auf der einen Seite der Tür, die Männer auf der anderen, und in dunklen Gewändern trippelten einfältig lächelnd die Anstandsdamen mit vorsichtigen Schrittchen über den glänzenden Tanzboden zur Bühne.

»Das ist meine kleine Cousine Leila vom Lande. Sei nett zu ihr. Sieh dich nach Partnern für sie um. Ich hab' sie unter meine Fittiche genommen«, sagte Meg, als sie von einer zur andern ging.

Fremde Gesichter lächelten Leila zu – freundlich, unbestimmt. Fremde Stimmen antworteten: »Natürlich, meine Liebe.« Aber Leila spürte, daß die Mädchen sie gar nicht richtig sahen. Sie blickten unaufhörlich zu den Männern hinüber. Warum fingen diese denn nicht an? Worauf warteten sie noch? Da standen sie nun da, zogen die Handschuhe glatt, strichen das glänzende Haar zurecht und lächelten einander an. Dann auf einmal, als hätten sie sich eben erst dazu entschlossen, daß das ihre Aufgabe war, kamen die Männer über das Parkett geglitten. Freudige Verwirrung ergriff die Mädchen. Ein großer Blonder flog auf Meg zu, nahm ihre Tanzkarte, kritzelte etwas hinein; Meg reichte ihn an Leila weiter. »Darf ich bitten?« Er verneigte sich lächelnd. Dann kam ein Dunkler mit einer Brille, dann Cousin Laurie mit einem Freund und Laura mit einem kleinen sommersprossigen Burschen, dessen Krawatte schief hing. Darauf nahm ein ziemlich alter Mann – dick, mit einer großen kahlen Stelle auf dem Kopf – ihre Tanzkarte und murmelte: »Mal schauen, lassen Sie mich mal sehen!« Und lange hatte er damit zu tun, seine Karte, die schwarz aussah vor lauter Namen, mit ihrer zu vergleichen. Es schien ihm so viel Mühe zu machen, daß Leila sich schämte. »Ach, machen Sie sich doch bitte keine Umstände«, sagte sie beflissen. Doch statt einer Erwiderung schrieb der Dicke etwas, blickte sie wieder an. »Kenne ich dieses hübsche kleine Gesicht?« fragte er leise. »Ist es mir von dermaleinst bekannt?« In diesem Augenblick begann die Kapelle zu spielen; der Dicke verschwand. Er wurde auf einer gewaltigen Woge von Musik davongetragen, die über das glänzende Parkett herübertrieb, die Grüppchen zu Paaren auflöste, sie zerstreute, sie sich drehen ließ…

Leila hatte auf der Internatsschule das Tanzen gelernt. Jeden Samstagabend wurden die Internatsschüler in die kleine Wellblechhalle der Mission gejagt, wo Miss Eccles (aus London) ihre ›erlesenen‹ Stunden erteilte. Aber der Unterschied zwischen jenem Saal – wo es immer nach Staub roch, wo bunte Sprüche an den Wänden hingen und das arme, verschreckte Frauchen in brauner Samtkappe, mit Ohren wie ein Kaninchen, auf das stumpfe Klavier einhämmerte, Miss Eccles mit einem langen weißen Stock den Mädchen auf die Füße klopfte – und diesem hier war so gewaltig, daß Leila überzeugt war, wenn ihr Partner nicht käme und sie der wundervollen Musik zuhören und den andern zusehen müßte, wie sie sich wiegten und über den goldenen Boden dahinglitten, würde sie sterben oder wenigstens ohnmächtig, oder sie würde die Arme ausbreiten, um aus einem dieser dunklen Fenster, vor denen die Sterne leuchteten, davonzufliegen.

»Unsrer, denke ich.« Jemand verneigte sich, lächelte und bot ihr den Arm. So brauchte sie doch nicht zu sterben. Eine Hand hielt sie fest um die Mitte, und wie eine Blume, die man in einen Teich geworfen hatte, trieb sie dahin.

»Kein schlechtes Parkett, nicht wahr?« ließ sich eine Stimme, leise, schleppend, dicht an ihrem Ohr vernehmen.

»Ich finde, es ist ganz wunderbar glatt«, sagte Leila.

»Wie bitte?« Die leise Stimme klang überrascht. Leila wiederholte ihre Worte. Und nach einer winzigen Pause tönte es leise zurück: »O ja!«, und sie wurde erneut herumgeschwenkt.

Er führte so wunderbar. Darin lag der große Unterschied, wenn man mit Männern statt mit Mädchen tanzte, fand Leila. Mädchen rempelten einander an und traten sich auf die Füße; das Mädchen, das den Herrn mimte, hielt einen immer so krampfhaft fest.

Die Azaleen waren jetzt keine einzelnen Blumen mehr, es waren verfließende rosarote und weiße Fähnchen.

»Waren Sie vorige Woche bei den Bells?« ließ sich die Stimme wieder hören. Sie klang müde. Leila überlegte, ob sie ihn fragen müßte, ob er gern aufhören würde.

»Nein, das ist mein erster Ball«, antwortete sie.

Ihr Partner lachte mit leichtem Keuchen. »Oh, sagen Sie bloß!« protestierte er.

»Ja, das ist wirklich der erste Ball, den ich je besucht habe.« Leila glühte richtig vor Eifer. Es bedeutete eine solche Erleichterung, es jemandem erzählen zu können. »Sehn Sie, bis jetzt hab' ich immer auf dem Lande gelebt...«

In diesem Augenblick brach die Musik ab, und sie gingen, um sich auf zwei Stühle an der Wand zu setzen. Leila steckte ihre Füße in den rosaroten Satinschuhen unter den Stuhl und fächelte sich Luft zu, während sie selig die anderen Pärchen vorbeigehen und durch die Drehtüren verschwinden sah.

»Macht's dir Spaß, Leila?« fragte Jose mit einem Nicken ihres goldenen Schopfes.

Laura ging vorbei und blinzelte ihr ganz verstohlen zu, so daß Leila einen Augenblick lang nicht recht wußte, ob sie denn nach alledem wirklich erwachsen wäre. Gewiß, ihr Partner redete nicht sehr viel. Er hustete, steckte das Taschentuch wieder weg, zog die Weste zurecht, zupfte ein winziges Fädchen von seinem Ärmel. Aber das machte nichts. Beinahe unvermittelt setzte die Kapelle ein, und ihr zweiter Partner schien von der Decke herabzuspringen.

»Das Parkett ist nicht schlecht«, sagte die neue Stimme. Fing man denn immer mit dem Parkett an? Und dann: »Waren Sie am

Dienstag bei den Neaves?« Und wieder erklärte Leila alles. Es kam ihr schon recht eigenartig vor, daß ihre Partner nicht mehr Interesse bekundeten. Denn es war wirklich aufregend. Ihr erster Ball! Sie stand nur am Anfang von allem. Es schien ihr, als hätte sie nie zuvor gewußt, wie die Nächte waren. Bis jetzt waren sie dunkel, still, sehr oft auch schön gewesen – o ja –, aber irgendwie auch traurig und düster. Von feierlichem Ernst. Und jetzt würde es nie wieder so sein – strahlend hell hatten sich die Nächte für sie aufgetan.

»Ein Eis gefällig?« fragte ihr Partner. Und sie gingen durch die Drehtür, den Gang entlang, in den Speisesaal. Ihr Gesicht glühte, sie hatte schrecklichen Durst. Wie verlockend die Eisportionen auf den Glastellerchen aussahen und wie kalt der überfrorene Löffel war, auch ganz vereist! Und als sie in den Saal zurückkehrten, stand da der dicke Mann an der Tür und wartete auf sie. Sie erschrak aufs neue, als sie sah, wie alt er war; er hätte zu den Müttern und Vätern auf der Bühne gehört. Und als Leila ihn mit ihren anderen Partnern verglich, sah er direkt schäbig aus. Seine Weste war zerknittert, am Handschuh fehlte ihm ein Knopf, das Jackett sah aus, als wäre es voller Schneiderkreide.

»Kommen Sie, kleine Dame«, sagte der Dicke. Kaum, daß er sich die Mühe machte, sie zu umfassen, und sie bewegten sich so leicht dahin, daß sie mehr zu gehen als zu tanzen schienen. Aber er sagte kein Wort über das Parkett. »Ihr erster Ball, nicht wahr?« murmelte er.

»Woher *wissen* Sie denn das?«

»Ach«, erwiderte der Dicke, »so ist das eben, wenn man alt ist!« Er schnaufte leise, als er sie an einem tolpatschigen Paar vorbeilenkte. »Sehn Sie, ich mache das hier nun schon dreißig Jahre.«

»Dreißig Jahre?« rief Leila. Zwölf Jahre, ehe sie überhaupt geboren war!

»Der Gedanke ist kaum zu ertragen, ja?« sagte der Dicke schwermütig. Leila sah auf seine Glatze, und er tat ihr leid.

»Ich finde es großartig, so was noch zu machen«, sagte sie freundlich.

»Freundliche kleine Dame«, entgegnete der Dicke, und er zog sie ein wenig dichter zu sich heran und summte einen Takt des Walzers mit. »Natürlich«, fuhr er fort, »Sie können nicht hoffen, das auch so lange mitzumachen. Nei-ein«, sagte der Dicke, »schon lange vorher werden Sie dort auf der Bühne sitzen, als Zuschauer, in Ihrem kleidsamen schwarzen Samt. Und diese hübschen Arme werden dick und stämmig geworden sein, und den Takt werden Sie mit einem ganz anderen Fächer schlagen – schwarz wie Ebenholz.« Den Dicken schien ein Schauder zu überlaufen. »Und Sie werden sich in ein Lächeln retten wie die Ärmsten da oben und auf Ihre Tochter zeigen und der älteren Dame neben sich erzählen, wie irgend so ein fürchterlicher Kerl versucht hat, sie auf dem Klubball zu küssen. Und das Herz wird Ihnen weh tun, so weh tun« – der Dicke preßte sie noch fester an sich, als täte ihm das arme Herz wirklich leid –, »weil jetzt niemand mehr Sie küssen will. Und Sie werden sich darüber auslassen, wie schlecht man auf diesen glatten Böden laufen könne, wie gefährlich sie seien. Nun, Mademoiselle Hurtigzeh?« sagte leise der Dicke.

Leila lachte ein wenig, obwohl ihr gar nicht nach Lachen zumute war. War das – konnte das alles wahr sein? Es klang schrecklich wahr. War dieser erste Ball schließlich nur der Anfang ihres letzten? Bei diesem Gedanken schien die Musik anders zu werden; sie klang traurig, ganz traurig, schwoll an zu einem mächtigen Seufzer. Ach, wie schnell sich doch alles änderte! Warum dauerte das Glück nicht ewig? Ewig wäre kein bißchen zu lang.

»Ich möchte nicht mehr«, sagte sie atemlos. Der Dicke geleitete sie zur Tür.

»Nein, ich möchte nicht hinausgehen. Ich möchte mich auch nicht setzen. Ich werde nur hier stehenbleiben, vielen Dank.« Sie lehnte sich an die Wand, schlug mit dem Fuß den Takt, zupfte an den Handschuhen und versuchte ein Lächeln. Aber ganz im Innern warf sich ein kleines Mädchen die Schürze über den Kopf und schluchzte. Warum hatte er alles verdorben?

»Hören Sie«, sagte der Dicke, »Sie dürfen mich nicht ernst nehmen, kleine Dame.«

»Als ob ich das täte!« erwiderte Leila, warf das dunkle Köpfchen hoch und lutschte an der Unterlippe...

Und wieder promenierten die Paare auf und ab. Die Tür ging auf und zu. Jetzt wurde vom Kapellmeister die neue Musik angekündigt. Doch Leila wollte nicht mehr tanzen. Sie wollte zu Hause sein oder auf der Veranda sitzen und den kleinen Käuzchen lauschen. Als sie durch die dunklen Fenster zu den Sternen hinaufsah, glichen ihre langen Strahlen Flügeln...

Aber im gleichen Augenblick begann eine weiche, schmelzende, hinreißende Melodie, und ein junger Mann mit gelocktem Haar verbeugte sich vor ihr. Aus Höflichkeit würde sie tanzen müssen, bis sie Meg finden konnte. Sehr steif schritt sie zur Mitte; sehr hochmütig legte sie ihm die Hand auf den Arm. Aber in der nächsten Minute, bei der nächsten Drehung glitten ihre Füße dahin, dahin. Die Lichter, die Azaleen, die Kleider, die rosigen Gesichter, die Samtstühle, all das drehte sich wie ein einziges wundervolles Schwungrad. Und als ihr nächster Partner sie gegen den Dicken stieß und er »Par*don*!« sagte, lächelte sie ihn strahlender an denn je. Sie hatte ihn nicht einmal wiedererkannt.

Marlen Haushofer

Die Zeit

An einem der ersten Septembertage des Jahres siebenunddreißig ging sie zu ihrem ersten Rendezvous. Sie war gerade achtzehn geworden und sollte im Frühling ihre Reifeprüfung ablegen. Eigentlich hätte sie auch diesen Nachmittag besser hinter den Büchern verbracht, aber sie hatte genug davon bis zum Halse. Sie lernte ziemlich leicht, wußte aber nicht wozu und machte sich auch nie Gedanken darüber. Ihre Eltern hatten vor Jahren beschlossen, sie aufs Gymnasium zu schicken, und das hatte sich entschieden als vorteilhaft für sie erwiesen. Solange sie nämlich zur Schule ging, wagte ihre Mutter nicht, sie mit Hausarbeiten zu belästigen; sie brauchte nur zu sagen: »Ich muß noch fünf Seiten Vokabeln lernen«, und sie konnte sicher sein, die nächsten Stunden ungestört in ihrem Kabinett bei einem Liebesroman verbringen zu können. Übrigens hatte sie längst beschlossen, niemals so dumm zu sein wie ihre arme Mutter, die den ganzen Tag kochen, aufräumen, abwaschen und nähen mußte und schon sehr abgearbeitete und häßliche Hände hatte.

Es war ein warmer Tag, und alle Farben schienen leuchtender als sonst. Sanfter goldener Glanz lag um die grauen Häuser und um die Türme der Votivkirche. Während sie so dahinlief, spürte sie heftiges Verlangen, einen Hydranten oder eine Plakatsäule zu umarmen, ein Verlangen, das vor ungefähr einem Jahr zum erstenmal aufgetreten war. Es war sicher an der Zeit für sie, diese Gegenstände mit einem lebenden Objekt zu vertauschen. Sie bildete sich ein, in den betreffenden jungen Mann verliebt zu sein, und das stimmte auch. Was sie nicht wußte, war, daß sie sich in jeden anderen jungen Mann genauso hätte verlieben können. Aber das konnte sie nicht wissen und hätte es auch keinem Menschen geglaubt, eingekapselt in ihre Jugend, in ein Gefängnis aus festem Fleisch, das keinen Strahl der Wirklichkeit in sie eindringen ließ.

Sie hörte leises Rascheln, das war der Taftunterrock an den seidenbestrumpften Beinen. Sie besaß nur einen eleganten Unterrock und nur ein Paar Seidenstrümpfe, eine bedauerliche Tatsache, mit der sie sich nie abfinden konnte. Überhaupt war es ganz unerklärlich, ein Irrtum des Schicksals oder so etwas, daß sie nicht die Tochter reicher, vornehmer Leute war. Aber dies würde sich demnächst ändern; wie, wußte sie allerdings noch nicht und war geneigt, auf ein Wunder zu hoffen. Ihre übrige Aufmachung paßte schlecht zu Taft und Seide. Das Kostüm war an den Taschen abgeschabt und, weil diese Farbe nicht aus der Mode kommen konnte, mausgrau, die braune Handtasche und die Schuhe waren plump und häßlich. Ihre Mutter kleidete sie viel zu altmodisch, die Arme besaß überhaupt keinen Geschmack und dachte bei jedem Stück nur, daß es wenig kosten und lange halten sollte. Besser gar nicht darüber nachdenken, da es ja doch demnächst anders werden mußte. Zu ihrem Leidwesen sah sie aus wie ein Kind, das man als Matrone verkleidet hatte. Der rechte Zwirnhandschuh war an den Spitzen gestopft, sie zog ihn aus und trug ihn in der Hand. An der Hand selbst gab es Gott sei Dank nichts auszusetzen, sie war rosig, langfingerig, die Nägel gepflegt, leider aber kurz geschnitten, weil lange Nägel in der Schule verboten waren.

Der warme Wind, der in kurzen, heftigen Stößen daherkam, zerrte an ihrem Haar und lockerte die Rolle, die sie im Nacken gedreht hatte. Alle jungen Mädchen trugen diese Rolle, eine sehr unkleidsame Frisur. Sie träumte davon, sofort nach der Matura das Haar lang und wallend auf die Schultern niederfallen zu lassen. Als sie in eine Querstraße einbog, kam der Wind unversehens von hinten und schob den Rock über ihre Kniekehlen. Es war, als fasse eine heiße Hand um ihre Beine. Sie errötete, spürte es und ärgerte sich darüber. Plötzlich war sie überzeugt davon, daß jeder Mensch sie anstarrte, und deshalb errötete sie noch heftiger. In Wirklichkeit starrte ein einziger Mensch sie an, ein alter Straßenkehrer, und der sah sie gar nicht, weil er nämlich angestrengt darüber nachgrübelte, wo er seine letzte Zigarette verloren haben mochte.

Sie sah auf die Uhr, eine billige Schulmädchenuhr, und seufzte. Es war unmöglich gewesen, früher wegzukommen. Ihre Mutter war schrecklich wachsam in mancher Hinsicht. Sie hatte ohnedies lügen müssen. Nicht, daß ihr das etwas ausgemacht hätte, sie log oft und mit einer gewissen Meisterschaft und verspürte niemals Gewissensbisse. Nur auf diese Weise konnte sie ein halbwegs angenehmes Leben führen, und das stand ihr ja wohl zu.

Ihre Eltern waren bestimmt recht anständig zu ihr, aber das

war die Pflicht aller Eltern, und sie nahm es gar nicht richtig wahr. Sie sah auch nie, daß sie Sorgen hatten, daß die Wohnung immer schäbiger wurde und daß Mutter in letzter Zeit kränkelte. Ganz am Rande hörte sie Gespräche und Streitereien über Politik, wirtschaftliche Misere, Krankheit und den Tod älterer Leute. Es schien eine ganze Menge alter Leute rundum zu sterben oder krank zu sein, gewiß, sehr traurig, aber sie ging das gar nichts an. Es berührte sie nicht, drang niemals durch die Wolke, in deren Mitte sie schwebte. Es gab zwei Wirklichkeiten, ihre kleine Schulmädchenwelt mit Prüfungssorgen, Tratsch, Schwärmereien und kleinen Bosheiten, und eine phantastische Traumwelt, in die sie sich fallen ließ, sobald sie allein war. In der Schulmädchenwelt gab es zur Unzeit auslaufende Füllfedern, Schuppen auf den schwarzen Schulmänteln, Pickel im Gesicht und den scharfen Geruch von dreißig jungen Weiblichkeiten in einem schlechtgelüfteten Raum.

In der Traumwelt gab es keinerlei Gerüche. Die Mädchen besaßen keine deutlichen Arme und Beine, nicht einmal einen nennenswerten Rumpf, vom Brustansatz abwärts waren sie nur prächtige Kleiderständer. Aber alle hatten sie herrliche blaue oder schwarze Augen, groß wie Moccatassen, goldblonde, tizianrote oder schwarze Locken, herzförmige rote Münder, schneeweiße Zähne, eine Haut wie Alabaster oder Elfenbein.

Die Männer waren weniger deutlich, sie waren nur groß und schlank und nahmen gelegentlich die Züge eines Schauspielers oder eines Lehrers an, sehr veredelt natürlich. Im übrigen hatten sie nichts zu tun, als den märchenhaften Mädchengeschöpfen ihre Liebe zu gestehen, sie unter größten Gefahren zu erobern und sie mit Rosensträußen und Geschenken zu überschütten. Ältere Leute, Kinder, Tiere und Pflanzen gab es nicht in dieser Welt, Gebäude und Wohnungen nur verschwommen als Kulissen, prächtig und vornehm, aber ganz undeutlich. Und in dieser Welt stand die Zeit still.

Sie lief jetzt beinahe und hörte das Klappern ihrer Absätze auf dem Pflaster. Dann überquerte sie den Ring und bog in die Schottengasse ein. Es war zehn Minuten nach vier, und sie ging jetzt absichtlich langsam. Fünfzehn Minuten sollte man einen jungen Mann immer warten lassen, zumindest behaupteten das ihre Freundinnen. Es war wirklich an der Zeit, ein Rendezvous zu haben, die anderen lächelten schon mitleidig über sie. Na, ab morgen würde sie endlich auch mitreden können. Sie trocknete ihr Gesicht mit dem Taschentuch, die Luft war warm und trocken. Wüstenwind, dachte sie und fand es besonders aufregend, ihr erstes Erlebnis bei Wüstenwind zu haben. Dann trat sie in einen Hausflur und lauschte, ob jemand die Stiege herunterkam. Nichts regte sich, das Haus schien zu schlafen. Hier war es kühl wie in einer Gruft. Im Dämmerlicht waren nun plötzlich die Gestalten der Traumwelt um sie. »Bleib bei uns«, flehten sie, »wir geben dir alles, was du brauchst, geh nicht in die häßliche Welt der Großen.« Sie schüttelten ihre langen Locken, hatten Tränen in den riesigen Augen und rangen lilienweiße Hände. Sie spürte Unruhe und Angst, und einen Augenblick lang wünschte sie nichts als heimzulaufen, aber dann siegte die Neugierde. Die Gestalten zogen sich in die Dunkelheit zurück, zerflossen in Nichts, und sie stand wieder allein in dem düsteren Hausflur. Sie vergaß alles und starrte in ihren Taschenspiegel. Mit Speichel befeuchtete sie Brauen und Wimpern, biß die Lippen, bis sie rot und schwellend waren, und merkte, daß ihr Herz klopfte. Jetzt konnte sie wirklich nicht länger warten. Gemessenen Schrittes trat sie aus dem Haustor und überquerte die Straße, die häßliche Tasche eng an sich gepreßt. Und dann sah sie den jungen Mann hinter einem Fenster der Konditorei, am liebsten wäre sie jetzt nach Hause gelaufen. Er sah so anders aus, als sie ihn in Erinnerung hatte, ganz wie ein gewöhnlicher Mensch.

Aber da hatte er sie erblickt und sprang von seinem Platz auf. Nun blieb ihr nichts mehr übrig, als ihm entgegenzugehen.

Als sie ihm die Hand reichte, fing eine Uhr zu ticken an, langsam erst, dann immer schneller und schneller, zum rasenden Heulton einer Sirene anschwellend und schließlich so schnell, daß sie unhörbar wurde.

An einem Tischchen in der Konditorei in der inneren Stadt saß eine Dame in mittleren Jahren. Sie aß geistesabwesend ein Stück Cremetorte. Es war an einem der ersten Septembertage des Jahres fünfundsechzig. Wenn man sie näher betrachtete, sah man, daß sie einmal sehr hübsch gewesen sein mußte. Sie sah noch immer recht gut aus, dichtes, dunkelgefärbtes Haar, das Gesicht sehr gepflegt und dezent geschminkt. Das alles hätte man sehen können, aber niemand sah es. Selbst wenn sie zwei Nasen im Gesicht getragen hätte, wäre es nicht weiter aufgefallen. Die jungen Leute um sie herum blickten über sie hinweg, als wäre sie gar nicht vorhanden.

Sie dachte an ihren Mann, der seit Jahren mit einer anderen Frau lebte, an die Tochter, die ins Ausland geheiratet hatte und sich nicht um sie kümmerte. Und heute hatte sie auch noch ihren Freund verloren. Er war viel jünger als sie, und sie war ihm nicht böse, schließlich war es ohnedies für sie nur eine einzige Anstrengung gewesen, junge Frau zu spielen und nie müde sein zu dürfen. Nein, sie trauerte nicht um ihn, was sie schmerzte, war nur verletzte Eitelkeit. Sie hob die Hand und sah auf ihre Uhr, eine winzige, kostbare Uhr an einer weißen langfingerigen Hand mit langen Nägeln. Sie betrachtete diese Hand und merkte, daß es eine alte Hand war, welkes Fleisch, blaue Adern unter einer leicht zerknitterten dünnen Haut. Was war mit ihr geschehen? Eben noch war sie jung und hübsch gewesen. Sie dachte an die Wärme und Fröhlichkeit, die das Begehren in den Augen der Männer in ihr geweckt hatte. Die Wärme und Fröhlichkeit hatten sie verlassen, und es gab nichts mehr, was sie zu neuem Leben erwecken konnte. Sie sah in den Taschenspiegel und stellte sich vor, was ihr junger Freund beim Anblick dieses kunstvoll bemalten welken Gesichts gedacht hatte. Dieser Schlag war unerträglich, und sie hörte auf zu denken. In wirrem Verlangen nach Zärtlichkeit und Süße bestellte sie ein zweites Stück Cremetorte. Dann griff sie nach dem Buch, das sie in der Leihbücherei ausgewählt hatte, und blätterte darin.

Und der alte Traum stand wieder auf, streckte die Arme aus und zog sie in sich hinein. Da waren sie wieder; Augen groß wie Moccatassen, rote Münder, seidige Locken, Alabaster und Elfenbein, ewige Jugend und Schönheit. Sie ergab sich. Jene andere Welt war unerträglich, in Wahrheit hatte sie sich dort nie daheim gefühlt. Vor einer undeutlichen Kulisse aus Marmor, edlen Hölzern, Samt und Seide verwandelte sie sich in eine der zauberhaften Gestalten, glitt einem Reigen süßer Abenteuer entgegen und merkte nicht, daß flüssige Kaffeecreme auf ihre Seidenbluse tropfte.

Und die Zeit stand wieder still.

Sylvia Plath
Je mehr ich darüber nachdachte

Je mehr ich darüber nachdachte, desto besser gefiel mir die Idee, mich in New York City von einem Simultandolmetscher verführen zu lassen. Constantin schien in jeder Hinsicht erwachsen und besonnen. Es gab keine gemeinsamen Bekannten, vor denen er hätte prahlen können, wie die Collegestudenten vor ihren Zimmergenossen oder vor ihren Freunden in der Basketballmannschaft prahlten, sie hätten auf einem Autorücksitz mit einem Mädchen geschlafen. Es war auch eine nette Pointe, wenn ich mit einem Mann schlief, den ich durch Mrs. Willard kennengelernt hatte – es war fast so, als sei letzten Endes sie an allem schuld.

Als Constantin fragte, ob ich noch mit zu ihm kommen und ein paar Platten mit Balaleikamusik hören wollte, lächelte ich vor mich hin. Meine Mutter hatte mir eingeschärft, wenn ich mit einem Mann abends ausgewesen wäre, sollte ich niemals, unter gar keinen Umständen mit in seine Wohnung gehen, es könnte nur eines bedeuten.

»Ich liebe Balaleikamusik«, sagte ich.

Constantins Zimmer hatte einen Balkon mit Aussicht auf den Fluß, und wir konnten das Tuten der Schlepper unten in der Dunkelheit hören. Ich fühlte mich ergriffen und beschwingt und war mir meiner Sache ganz sicher.

Ich wußte, daß ich ein Baby bekommen konnte, aber dieser Gedanke lag weitab, in irgendeiner undeutlichen Ferne und störte mich überhaupt nicht. Es gab keine hundertprozentig sichere Methode, kein Kind zu bekommen, stand in einem Artikel, den meine Mutter mir aus dem *Reader's Digest* ausgeschnitten und ins College geschickt hatte. Der Artikel stammte von einer verheirateten Anwältin, die Kinder hatte, und trug den Titel »Der Keuschheit eine Lanze«.

Darin waren alle Gründe aufgeführt, warum ein Mädchen mit niemandem außer ihrem Mann schlafen sollte, und auch das erst, nachdem sie geheiratet hatten.

Die Hauptthese lautete, die Welt des Mannes unterscheide sich von der Welt der Frau, die Gefühle des Mannes unterschieden sich von den Gefühlen der Frau, und nur die Ehe könne diese beiden Welten und diese beiden unterschiedlichen Gefühlsebenen richtig verbinden. Meine Mutter sagte, Mädchen würden das erst begreifen, wenn es zu spät sei, deshalb müßten sie den Rat von Leuten annehmen, die etwas davon verstünden, wie zum Beispiel den Rat dieser verheirateten Frau.

Die Anwältin schrieb, die besten Männer würden sich für ihre Frauen rein erhalten wollen, aber auch wenn sie nicht rein blieben, wollten sie doch diejenigen sein, die ihre Frauen in die Sexualität einführten. Natürlich würden sie versuchen, ein Mädchen zum Sex zu überreden, und ihm versprechen, sie würden es später heiraten, aber sobald das Mädchen ihrem Drängen nachgäbe, würden sie alle Achtung vor ihm verlieren und sagen, wenn es das mit ihnen täte, würde es das auch mit anderen Männern tun, und zuletzt würden sie dem Mädchen nur das Leben verpfuschen.

Am Schluß ihres Artikels schrieb die Frau, Vorsicht sei besser als Nachsicht, und außerdem gebe es keine sichere Methode, daß man am Ende nicht mit einem Baby dastände, und dann säße man wirklich in der Patsche.

Was nun dieser Artikel überhaupt nicht in Erwägung zu ziehen schien, waren die Gefühle eines Mädchens.

Es mochte ja gut und schön sein, sich rein zu erhalten und dann einen reinen Mann zu heiraten – aber was war, wenn er nach der Hochzeit plötzlich gestand, er sei gar nicht rein, wie es Buddy Willard getan hatte? Mir war der Gedanke unerträglich, daß die Frau ein einziges, reines Leben führen sollte, während der Mann ein Doppelleben führen durfte, ein reines und ein anderes.

Zuletzt sagte ich mir, wenn es so schwierig ist, einen vor Leben sprühenden, intelligenten Mann zu finden, der mit einundzwanzig noch rein ist, kann ich mir die Reinheit auch aus dem Kopf schlagen und statt dessen jemanden heiraten, der ebenfalls nicht rein ist. Und wenn er dann anfängt, mich unglücklich zu machen, kann ich ihn ebenfalls unglücklich machen.

Reinheit war das große Problem, als ich neunzehn war.

Für mich teilte sich die Welt nicht in Katholiken und Protestanten oder Republikaner und Demokraten oder Weiße und Schwarze, auch nicht in Männer und Frauen, ich sah die Welt gespalten in Leute, die mit jemandem geschlafen hatten, und Leute, die es nicht getan hatten, darin schien mir der einzige bedeutsame Unterschied zwischen den Menschen zu bestehen.

Ich glaubte, an dem Tag, an dem ich die Grenze überschritte, würde eine spektakuläre Veränderung über mich kommen.

Ich stellte es mir so vor, wie wenn ich einmal nach Europa käme. Es würde wie eine Heimkehr sein, und wenn ich genau in den Spiegel sah, würde ich ganz hinten in meinem Auge einen kleinen weißen Alpenberg erkennen. Und nun stellte ich mir vor, wenn ich morgen früh in den Spiegel sähe, würde ich einen puppenkleinen Constantin sehen, der in meinem Auge saß und hinauslächelte.

Ungefähr eine Stunde lang rekelten wir uns auf Constantins Balkon in zwei separaten, wippenden Sesseln, der Plattenspieler spielte, und zwischen uns stapelten sich die Balaleika-Platten. Ein schwaches, milchiges Licht ging von den Straßenlampen oder dem Halbmond oder den Autos oder den Sternen aus, ich konnte nicht erkennen, woher es kam, aber abgesehen davon, daß er meine Hand hielt, zeigte Constantin keinerlei Verlangen, mich zu verführen.

Ich fragte ihn, ob er verlobt sei oder eine feste Freundin habe, weil ich dachte, darin bestehe vielleicht das Problem, aber er sagte, nein, er gehe prinzipiell keine festen Bindungen ein.

Schließlich spürte ich, wie mir nach all dem Pinienrindenwein eine starke Schläfrigkeit durch die Adern kroch.

»Ich glaube, ich gehe rein und lege mich hin«, sagte ich.

Ich schlenderte ins Schlafzimmer und bückte mich, um die Schuhe abzustreifen. Das frisch bezogene Bett tanzte vor mir wie ein sicheres Boot. Ich streckte mich aus und schloß die Augen. Dann hörte ich, wie Constantin seufzte und vom Balkon hereinkam. Einer nach dem anderen polterten seine Schuhe zu Boden, dann legte er sich neben mich.

Ich beobachtete ihn verstohlen aus dem Schutz einer herabhängenden Haarsträhne.

Er lag auf dem Rücken, die Hände hinter dem Kopf, und starrte zur Decke. Die gestärkten, bis zu den Ellbogen hochgekrempelten weißen Hemdsärmel schimmerten geisterhaft im Halbdunkel, und seine gebräunte Haut wirkte fast schwarz. Es kam mir vor, als sei er der schönste Mann, den ich je gesehen hatte.

Ich dachte, wenn ich ein markantes, schön geschnittenes Gesicht besäße oder kluge Gespräche über Politik führen könnte oder eine berühmte Schriftstellerin wäre, dann fände mich Constantin so interessant, daß er mit mir schlafen wollte.

Und dann fragte ich mich, ob er, sobald er Gefallen an mir gefunden hätte, in die Gewöhnlichkeit zurückfallen würde und ob ich, sobald er sich in mich verliebt hatte, einen Fehler nach dem anderen an ihm entdecken würde, so wie an Buddy Willard und dem Jungen vor ihm.

Immer wieder geschah das gleiche:

Ich erblickte in der Ferne irgendeinen Mann ohne Fehl und Tadel, aber sobald er sich näherte, sah ich, daß er nicht in Frage kam.

Auch aus diesem Grund wollte ich nicht heiraten. Uneingeschränkte Sicherheit war das letzte, was ich wollte, und ich wollte auch nicht die Stelle sein, von der ein Pfeil abfliegt. Ich wollte Abwechslung und Aufregung und wollte selbst in alle möglichen Richtungen fliegen, wie die farbigen Pfeile bei einer Feuerwerksrakete am Vierten Juli.

Jamaica Kincaid
Mädchen

Wasch die weißen Sachen immer gleich Montag und leg sie auf den Steinen dann aus. Das Bunte wäscht man am Dienstag und hängt es auf die Leine zum Trocknen. Man läuft nicht ohne Kopfbedeckung in der Sonne herum. Zum Fritieren der Kürbisschnitzel nimmt man sehr heißes, ungesäuertes Öl. Weich deine kleinen Sachen am besten gleich ein, wenn du sie ausgezogen hast. Wenn du Baumwollstoff kaufst, um dir selbst eine nette Bluse zu nähn, mußt du darauf achten, daß er nicht appretiert ist, die Freude dauert sonst nur bis zur ersten Wäsche. Stockfisch muß man vor dem Kochen eine Nacht lang in Wasser legen. Stimmt es, daß du in der Sonntagsschule dieses schreckliche Lied singst? Du solltest stets so zu essen versuchen, daß sich keinem andern der Magen umdreht. Bemüh dich, sonntags wie eine Lady zu gehen und nicht wie die Schlampe, die du begierig vorhast zu werden. Sing in der Sonntagsschule um Gottes willen nicht dieses Lied! Sprich nicht mit den Jungen vom Hafen, es sind Ratten, nicht mal, um ihnen einen Auftrag zu geben. Iß kein Obst auf der Straße, sonst folgt dir ein Fliegenschwarm. *Aber ich singe sonntags dieses Lied nicht und schon gar nicht in der Sonntagsschule.* So näht man einen Knopf an. So macht man das Knopfloch für den Knopf, den man angenäht hat. Den Kleidersaum mußt du sofort wieder aufnehmen, wenn er anfängt herunterzukommen, damit kannst du verhindern, daß du wie eine Schlampe aussiehst, zu der du das Zeug hast. So bügelt man das Khakihemd des eigenen Vaters, daß keine Falte entsteht. Und so die Khakihosen des eigenen Vaters, daß auch keine Falte entsteht. Das lohnt sich, so wie den Eibisch immer ein Stück vom Haus entfernt pflanzen, weil er die roten Ameisen anzieht. Wenn du Kolokasien pflanzt, dann mußt du darauf achten, daß sie stets genügend Wasser bekommen, andernfalls brennt dir beim Essen die Kehle. So fegt man eine Ecke. So fegt man ein Haus. So fegt man einen Hof und nicht anders. So lächelt man Leuten zu, die man nicht so gut leiden kann. So lächelt man Leuten zu, die man überhaupt nicht ausstehen kann. So lächelt man jemand zu, den man rundherum mag. So deckt man einen Teetisch. So deckt man einen Dinnertisch. So deckt man einen Dinnertisch wenn man einen wichtigen Gast erwartet. So deckt man zum Lunch den Tisch. So mußt du immer den Frühstückstisch decken. So solltest du dich in der Gegenwart von Männern benehmen, die dich nicht so gut kennen. Auf diese Weise werden sie die Schlampe, die trotz meiner Warnungen in dir steckt, wenigstens nicht sofort erkennen. Schwöre, daß du dich jeden Tag wäschst. Und wenns mit der eigenen Spucke wäre. Bück dich nicht, um mit Murmeln zu spielen, du bist kein Junge, wie du ja weißt. Pflück nicht die Blumen von anderen Leuten, du könntest dir da was holen. Wirf keine Steine auf Amseln, weil es sein kann, daß es gar keine Amseln sind. Dies ist die einzige Art, wie man Brotpudding macht. So macht man Doukona. So macht man einen Pfeffertopf. So erhält man eine gute Medizin für eine Erkältung. So erhält man eine gute Medizin, ein Kind loszuwerden, bevors noch eins ist. Das ist, wie man einen Fisch fängt. Das ist, wie man einen Fisch einfach zurückwirft, den man nicht will, und so wird dich was Schlimmes nicht anfalln. So hat man einen am Schnürchen. So liebt man einen Mann, und wenn das nicht klappt, hat man andere Mittel und Wege, und wenn alles nicht anschlägt, mußt du die Niederlage verkraften. Man spuckt in die Luft, wenn einem so ist, man muß nur schon weiter sein, wenn die Spucke herabfällt. So streckt man sich nach der Decke. Fühl immer das Brot an, damit du wirklich frisches bekommst. *Aber was ist, wenn der Bäcker mich das Brot nicht anfassen läßt?* Wie kommst du darauf, daß du nach alldem die Sorte Frau bist, die der Bäcker nicht an sein Brot ranläßt?

Lisa St Aubin de Terán

Die Schuhe

Das erste Paar war in Bologna, in einer kleinen Boutique unter den Arkaden, die vom Bahnhof zum alten Platz mit der beschädigten, wegen Reparaturarbeiten verhängten Statue und der Abendparade junger Leute in ihren besten Kleidern führte. Es war ein winziges Geschäft mit nur vier Schuhen im Fenster, der niedrige schwarze Lederstiefel war einer davon. Vorn lief er in einer leichten Spitze aus, die Seiten waren hoch geschnitten, ein wenig wie Schuhe um die Jahrhundertwende.

In dem engen Laden stapelten sich beschriftete Kartons bis zur üppig bemalten Decke. Es war vielleicht eine alte Apotheke, so wie der Raum aussah. Doch statt Apothekenschildern mit goldenen lateinischen Namen standen da Schuhmodelle und -größen.

Der Schuh wurde anprobiert. Es war nur noch ein Paar da, und die handgearbeitete Größe paßte, der Schuh umschloß das Bein des Mädchens und gab ihrem gewölbten, schwarzbestrumpften Fuß verhaltene Eleganz. Alle bewunderten ihre Beine; sie waren ungewöhnlich lang und so wohlgeformt, daß sie bei jung und alt spontan Bewunderung auslösten.

Bis vor einer Woche hätte sie nicht im Traum daran gedacht, einen solchen Schuh auch nur anzuprobieren. Es war ein Luxus, der nicht einmal vorstellbar gewesen wäre. Jetzt schien der Preis (das Taschengeld von zweihundertneunzig Wochen) unwichtig. Der Inhalt ihres Portemonnaies (oder des Portemonnaies ihrer Mutter) war unwichtig geworden. Denn die Kosten der Arnikatinktur in der Apotheke für ihre Abschürfungen, der vielen Fläschchen Orangenblütenessenz für ihre Nerven und eines Lebens fort von zu Hause, in Hotels, gingen nicht mehr auf Rechnung des beschränkten Urlaubsbudgets wie in anderen Jahren, sondern sie waren überlebensnotwendig.

Der Verkäufer beugte sich zu ihr hin, wollte ihr beim Anziehen des zweiten Schuhs helfen, aber das Mädchen schreckte zurück und errötete, das Ungezügelte in ihren großen, dunklen Augen wie betäubt.

»Sie sind nicht ganz das Richtige«, erklärte sie. »Nicht perfekt.«

Es entstand eine Pause, das Warten auf ein Zeichen, und dann sagte das Mädchen: »Sie müssen perfekt sein.«

Sie war erst vierzehn, aber niemand, der sie sah, hätte wissen können, daß sie die Tochter der jungen Frau war, die neben ihr ging, oder daß der jungenhafte Mann, der sie begleitete – wenn auch irgendwie vor allem das Mädchen – in Wirklichkeit der Liebhaber ihrer Mutter war.

Auch an jenem Abend und unter den strahlend erleuchteten Arkaden war es das Mädchen, das sich unter den schweren Theatermantel des jungen Mannes kuschelte, und die Mutter, die grübelnd, aber hellwach hinter ihr ging. Sie ging zwei Schritte hinter den langen Beinen, dem knappen schwarzen Minirock und dem elegant geschnittenen Jackett ihres zarten Kindes und starrte bewundernde Passanten an, als suche sie Streit mit ihnen.

Alle paar Schritte wandte sich das Mädchen um und bot ihr diesen geschützten Platz an.

Später, in einem Café, sprachen sie über Schuhe. Das Mädchen wußte genau, was sie wollte. Sie würde sie erkennen.

»Ich könnte sie identifizieren«, sagte sie.

Noch vor einer Woche hatte sie alles identifizieren können, was sie vom Leben wollte: Ruhm, Wohlstand, Schmeichelei. Sie hatte seit ihrer Kindheit alles gesammelt und zu einer Phantasie zusammengeträumt, die so real war, daß daneben kaum etwas bestehen konnte. Die Welt würde ihr alles geben. Sie war jung und schön. Menschen bewunderten, malten und photographierten sie. Sie wollte Schauspielerin werden, nicht um zu spielen, sondern um ein Star zu sein. All die vierzehn Jahre ihres Lebens waren darauf hingelaufen, alle Fäden wurden, wie kostbarer Seidenbrokat, mit Blick auf dieses Ziel verwoben. Sie besaß das Selbstbewußtsein einer großen Dame und die Koketterie einer Kurtisane. Wollte die Modewelt sie ›herausbringen‹, war es deren Glück. Die Welt schien nur eine riesige Maschinerie zu sein, die für die Realisierung ihrer Träume arbeitete. Nichts schien sie stoppen zu können, bis vor einer Woche, bis zu dem Überfall.

In sieben Minuten war sie vom Sieger zum Opfer geworden. Jemand hatte sie vergewaltigt, nun war sie geschlagen und fürchtete eben die Welt, die, wie sie meinte, ihr gehörte. Niemand konnte unter ihren raffinierten, ungewöhnlichen Kleidern ihre Schnittwunden und Abschürfungen sehen. Ihr selbst waren die

Verletzungen nicht mehr wichtig, ihre Verzweiflung galt der schieren Gewalt der Tat, den Drohungen, dem irren Lachen ihres Angreifers. Jedesmal, wenn das Gespräch stockte, sank ihr Blick in eine Traurigkeit, die ohne Ende schien.

In ganz Italien wurde mit Straßenkontrollen nach dem Mann gesucht, der sie angegriffen hatte. Sie hatte ihn gut beobachtet, den Goldzahn, das Muttermal, die fliehende Stirn, die riesige Narbe auf der linken Hand. Sie konnte ihn identifizieren. Sie wußte genau, wie er aussah, obwohl es dunkel gewesen war.

Manchmal sprachen sie von den zehn Jahren, die er bekommen würde, wenn sie ihn fanden, falls sie ihn fanden. Einstweilen war er frei, ein Verrückter, der sie in einem winzigen toskanischen Dorf ausgespäht hatte und in das Haus eingebrochen war, als sie allein dort war, um sie zu vergewaltigen und zu verletzen.

»Er lachte. Während er es tat, hat er die ganze Zeit gelacht.«

Daher wurde das Lachen von Fremden unheilvoll. Er war ein Mann von etwa sechsundzwanzig Jahren, daher waren nun alle jungen Männer bedrohlich. Sie hatte keinen festen Boden mehr unter den Füßen. Jetzt hatte sie Angst vor der Dunkelheit, Angst vor Menschen, Angst zu schlafen, und dabei hatte ihr Leben aus Träumen bestanden, vorher. Der Mann war gekommen, um ihr Zuhause auszuräumen, und hatte statt dessen ihre Träume gestohlen. Geblieben waren nur die Schuhe, und in ihrer Zukunft die unsteten Wasser Venedigs. Seit Monaten hörte sie von der schwimmenden Stadt, wohin sie umziehen würden, um dort zusammenzusein, nach der Toskana. Alle drei hatten Pläne gemacht, die sich um Venedig drehten: eine Wohnung für die Liebenden und für sie einen winzigen Juwel: ein Einzimmer-Appartement mit Balkon über einem Kanal, ganz für sie allein. Eine eigene Wohnung in einem Jahr, ein Platz, wo sie schöne Dinge um sich würde sammeln können. Venedig war eine ganz neue Phantasie gewesen, die einzige vielleicht, die nicht in ihren neuen Ängsten ertrinken konnte, aber selbst sie hatte Schaden genommen. Lediglich die Schuhe existierten als makellose Idee.

Folglich zogen sie zu dritt durch Bologna, die Stadt, die auf halbem Weg zwischen jenem Dorf und Venedig lag. Sie waren erreichbar für die toskanische Polizei. Sie konnten, falls nötig, zurückkehren, um jedes Detail erneut zu erörtern oder für eine Gegenüberstellung; oder sie konnten sich verstecken.

Ihre Zukunft hing davon ab, daß sie die nächsten paar Tage überstanden, und diese Tage wurden mit der Suche nach Schuhen verbracht. Die Stadt fuhr in ihrem Leben fort, ohne daß sich auch nur der Verkehr für dieses Flüchtlingsgrüppchen geteilt hätte. Sie bewegten sich durch die Schatten alter Paläste wie ein getarnter Leichenzug.

Es waren noch zwei Tage bis zum Valentinstag, und an den Straßen standen zahllose Blumenstände. Sie waren voller Rosen, Veilchen und Mimosen, schleifenverziert, mit Sonderangeboten, aber von ihnen kaufte keiner Blumen. Dieses düstere Trio wollte Schuhe oder nichts. Das Schwarz, das alle drei trugen, hatte seinen modischen Charakter verloren und war zur Trauerfarbe geworden. In jedem von ihnen hallten die nicht ausgesprochenen Worte: »Warum ich, warum ich, warum ich?«

Die Stunden vergingen langsam, jede von ihnen wurde auf Pflastersteinen ausgeschritten. In jedem Café strich das Mädchen über die kaschierten Verfärbungen an ihrem Hals.

»Ich hatte eigentlich Glück«, sagte sie, »weil er nicht mein Kleid zerrissen hat. Ihr wißt, wie sehr ich es mag, und mit den neuen Schuhen werde ich wie Lauren Bacall sein... Niemand wird merken, daß ich benutzt wurde. Es wird sein wie früher... Und wenn ich zu meinen Premieren gehe und so, lege ich die Füße über den Gondelrand und sehe im Sonnenlicht mein Spiegelbild auf den Schuhen.«

Zwei Tage nach Valentinstag, die Füße wund von stundenlangem Herumlaufen und Suchen, saßen sie in einem Restaurant in Venedig. Die Gegenüberstellungen waren vorüber. Die Polizei hatte den Falschen verhaftet, das Mädchen hatte ihn befreit. Daher wurde in ganz Italien weiterhin nach einem dunklen Mann mit Goldzahn, Muttermal, einer Narbe und den anderen Merkmalen gesucht, die ihn zu eben diesem Mann machten.

Ihre eigene, private Suche war beendet. Die Schuhe waren gefunden, gekauft und klopften jetzt hin und wieder unter der Damasttischdecke. Der Schlüssel, der das Uhrwerk der drei Menschen zu überdrehen drohte, war abgezogen.

Draußen war es später Abend und ruhig, unterbrochen nur vom gelegentlichen Schlagen des Wassers gegen die Kanalmauer. Sie wirkten eigenartig zerstreut, während sie sich mit den Augen aneinander und ans bleiche Floß ihres Tisches klammerten. Alle paar Minuten lachten sie, allzu eifrig, als wären sie ihres Kummers überdrüssig.

Fast unbewußt bückte sich das Mädchen und zog einen Schuh vom schwarzbestrumpften Fuß. Ein Kellner kam und räumte den Tisch ab.

»Ich habe eigentlich Glück«, sagte sie und strich über das glänzende Leder, »daß ich diese schönen Schuhe habe. Ich finde, wir sollten tanzen gehen.«

Evelyn Grill
Versuchter Eingriff

Sie schläft nicht. Agnes schlägt die Tuchent zurück. Wilmas Pupillen jagen hin und her.

Die Ev will Wilma untersuchen. Agnes soll ihr helfen, Wilmas Schoß zugänglich zu machen. Agnes packt an und erwartet, daß Wilma ihr Bewußtsein verliert und alles an sich duldet. Wilma läßt sich zwar die Schenkel auseinanderzerren, beginnt jedoch vor sich hin zu wimmern und sich mit der flachen Hand auf die Ohren zu schlagen.

Die Ev sagt: »Kümmere dich nicht darum.«

Sie schiebt eine Hand in Wilmas Schoß und hat ihre ganze Aufmerksamkeit auf das Gefühl in den Fingerspitzen gerichtet. Schweigend zieht sie nach einer Weile die Hand aus Wilmas Höhle. Sie nickt in Agnes' fragende Augen.

»Mein Gott«, stöhnt Agnes und setzt sich an Wilmas Bett.

Ihre Befürchtungen haben sich bestätigt. Aber sie weiß jetzt, wie sehr sie dagegen angehofft hat, weil das Entsetzen ihr in die Brust fährt wie ein Messer.

Wilmas Knie sind wieder aneinandergepreßt. Die Ev wäscht sich im Bad die Hände und sterilisiert das Gummirohr in kochendem Wasser, dem sie Lysol zugesetzt hat.

Agnes hat mit der Ev vereinbart, daß sie lediglich die Voraussetzungen für den Abgang der Leibesfrucht schafft. Sie weiß, wie es am schonendsten geht. Die Ev vermeidet jedes Risiko. Man hat ihr noch nie etwas anhängen können.

Agnes zieht wieder die Tuchent über Wilmas Unterleib. Daraufhin beruhigt sich das Mädchen und döst dahin. Währenddessen legt die Ev auf der Spiegelkommode die Instrumente zurecht. Agnes denkt an die Geschichte mit der Puppe. Der Stoffleib war zum Zerreißen gespannt gewesen. Die Ev hatte zuerst losgelassen. Sie will die Ev fragen, ob sie sich noch an die Kindheitsgeschichte erinnere.

Auf der Kommode liegen nun die Instrumente: das Mutterrohr, ein Spiegel, Wattebauschen. Unabdingbar für einen Eingriff sei, meint die Ev, dafür zu sorgen, daß Wilmas abgewinkelte und gespreizte Schenkel ruhig verharren. Die Frauen packen Wilmas

Knie, die sich nur einen Spaltbreit öffnen lassen, weil Wilma mit ungeahnter Kraft die Schenkel zusammenkrampft. Sie widersetzt sich. Das hat sie nun auch gelernt.

Die Ev sagt: »Wir müssen sie festbinden.« Wilma beginnt zu schreien, als hätte sie die Worte verstanden. Sie hat ihre Knie aus den Händen der Frauen gewunden, preßt sie aneinander, reißt den Mund auf und brüllt. Mit den Händen klatscht sie sich ins Gesicht. In den Lidschlitzen zittern Tränenkügelchen. Agnes wischt mit einem Taschentuch den Speichelschaum von Wilmas Lippen. Die Schenkelkeulen lassen sich nicht öffnen. Die Ev versucht ihr Tee einzuflößen, in dem sie ein Schlaf- und Beruhigungsmittel aufgelöst hat. Agnes schiebt ihren Arm unter Wilmas Rücken und will sie aufrichten. Vielleicht wäre sie im Sitzen geneigt, aus dem Glas zu trinken. Es gelingt nicht, Wilma hochzuzerren. Agnes beginnt plötzlich mit ihren Fäusten auf Wilma einzuschlagen, weil sie die Widersetzlichkeit nicht mehr erträgt. Die Ev schiebt sie weg und schüttelt den Kopf. Agnes fällt auf einen Stuhl, schluchzt und rauft sich die Haare. Die Ev fürchtet, daß Nachbarn durch das Schreien Wilmas aufgeschreckt werden. Sie deckt das Mädchen wieder zu und zieht ihr die Tuchent bis an das Kinn herauf. Dann setzt sie sich an Wilmas Bett. Agnes faßt sich und rückt einen Stuhl an die andere Seite heran. Sie greift sich Wilmas Hand, die immer noch gegen den Kopf schlagen will, und streichelt den Arm. Das gleiche tut die Ev. Beide suchen nach zarten Gesten und sanften Worten. Sie sind entschlossen, geduldig auszuharren, bis sich Wilmas Miene geglättet hat. In Wilmas Schreien treten Pausen ein, in denen beide aufatmen. Während einer der Unterbrechungen hört man das Dröhnen des Horns, das die Bevölkerung entwarnt. Wilma beruhigt sich nach und nach. Endlich ist sie erschöpft eingeschlafen.

»Es geht nicht«, sagt Agnes. Die Ev packt ihre Instrumente ein. Sie nickt und seufzt.

»Ein Kind ist ja nicht das Schlimmste«, sagt die Agnes, die den Satz schon oft gehört hat und der auf einmal für sie brauchbar ist.

»Natürlich nicht«, sagt die Ev, »im allgemeinen.«

Agnes hat Tee zubereitet. Während Wilma drinnen schläft, sitzen die beiden Frauen in der Küche und haben sich zu erzählen. Agnes fängt mit der Puppengeschichte an, die ihr nicht aus dem Kopf geht. Die Ev erinnert sich noch gut. Sie sagt, daß sie sich bis auf den heutigen Tag schäme, daß sie damals der Agnes die Puppe habe wegnehmen wollen.

Agnes ist gerührt über Evs Geständnis und gibt ihrerseits zu, daß sie sich seither immer auf irgendeine Weise der Ev gegenüber schuldig gefühlt habe.

Die Ev verabschiedet sich spät. Agnes bleibt bei Wilma zurück, die nicht mehr aufwacht. Sie öffnet das Küchenfenster; die Dezembernacht ist feucht und kalt. Die Ev verschwindet um die Ecke. Jetzt überquert sie den Marktplatz, erklettert die Stufen zum Oberen Weg. Agnes begleitet sie in Gedanken bis zum Friedhof. Dann schließt sie das Fenster.

Marguerite Duras

Die Sache hing einzig und allein von ihr ab

Der elegante Mann ist aus der Limousine gestiegen, er raucht eine englische Zigarette. Er betrachtet das junge Mädchen mit dem Männerhut und den Goldschuhen. Er geht langsam auf sie zu. Man sieht, er ist verschüchtert. Er lächelt nicht, zunächst. Zunächst bietet er ihr eine Zigarette an. Seine Hand zittert. Es gibt diesen Rassenunterschied, er ist kein Weißer, er muß ihn überwinden, darum zittert er. Sie sagt ihm, sie rauche nicht, nein danke. Mehr sagt sie nicht, sie sagt nicht, lassen Sie mich in Ruhe. Da schwindet seine Angst. Da sagt er ihr, er glaube zu träumen. Sie antwortet nicht. Es lohnt nicht zu antworten, was sollte sie antworten, sie wartet. Dann fragt er: von wo kommen Sie denn? Sie sagt, sie sei die Tochter der Lehrerin der Mädchenschule von Sadec. Er denkt nach und dann sagt er, er habe von dieser Dame, ihrer Mutter, gehört, von ihrem Pech mit dem Landkauf in Kambodscha, so ist es doch, nicht wahr? Ja, so ist es.

Er wiederholt, er finde es wunderbar, sie auf dieser Fähre zu sehen. So früh am Morgen, ein so schönes junges Mädchen, Sie ahnen ja nicht, wie unerwartet das ist, ein weißes Mädchen in einem Eingeborenenbus.

Er sagt, der Hut stehe ihr gut, sehr gut sogar, das sei... originell... ein Männerhut, warum eigentlich nicht? Sie sei so hübsch, sie könne sich alles erlauben.

Sie sieht ihn an. Sie fragt ihn, wer er sei. Er sagt, er sei aus Paris zurückgekehrt, wo er studiert habe, auch er wohne in Sadec, direkt am Fluß, das große Haus mit den großen Terrassen und den blaugekachelten Balustraden. Sie fragt ihn, was er sei. Er sagt, er sei Chinese, seine Familie stamme aus Nordchina, aus Fou-Chouen. Erlauben Sie mir, Sie nach Saigon zu fahren? Sie ist einverstanden. Er sagt zum Chauffeur, er solle das Gepäck des jungen Mädchens aus dem Bus holen und im schwarzen Auto verstauen.

Chinese. Er gehört zu jener Minderheit von Geschäftsleuten chinesischer Abstammung, die den gesamten Grundbesitz des Volkes in der Kolonie verwalten. Er ist derjenige, der an diesem Tag den Mekong in Richtung Saigon überquert hat.

Sie steigt in das schwarze Auto ein. Der Wagenschlag schließt sich. Eine kaum spürbare Angst ist plötzlich da, eine Mattheit, das Licht auf dem Fluß wird trüb, eine Spur nur. Eine sehr leichte Taubheit, ein Dunst, überall.

Ich werde nie mehr im Eingeborenenbus reisen. Von jetzt an werde ich eine Limousine haben, die mich ins Gymnasium bringt und zurück ins Pensionat. Ich werde in den elegantesten Lokalen der Stadt zu Abend speisen. Und ich werde immer alles bereuen, alles was ich tue, alles was ich lasse, alles was ich nehme, das Gute wie das Schlechte, werde den Bus vermissen, den Busfahrer, mit dem ich lachte, die Betel kauenden alten Frauen auf den hinteren Plätzen, die Kinder in den Gepäcknetzen, die Familie in Sadec, die Schrecken der Familie in Sadec, ihr geniales Schweigen.

Er redete. Er sagte, er vermisse Paris, die reizenden Pariserinnen, die Gelage, die Vergnügungen, oh ja oh ja, die Coupole, die Rotonde, die Rotonde ist mir lieber, die Nachtlokale, dieses »tolle« Leben, das er zwei Jahre lang geführt habe. Sie hörte zu, hellhörig für das, was das Thema des Reichtums berührte, was einen Hinweis auf die Anzahl der Millionen hätte geben können. Er erzählte weiter. Seine Mutter sei tot, er sei das einzige Kind. Nur der Vater sei ihm geblieben, der tatsächliche Besitzer des Geldes. Aber Sie wissen ja, was das heißt, er ist seit zehn Jahren an seine Opiumpfeife gekettet und starrt auf den Fluß, er verwaltet sein Vermögen von seinem Feldbett aus. Sie sagt, sie verstehe.

Er wird die Heirat seines Sohnes mit der kleinen weißen Prostituierten von Sadec ablehnen.

Das Bild beginnt noch bevor er das weiße Kind an der Reling anspricht, in dem Augenblick, als er aus der schwarzen Limousine steigt, als er die ersten Schritte auf sie zu tut, und sie wußte, sie wußte, daß er Angst hatte.

Vom ersten Moment an weiß sie etwas in der Art, daß er ihr verfallen ist. Daß also auch andere bei Gelegenheit ihr verfallen könnten. Sie weiß auch etwas anderes, daß von nun an die Zeit gekommen ist, wo sie gewissen Verpflichtungen sich selbst gegenüber nicht mehr wird ausweichen können. Und daß weder die Mutter davon erfahren darf, noch die Brüder, auch das weiß sie an diesem Tag. Kaum hat sie das schwarze Auto bestiegen, weiß sie es, zum ersten Mal und für immer steht sie abseits von ihrer Familie. Von nun an sollen sie nicht mehr wissen, was mit ihr geschehen wird. Ob sie ihnen genommen, ob sie entführt, verletzt, verdorben wird, sie sollen es nicht mehr wissen. Weder die Mutter noch die Brüder. Das wird von nun an ihr Los sein. Schon in der schwarzen Limousine hätte sie darüber weinen mögen.

Das Kind wird von nun an mit diesem Mann zu tun haben, dem ersten, dem, der auf der Fähre in Erscheinung getreten ist.

Es geschah sehr schnell an jenem Tag, einem Donnerstag. Er holte sie täglich vom Gymnasium ab, um sie ins Pensionat zurückzubringen. Und einmal kam er an einem Donnerstagnachmittag ins Pensionat. Er nahm sie mit im schwarzen Automobil.

Es ist in Cholen. Gegenüber den Boulevards, die das Chinesenviertel mit dem Zentrum von Saigon verbinden, diesen großen Straßen im amerikanischen Stil, durchfurcht von Straßenbahnen, Rikschas, Bussen. Es ist früh am Nachmittag. Sie ist dem vorgeschriebenen Spaziergang der Pensionatsschülerinnen entwischt.

Es ist eine Wohnung im Süden der Stadt. Modern, auf die Schnelle möbliert, würde man sagen, mit Möbeln im modern style. Er sagt: ich habe die Möbel nicht ausgesucht. Es ist dunkel in diesem Raum, sie bittet nicht, die Jalousien hochzuziehen. Sie ist ohne ein bestimmtes Gefühl, ohne Haß, auch ohne Abscheu, dann ist vermutlich schon Begehren im Spiel. Sie kennt es noch nicht. Sie hat sofort eingewilligt mitzukommen, als er sie am Abend zuvor darum bat. Sie ist da, wo sie hingehört, hierher versetzt. Sie empfindet eine leichte Angst. Es scheint tatsächlich, daß dies nicht nur ihren Erwartungen entspricht, sondern dem, was genau in ihrem Fall geschehen muß. Sie nimmt sehr aufmerksam das Äußere der Dinge wahr, das Licht, den Lärm der Stadt, von dem das Zimmer überflutet wird. Er, er zittert. Er sieht sie zunächst an, als erwarte er, daß sie zu sprechen beginne, aber sie sagt nichts. Also rührt auch er sich nicht, er zieht sie nicht aus, er sagt, er liebe sie wie wahnsinnig, er sagt es ganz leise. Dann schweigt er. Sie erwidert nichts. Sie könnte erwidern, daß sie ihn nicht liebe. Sie sagt nichts. Plötzlich weiß sie, jetzt, in diesem Augenblick, weiß sie, daß er sie nicht versteht, daß er sie nie verstehen wird, daß er außerstande ist, solche Verderbtheit zu verstehen. Und all die Umwege zu machen, um sie einzuholen, das schafft er nie. Sie muß es wissen. Sie weiß es. Angesichts seiner Unwissenheit weiß sie plötzlich: er hat ihr schon auf der Fähre gefallen. Es gefällt ihr, die Sache hing einzig und allein von ihr ab.

Marieluise Fleißer

Ein Pfund Orangen

Ein Mädchen lebte allzu ernsthaft in sich hinein, und jeden Tag tat es sich was anderes an, ganz was Schlechtes, und wenn nur was Schweres an sie herantrat, gleich nahm sie sich darum an und hielt das Schwere aufmerksam in der Hand, wie wenn sie gar nicht mehr davon lassen könnte. Man fragte sie, warum sie das tat. Seht ihr nicht, daß mir da was nicht hinausgegangen ist, sagte sie. Was war ihr denn nicht hinausgegangen? Da hatte sich das gute Kind sein Leben auch ganz anders vorgestellt. Einstweilen wußte sie es ja von sich, daß sie an den Läden, wo es die schönen Sachen gab, immer bloß vorbeigehen mußte. Aber einmal würde sie heiraten, und dann ging eine andere Zeit an. Nach und nach kam sie dann doch noch zu dem einen oder anderen von den schönen Sachen, und alles auf einmal mußte sie ja gar nicht haben. Wenn sie sich das so vorstellte, wie sie an ihren Bekannten vorbeiging in einem neuen Kleidchen, was ihr noch dazu stand, dann konnte sie rein nicht mehr stillsitzen und ging spazieren vor lauter Vorfreude. Viele gingen an ihr vorbei, die schon jetzt schön hergerichtet waren, und wenn man sie so neben den Glänzenden ganz verschwinden sah, konnte man sich wirklich nicht vorstellen, was gerade diese Kleine auf dem ganzen Weg so vor sich hinzulachen hatte. Andächtig schaute sie die herrlichen Kleider an und konnte kein bißchen neidisch sein auf solche, die jetzt schon im Glück waren. Viele schöne Dinge warten auf mich, dachte sie. Merkwürdig hell wurde sie im Gesicht, wenn sie daran dachte.

Das Mädchen wurde immer ein wenig größer, und wenn sie früh anfing, wäre es jetzt schon bald Zeit gewesen. Deutlich wuchs sie aus ihren Ärmeln heraus, und doch gingen auf der Straße nicht mehr alle an ihr vorbei wie an einer Fremden, einmal lernte sie da einen Herrn kennen, und einmal da und manche, die nicht herkamen, sahen ihr wenigstens nach. Daran merkte sie, daß sie nun wirklich unter die Großen gehörte. Man wußte jetzt allgemein von ihr, daß es ihr eigentlich gar nicht gut ging. Aber das war doch ein merkwürdiger Umstand, so bereitwillig diese Männer im Anfang kamen und sich mit ihr unterhielten, bei einem jeden kam der Augenblick, wo er doch nach den Ärmeln hinschaute, und das war wahr, das Mädchen paßte nicht mehr recht hinein. Wenn sie ein wenig aufgehört hatten mit reden, dann redeten sie fast ebenso freundlich wieder weiter, und das Mädchen merkte wohl, daß was dazwischen gekommen war. Du würdest mir das Kleid, mit dem mir ein wenig geholfen wäre, auch nicht kaufen, dachte sie heimlich. So spürte sie immer die Grenze, die den andern von selber von ihr abhielt, und alle blieben sie gleich weit weg von ihrem Herzen. Sie wunderte sich ganz, daß allein das schon so schwer war, bis man einmal eine Aussicht hatte. So und soviel Zeit, dachte sie, ist schon hin; dann konnte sie schreckhaft über sich blicken und ein wenig weinen, und vom einen Tag zum andern wäre sie lieber ein wenig behütet gewesen. Denn sie war und blieb ein großes Kind und staunte andere Mädchen an, die in ihrem Alter doch auch für sich sorgen mußten, und wenn man ihr das einmal hinsagte, schämte sie sich so lange, bis sie ganz krank war. So hatte sie immer ein wenig ein schlechtes Gewissen, und in einer Weise war das wieder gut für sie. Denn wenn sie so in die Welt hineinlief und sich nicht bedachte, hätte sie leicht was Hoffärtiges an sich haben können, aber so kam das nicht in ihr herauf. Und wenn sie an einem Menschen gar nichts fand, was ihr gefiel, so fand sie immer noch dies an ihm heraus, daß er sich selber versorgte und staunte ihn aufrichtig an, ganz dankbar war sie ihm dafür, daß sie ihn so anstaunen durfte. Bloß sie selber war die unselbständige Person und mußte immer wen hinter sich haben. Aber den hatte sie nicht einmal, und wenn das Wetter trüb war, nahm sie sich das sehr zu Herzen, aber wenn die Sonne schien, tröstete sie sich wieder. Heute oder morgen konnte sie dem einen begegnen, bei dem sie froh sein konnte; der war dann nicht wie die andern und nahm sich aber auch um sie an. Aber wenn er nun wie alle Leute auf der Straße an ihr vorbeiging, woran sollte sie ihn schon von weitem kennen? Das müßte einer sein, dachte sie, vor dem ich im ersten Schreck am liebsten weglaufen würde.

So ging ihr die Zeit hin im Warten und Glauben. Da hatte sie unter den Mädchen, mit denen sie zur Schule gegangen war, noch ein paar Bekannte, mit denen kam sie immer wieder zusammen. Sie setzten sich an einen Tisch und gaben ihren Bericht ab und ließen dabei ihre neue Frisur sehn mit einer Miene, wie wenn sie die schon lange hätten. Sie bestellten Kakao und redeten immer das Gleiche von der Gegenwart und dachten immer was Neues von der Zukunft, denn von einem Tag auf den andern fiel ihnen was noch Schöneres ein, wie das einmal sein müßte mit ihnen. Auf einmal war unsere Kleine bei den Zusammenkünften nicht mehr so ganz da, sie redete auch kaum mehr mit über die allgemeinen Erwartungen, von denen man einmal spricht und einmal schweigt, und immer wieder sah sie nach der Tür, wie wenn man es gar nicht wissen und wie wenn ein bestimmter Mensch eben überall hinkommen könnte, und alles war gefährlich. Was Hilfloses lag in der Art, wie sie nichts mehr sagte, und wenn man sie deswegen aufzog, tat sie rein, wie wenn sie nicht mehr ins Leben und unter die Hoffnungen gehörte. Rätselhaft wie auf Chinesinnen schaute sie auf ihre Freundinnen hin, und dann blieb sie ganz weg. Man sah sie nur mehr von weitem öfter auf der Straße mit einem Mann gehn und dann gleich in eine Ecke abbiegen, aber wegschaun und rot werden, wenn es sich so traf, daß sie unbedingt grüßen mußte.

Da hatte es also auch für sie den Mann gegeben, vor dem sie im ersten Schreck am liebsten weglief und was sie sich nur immer an ihm gewünscht hatte, dachte sie jetzt in ihn hinein. Er war fast so, wie sie sich ihn vorgestellt hatte, bloß daß alles Unbestimmte an ihm bestimmt wurde, eigentlich so bestimmt, daß man es beinahe nicht mehr erkannte. Solche Züge konnten an ihm bis zu einer seltsamen Härte gehn und gegen sie gerichtet sein, aber das wollte sie auch, inzwischen hatte sie dies an sich erfahren. Ganz einfach war es doch nicht für sie, man mußte allerhand umgewöhnen. Statt daß man sie von sich wegbekam, waren die äußeren Umstände z. B. auf einmal übermächtig geworden. Da ging also ihr eigenes Leben ganz so unberaten und hilflos weiter wie immer, ja sie spürte von Monat zu Monat das Elend tiefer. Jetzt war doch die Zeit, wo es ganz anders hätte werden sollen und gerade da sah sie das Graue vor sich ins Endlose gehn. Sie wußte selber nicht, wie das vor sich gegangen war. Sie hatte den Mann doch immer angelacht und nur an das gedacht, was ihn freuen konnte, und nun war eben ganz ohne Aussprache und weil ihr Gefallen an ihm so natürlich war, ihr Freund daraus geworden, nicht das Eigentliche für sie und kein Halt. Wenn sie ihm ins Gesicht sah, konnte sie es ihm ja schon nicht mehr verdenken, und dann war es wirklich fein, daß es auf der Welt so viel Zeit gab. Doch wenn sie allein war, gab es wieder zuviel Zeit, und je länger sie ihn kannte, desto öfter war sie auf einmal wieder allein. Da sah man, daß ihr das gar nie hätte passieren dürfen, denn dann kam es in ihr herauf, und jeden Tag tat sie sich was anderes an, ganz was Schlechtes. Mit versagendem Blick sah sie in die Jahre hinein, die vor ihr lagen und wurde wirr und irr daran wie an einem vorwurfsvollen Schweigen. Zu lange hatte sie, wenn sie an diese Zeit dachte, in ein Licht gesehn, und der Weg ging ins Dunkle, immer noch stand der Gedanke an Hilfe in ihr, wo doch keine Hilfe war, immer schmächtiger lief sie herum, und zum Schluß wußte sie bloß noch, daß sie vergessen mußte um jeden Preis, wie das mit ihr hätte werden können. Unbesehen riß sie ihre schweren Stimmungen in eine Tiefe hinunter, wo sie nicht gleich wieder herkommen konnten, so wollte sie sich um ihre eigene Natur betrügen. Und da sie nicht bekam, was ihr vorschwebte, hing sie sich an das Tägliche, wie sie es nun einmal hatte; richtig stark wurde sie in den Kleinigkeiten, über die andere wegsehn, und in vielen kleinen Freuden. Nun mußte sie sich selber ein Licht werden und das Wenige aus sich bestrahlen, bis es ihr hell schien.

Da gab es immer noch Herrlichkeiten auf der Welt, denen man sich überlassen mußte. Jeden Tag ging sie ins Freie und freute sich an dem unbekümmerten Lärm, den die Vögel machten. Die Sonne schien auch immer wärmer, andere Mädchen ließen ihre Hüte daheim und bekamen hellere Haare, sie schauten auf einmal so frei aus dem Gesicht heraus, daß man es ihnen am liebsten nachgemacht hätte. Soviel das am Hut lag, konnte sie den ihren nicht eigens daheim lassen, denn im Winter hatte sie auch keinen gehabt. Aber jetzt machte es jeder wie sie und niemand merkte was, darin mußte sie keine Ausnahme sein, auf einmal hatte sie gleichsam auch einen daheim im Kasten. Sie wäre in vielem gern keine Ausnahme gewesen. Es war wirklich ein wenig sparsam, wenn man nichts wie ein Lächeln hatte, um zu zeigen, daß man an seinen Freund schon die ganze Zeit dachte. Sie hätte wieder einmal was anderes auf den Leib haben müssen. Sie rechnete hin und her, aber sie lebte so schon fast von einem Nichts, da war keine von den wöchentlichen Ausgaben, die sie noch hätte unterlassen können. Ratlos machte sie die Kastentür auf und sah in das Innere hinein mit recht gutem Willen, davon allein hätten die Kleidchen gewiß mehr werden müssen. Die von ganz früher gingen überhaupt nicht mehr. Betrübt nahm sie ihr letztes her und dachte, wieviel schöner es wäre, wenn an seiner Stelle da ein durchaus neues hinge. Jetzt wollte sie wenigstens am Kragen was richten. Sie machte ihn fertig und dann schaute sie nach, ob es sonst noch was daran zu tun gab. Aber da schaute das Kleid ihr immer noch langweilig darein, und weil sie es wirklich zu oft gesehen hatte, konnte sie gar nicht mehr hinsehn, die Nadel blieb ihr von selber in der Hand stehn und mochte einfach nicht mehr nähn. Richtig niedergeschlagen war sie, nicht einmal vom Stuhl mochte sie mehr aufstehn, so arg war ihr schon alles, weil nie was half. Ihr, die unfähig war sich zu rühren, liefen die Stunden hin, und weil es doch nichts mehr wurde an dem Tag, konnte sie bloß mehr ins Bett gehn. Erst mit der lösenden Stimmung kurz vor dem Einschlafen wurde ihr ein wenig leichter. Im Traum kam sie der Gedanke an, daß sie jetzt, wo die kurze Mode war, das Kleid doch abschneiden könnte. Das hätte ich mir auch schon lang richten können, dachte sie, und aus dem Schlaf heraus nahm sie sich einen Anlauf. Am Morgen setzte sie sich hin und glaubte daran und schaute nicht mehr auf, bis sie am Rock unten einen breiten Saum eingeschlagen hatte. So war der Stoff nicht einmal abgeschnitten, denn wenn die Kleider wieder länger wurden, mußte sie das hier sicher immer noch haben. Glücklich hielt sie das Kleidchen auf Armlänge vor sich hin, der geänderte Kragen half mit dem gekürzten Rock zusammen, es war doch wieder viel besser. Wie sich das nur so in sie hineingesetzt hatte, daß sie ewig gleich herumlaufen mußte! Sie freute sich schrecklich auf den nächsten Spaziergang, und wie der Freund kam, zog sie ihn gleich an der Hand auf den Gang hinaus, ihr einziger Gedanke war, wenn er nur nicht auf der Stiege schon hinsieht. Denn auf der Stiege mußte man weitergehn und tun, wie wenn nichts wäre. Nein, am Weg sollte er es auf einmal merken und stehen bleiben. Alles ging auf die rechte Weise vor sich, sie blieben zusammen stehn und sie lachte ihn an und ging weiter mit größeren Schritten. Aber wenn der Rock so kurz war, hätte sie nun auch feine Strümpfe dazu haben müssen, wie sollte sie das bloß fertig bringen. Wenn man einmal angefangen hat, dachte sie, hört es schon nicht mehr auf. Da hatte sie Geld für eine Woche zum Leben liegen und das war heilig. Aber jetzt schien die Sonne so schön, und direkt herrliche Strümpfe waren an den anderen Mädchen zu sehen, die auch spazieren gingen, jedesmal schaute ihr eigener Freund genau hin, wie wenn ihm die Mädchen schon halb gehören müßten, bei einer grüßte er sogar und sie grüßte zurück, weiß Gott, ob da nicht was anging. Und weil er den ganzen Nachmittag zerstreut war, wo man ihn ansah, wollte sie auf einmal nicht mehr rechnen. Sie kam heim von da und ging gleich wieder aus und trug richtig das ganze Geld in einen Laden. Das waren aber auch Strümpfe, die sich sehen lassen konnten.

An diesem Tag wollte sie sie nicht mehr anziehen, so neu kamen sie ihr noch vor. Immer wieder breitete sie sie über der Handfläche aus und sah auf die Farbe. Sie freute sich so, daß sie gar nicht mehr essen konnte, bevor sie ins Bett ging, und das war wieder ein Glück für sie. Jetzt hatte sie am andern Tag noch immer das Brot von gestern, sie schaute ihre Beine an beim Essen, und weil die Strümpfe wirklich schön waren, wußte sie, daß es ihr schmeckte. Aber die Woche war lang, den kleinen Vorrat konnte sie nicht ewig strecken, schließlich war eben doch nichts mehr da. Inzwischen hatten die Strümpfe schon von der Schuhcreme einen Rand bekommen, und sie mußte sie in der Waschschüssel waschen, ganz neu waren sie eigentlich nicht mehr. Der Freund hatte sie immer noch nicht gesehen, er beeilte sich nicht mit seinem Besuch, da er nichts wußte. Da fiel ihr der Leichtsinn aufs Herz, den sie manchmal an sich haben konnte. Seit gestern hatte sie nicht gegessen, ganz blaß war sie schon, und wie sie vor dem Spiegel stand, wußte sie nicht, ob sie den Freund jetzt noch herwünschen würde. Da war es nur gut, daß ein kleiner Leichtsinn auch früher schon in ihren Einkäufen war und daß sie von der Gelegenheit her noch einen Lippenstift hatte. Jetzt ließ sich die Blässe damit ganz gut verdecken. Ein wenig erschrak sie vor sich selber wie immer, wenn sie sich schminkte, aber es wurde so natürlich, daß sie wieder Mut bekam und den Mann, wenn er selber keine Zeit fand, in eigener Person aufsuchen wollte. Der Tag war schön, und wenn sie einen gemeinsamen Ausflug machten, wäre sie sogar zum Essen gekommen.

Das mußte natürlich dumm gehn. Gerade wie sie hinkam, tat sich seine Tür von innen auf, der Mann ließ das Mädchen heraus, mit dem er sich neulich gegrüßt hatte, anfangs sah es aus, als ob diese allein weggehn würde. So großartig kam die wieder daher, daß man die unsere, die mit einer kleinen Bewegung am Stiegengeländer stehen blieb, ganz übersah, das passierte dem Freund selber zwischen den beiden. Desto schärfer sah die Geputzte nach ihrer Vorgängerin hin und blieb mit ihr auf der gleichen Stufe stehen. Es war also ernstlich Ihre Freundin, sagte sie zu dem Mann hinauf, und an dem Tonfall merkte die Kleine, daß zwischen den beiden schon einmal von ihr die Rede war und der Mann hatte was bestritten. Aufmerksam sah sie ihn an, sie fühlte, daß ihr an ihm bald was sehr weh tun würde. Da blickte der Mann schnell hinüber, wie wenn er sie jetzt erst bemerkte und redete sie mit Sie an. Ich kenne sie nicht näher, erklärte er der andern und ging mit einer Entschuldigung an der Kleinen vorbei. Jetzt begleitete er die Neue auf einmal ein Stück weiter. In aller Sicherheit ging er weg und so sehr verließ er sich auf Liebe, daß er die Verwirrte einstweilen da oben stehen ließ und durchaus nicht im Sinn hatte, sie damit zu verlieren. Er war nur eben dem fremden Mädchen nachgekommen aus einer vorläufigen Nachsicht mit ihrer Schwäche und um es ihr besser zu erklären. Lange würde dieser Zustand auch hier nicht anhalten, das wußte die unsere, sie wußte viel von ihm. Mit angehaltenem Atem horchte sie, bis die Haustüre ins Schloß fiel, dann ging sie ihnen nach langsam die Stiege hinunter.

Das war nur eine Beobachtung unter vielen, aber wie sie so heimging, stellte sie eben alles zusammen. Er muß mich doch gar nicht lieben, dachte sie und schloß einen Augenblick davor die Augen. Sie richtete es absichtlich so ein, daß sie ihm nicht in den Weg kam. Und doch stellte er sich wieder in ihrem Zimmer ein, er war in der Gewohnheit, daß er immer wieder zu ihr kam. Diesmal brachte er Blumen mit. Früher wäre dies eine seltsame Freude gewesen; heute mußte er die Blumen selber ins Wasser stellen, sie rührte sie nicht an. Aber er war heute wie immer hier zu Hause und sprach viel und legte sich hin, immer im Sprechen, wie er sich auf seinen Besuchen bei jedermann hinlegte und sie ließ ihn, wie jedermann ihn ließ und aus ihm ein Wesen machte. Sie konnte sich bloß nicht neben ihn setzen, sie ging ein wenig herum, daß es nicht so auffiel, dann blieb sie am Fenster stehn, ihr Blick suchte die Linien in seinem Gesicht ab, ganz abgestorben war was in ihr. Und doch stand sie in ihrem eigenen Zimmer herum mit großer Vorsicht und kannte sich zu gut, um entscheidend was zu sagen, was zum Bruch führen mußte. Sie wußte, daß sie ihm nicht widerstand, wenn er oft genug kam, schon waren ihre Tage ohne ihn und das Warten auf ihn nicht mehr zu denken. Sie kannte in sich noch kein vielfältiges Leben der Liebe und meinte recht töricht, nach diesem würde ihr keiner mehr groß was sagen. Das war ihr wie eine Pflicht vor ihrem Leben der Seele, daß sie neben ihm aushielt. So leicht war es ihm gemacht. Alle ihre Bewegungen waren niedergehalten von der Gewißheit, daß sie sich nicht zu hoch hinaufstellen durfte. Er spürte deutlich, was mit ihr vorging, gewalttätig brachte er sie sich wieder nah. Dann ging er und ließ sie zurück in der unbeschreiblichen Verwirrung eines sanften Herzens.

Das war kein guter Tag für sie. Sie entsetzte sich vor ihrem eigenen Reagierenmüssen, wie vor einem fremden Tier, früher hatte sie davon wenigstens nichts gewußt. Mit gefalteten Händen saß sie vor dem offenen Fenster, in das Dämmerung um Dämmerung einfiel mit leichtem Regen. So würde das immer mit ihr weiterlaufen, sie müßte sich denn gewaltsam entziehn. Da ging ihr Blick im Hinsehen groß auf und daß sie sich aus Freiem wegbringen konnte aus einer Welt, wo nicht anders nach ihr gefragt war, wie eben nach einem kleinen geduldigen Mädchen, das war doch einmal ein Gedanke. Sie sah sich selber noch vor sich stehn in einem Glanz. Jede Art dazu müßte ihr gleich sein und am wenigsten weit mußte sie gehn, wenn sie aus dem Fenster sprang. Sie wollte bloß noch warten, bis der Regen aufgehört hatte. Wie sie so herumstand und in ihrer Gutgläubigkeit meinte, daß es ohne Sterben nicht mehr ging, fiel ihr ein, daß sie ein kleines Bild von ihrem Freund in der Hand halten müßte, wie sie es bis jetzt in einer Manteltasche stecken hatte und oft von da herauszog. Vielleicht würde ihm dieser Umstand das Wahre sagen.

Sie fand das Bild nicht, dafür kam in einer Ecke der Tasche ein wenig Kleingeld zum Vorschein, das ihr gut getan hätte, wenn sie es gestern fand, einstweilen legte sie das Geld auf den Tisch und suchte weiter. Sie mußte das Bild wirklich verloren haben, auch das noch. Sie wußte, daß sie kein zweites mehr von ihm bekam, dieses hatte sie ohne sein Wissen aus seinen Beständen wegnehmen müssen und ihm dann beichten. Er hatte sonderbar eng geschaut und die Bestände verräumt, weil er sich die Bilder für eine Art Geschäftszwecke vorbehielt, nicht für Privates. Am liebsten hätte er es ihr wieder genommen, diese Vorstellungen, die er von vornherein in sich hatte, waren für ihn nicht beweglich. Heftig hatte sie den Besitz verteidigt, jetzt war es doch weg. Vielleicht hatte er es ihr selbst noch herausgenommen. Da war es ganz aus.

Hilflos setzte sie sich an den Tisch und fing zu weinen an, dies Vergangene sah sie wieder an sich vorüberziehn und wie hart er sein konnte in seinen Gedanken. Sie weinte noch mehr, denn es war zuviel, daß sie sich nun auch noch ohne Bild umbringen sollte und im Sterben rechtlos blieb wie im Leben. Mit dem Ellbogen stieß sie so das Geld, was von vorhin noch dalag, hinunter. Sie hob es auf im Weinen und sah es im Weinen an, da umklammerte sie es befriedigt, sie hatte in diesen Tagen schon recht auf das nächste Geld, was sie in der Hand hielt, gewartet. Aber wenn sie es jetzt weglegte und wenn es wahr wurde mit dem Fenster, woran hätte sie denn dann merken sollen, daß sie auf einmal wieder was hatte. Viel war es so nicht, es mochte reichen für ein Pfund Orangen, ein unnützlicher Einkauf mußte es durchaus sein. Jedenfalls zog sie ihren Mantel an, damit sie nicht naß wurde und ging in den Laden gegenüber. Es machte ein wenig mehr aus im Gewicht, dafür waren die Früchte alle gleich groß und daheim legte sie sie auf den Tisch hin in einem Kranz und ging ein wenig davon weg wie der Maler von seinem Bild. Und dies tatsächliche Kind hatte sich was antun wollen. Damit war es jetzt ganz vorbei, sie war von dem Spaziergang in den Regen hinaus lächelnd wiedergekommen.

Sie mochte den schönen gelben Kreis nicht gleich zerstören und weil sie mit sich recht deutlich sein wollte, hielt sie sich vor, wann sie die letzten gegessen hatte. Das war damals, wo sie den Freund noch nicht kannte. Dann war die Angst zu groß in ihr geworden, zu nichts hatte es ihr mehr gereicht, doch war auch nie was übrig geblieben. Gott nahm ihr das Geld wieder aus der Hand, ohne daß sie daran eine Freude haben durfte. Gott hatte dies Kind nicht anders im Herzen, als daß er es durch Bangen bereitete für seinen Zorn, und wenn ihr lang gar nichts passierte, war die Zeit ihr doch immer ein Bangen, sie wußte es von sich nicht anders. Hatte ihr das wieder einfallen müssen, sie hätte Orangen gehabt. Aber da war das Schwere wieder in ihr ganz körperlich wie ein großer Stein und zog sie nieder, langsam setzte sie sich aufs Bett, den Kopf drückte es ihr in die Kissen hinein. Plötzlich wußte sie, warum sie nicht lieber an den Tisch gegangen war, sie hätte dort Orangen riechen müssen. Sie konnte keine sehn und noch weniger essen, es hielt ihr den Mund weg. Was half ihr jetzt noch das Kleine, sie hatte sich einfach abgelebt von diesen ganzen Umständen, in die sie nicht paßte, recht widerwillig wurde sie sich. Sie kannte das schon an sich und morgen würde sich dies reglose Grauen wieder einstellen und von da immer öfter. Woran hätte sie es denn merken sollen, wenn nicht an den winzigen Anlässen, um die herum sich der Ekel sammelte. An den Orangen hatte sie es wieder gemerkt. Sollte sie wirklich nichts mehr in sich haben wie diese Flucht aus allem, dies Gefühl einer Erstickung? Wenn sie daran dachte, wie das mit ihr stand, war das Fenster immer noch am besten. Einstweilen war draußen schon stille Nacht geworden. Dies erblichene Gesicht ohne Zusammenhang der Züge schaute nicht mehr nach Regen aus. Der Wind drang um das Fensterkreuz, stieß ins Zimmer vor, dahinein mußte sich gut begeben sein wie in eine Kraft. Es gelang ihr nicht zu lächeln, der Wind legte sich in ihre gelösten Züge ein wie in Wasser, das er trieb. Da war kein Einzelwille mehr, der in ihr widerstand. Wie alles, was wächst in der Natur, wuchs sie nur noch in dies Fallen hinein, ein Fallen im Wind, sie ging dem Fenster zu wie gezogen.

Sabine Küchler

Eiscafé ›Jugend‹

– Hallo, Britta, erzähl mal was von dir.
– Allerhand passiert inzwischen. Hier raus, da rein undsoweiter.
– Ziemlich auf Zack wie?
– Ganze Menge weggesteckt in den Jahren.
– Was man so hört. Schätze, mir passiert so was nie.
– Absolut drin.
– Habs mal mit Kartenlegen versucht. Trostlos. Zehnmal neu tapeziert: auch keine Lösung. Typberatung gemacht, Edelsteintherapie – nichts. Tagebücher verbrannt, alte Fotos zerrissen – kein Gefühl, nichts. Zig Sachen eingefädelt, damit eine mal klappt. Süppchen eingebrockt, rumgerührt, bis zum Grund durchgelöffelt – bißchen salzig, mehr nicht. Wenn überhaupt.
– Führt doch zu nichts.
– Eben. Aber nicht mal traurig deshalb. Gar nichts.

Erklär mir Liebe

Isabel Allende
Eine Rache

An dem strahlenden Mittag, als Dulce Rosa Orellano mit dem Jasminkranz der Karnevalskönigin gekrönt wurde, murrten die Mütter der anderen Kandidatinnen, das sei eine ungerechte Auszeichnung, und sie habe sie nur deshalb bekommen, weil sie die Tochter des Senators Anselmo Orellano sei, des mächtigsten Mannes der ganzen Provinz. Sie räumten ein, daß das Mädchen anmutig war und Klavier spielte und tanzte wie keine zweite, aber es gab andere, sehr viel schönere Bewerberinnen um diese Ehre. Sie sahen sie in ihrem Organzakleid mit der Blütenkrone von der Bühne herab der Menge zuwinken und zischelten leise Flüche. Deshalb freute sich auch so manche von ihnen, als Monate später das Verhängnis in das Haus der Orellanos trat und so viel Unheil säte, daß es fünfundzwanzig Jahre dauerte, bis die Ernte eingebracht wurde.

In der Nacht der Königinnenwahl gab es einen Ball im Rathaus von Santa Teresa, und junge Männer aus weit entfernten Orten kamen herbei, um Dulce Rosa kennenzulernen. Sie war so fröhlich und tanzte so leichtfüßig, daß viele gar nicht merkten, daß sie nicht die Schönste war, und als sie wieder heimgekehrt waren, sagten sie, sie hätten noch nie ein Angesicht wie das ihre gesehen. So erwarb sie sich den unverdienten Ruhm der Schönheit, und kein späteres Zeugnis konnte ihn schmälern. Die überschwengliche Beschreibung ihrer schimmernden Haut und ihrer klaren Augen ging von Mund zu Mund, und jeder fügte noch etwas aus eigener Phantasie hinzu. Dichter in fernen Städten verfaßten Sonette auf eine erfundene Jungfrau namens Dulce Rosa.

Das Gerede über die im Haus des Senators Orellano blühende Schönheit kam auch Tadeo Céspedes zu Ohren, der sich jedoch nie einfallen ließ, daß er sie einmal kennenlernen würde, denn er hatte in seinem Dasein noch keine Zeit gehabt, Gedichte zu lernen oder Frauen anzuschauen. Er war einzig mit dem Bürgerkrieg beschäftigt. Seit ihm der erste Bart gewachsen war, wußte er mit Waffen umzugehen, und seit langem schon lebte er im Krachen der Gewehre. Er hatte die Küsse seiner Mutter vergessen und selbst die Meßgesänge. Nicht immer gab es einen Grund, einen

Kampf anzufangen, weil hin und wieder Waffenruhe herrschte und kein Gegner in Reichweite seiner Bande zu finden war, aber auch in diesen erzwungenen Friedenszeiten lebte er wie ein Korsar. Er war ein Mann, der sich an die Gewalt gewöhnt hatte, er durchzog das Land in allen Richtungen, kämpfte gegen sichtbare Feinde, wenn es sie gab, und gegen Schatten, wenn er sie erfinden mußte, und so hätte er es immer weiter getrieben, wenn seine Partei nicht die Präsidentschaftswahlen gewonnen hätte. Von einem Tag zum andern wurde sie aus dem Untergrund an die Macht befördert, und aus war es mit den Vorwänden, weiter Aufruhr zu stiften.

Tadeo Céspedes' letzter Auftrag war die Strafexpedition nach Santa Teresa. Mit hundertzwanzig Männern drang er bei Nacht in den Ort ein, um ein abschreckendes Beispiel aufzustellen und die führenden Köpfe der Gegenpartei zu beseitigen. Sie zerschossen die Fenster der öffentlichen Gebäude, traten die Kirchentür ein und ritten bis zum Hauptaltar. Pater Clemente, der sich ihnen entgegenstellte, wurde von den Pferden zertrampelt. Dann galoppierten sie mit kriegerischem Getöse zum Landgut des Senators Orellano, dessen Haus sich stolz auf dem Hügel erhob.

Der Senator erwartete Tadeo Céspedes an der Spitze eines Dutzends treuer Diener, nachdem er seine Tochter im letzten Zimmer des hintersten Patios eingeschlossen und die Hunde losgemacht hatte. Wie schon so oft in seinem Leben beklagte er, daß er keine männlichen Nachkommen hatte, die ihm in diesem Augenblick hätten helfen können, die Ehre seines Hauses mit der Waffe zu verteidigen. Er fühlte sich sehr alt, aber er hatte keine Zeit, darüber nachzudenken, denn er sah schon das schreckliche Lodern von hundertzwanzig Fackeln, die hangaufwärts rasch näherkamen und die Nacht mit Entsetzen erfüllten. Schweigend verteilte er die Munition. Alles war gesagt, und jeder wußte, er würde noch vor Morgengrauen auf seinem Posten sterben müssen wie ein Mann.

»Der Letzte nimmt den Schlüssel zu dem Zimmer, in dem meine Tochter ist, und tut seine Pflicht«, sagte der Senator, als sie die ersten Schüsse hörten.

Alle diese Männer hatten Dulce Rosa heranwachsen sehen, sie hatten sie auf ihren Knien reiten lassen, als sie noch kaum laufen konnte, hatten ihr an den Winterabenden Gespenstergeschichten erzählt, hatten sie Klavier spielen hören und hatten ihr gerührt

Beifall geklatscht, als sie zur Karnevalskönigin gewählt wurde. Ihr Vater konnte in Ruhe sterben, so dachten sie, das Kind würde nicht lebend in die Hände von Tadeo Céspedes fallen. Nur hätte Senator Orellano das eine nie gedacht – daß trotz seiner Tollkühnheit in dem nun folgenden Kampf er der letzte sein sollte, der starb. Er sah seine Männer einen nach dem andern fallen und begriff schließlich die Nutzlosigkeit, weiter Widerstand zu leisten. Er hatte eine Kugel in den Bauch bekommen, alles verschwamm ihm vor den Augen, er konnte kaum die Schatten erkennen, die über die hohen Mauern seines Besitzes kletterten, aber er war doch noch so weit bei Verstand, daß er sich zum dritten Patio schleppte. Die Hunde erkannten seinen Geruch durch Schweiß, Blut und Trauer hindurch und wichen beiseite, um ihn vorbeizulassen. Er steckte den Schlüssel ins Schloß, öffnete die schwere Tür und sah durch den Nebel, der sich über seine Augen gelegt hatte, Dulce Rosa, die ihn erwartete. Das junge Mädchen trug dasselbe Organzakleid wie auf dem Karnevalsfest und hatte ihr Haar mit den Blüten der Krone geschmückt.

»Es ist soweit, meine Tochter«, sagte er und entsicherte seine Waffe, während sich zu seinen Füßen eine Blutlache ausbreitete.

»Töte mich nicht, Vater«, entgegnete sie mit fester Stimme. »Laß mich leben, damit ich dich und mich rächen kann.«

Senator Orellano betrachtete das Gesicht seiner fünfzehnjährigen Tochter und stellte sich vor, was Tadeo Céspedes mit ihr machen würde. Aber aus Dulce Rosas klaren Augen strahlte eine große Kraft, und er wußte, sie würde überleben können, um den Henker zu bestrafen. Er setzte sich zu dem Mädchen auf das Bett und richtete die Waffe auf die Tür.

Als das Jaulen der sterbenden Hunde verstummte, der Riegel nachgab, das Schloß aufsprang und die ersten Männer in das Zimmer stürmten, konnte der Senator noch sechs Schüsse abfeuern, ehe er das Bewußtsein verlor. Tadeo Céspedes glaubte zu träumen beim Anblick eines mit Jasmin gekrönten Engels, der einen mit dem Tode ringenden alten Mann in den Armen hielt, während das weiße Kleid sich rot färbte, aber die milde Regung reichte nicht für ein zweites Hinsehen, denn er war trunken von der Gewalt und entnervt von mehreren Stunden Kampf.

»Die Frau ist für mich«, sagte er, bevor seine Männer Hand an sie legen konnten.

Ein bleierner Freitagmorgen zog herauf, den der Widerschein des Feuers rot färbte. Eine dichte Stille herrschte auf dem Hügel. Die letzten Seufzer waren verstummt, als Dulce Rosa aufstehen konnte und zu dem Brunnen im Garten ging, den am Tag zuvor Magnolien gesäumt hatten und der jetzt eine trübe Pfütze inmitten der Trümmer war. Von ihrem Kleid waren nur noch Fetzen übrig, die sie sich langsam abstreifte, bis sie nackt war. Sie tauchte in das kalte Wasser ein. Die Sonne schob sich hinter den Birken empor, und sie konnte sehen, wie sich das Wasser rosig färbte, als sie sich das Blut abwusch, das zwischen ihren Beinen hervorsickerte, und das Blut ihres Vaters, das in ihren Haaren eingetrocknet war. Als sie sauber war, ging sie still und ohne Tränen zu dem zerstörten Haus, suchte etwas zum Anziehen, nahm ein Leinenlaken und machte sich auf, die Überreste des Senators zu suchen. Sie hatten ihn mit den Füßen an ein Pferd gebunden und im Galopp über die Hügelhänge geschleift, bis er nur noch ein jämmerlich zerfetztes Bündel war, aber seine Tochter, von der Liebe geleitet, erkannte ihn ohne zu schwanken. Sie hüllte ihn in das Laken und setzte sich neben ihn und blickte über das nun wieder friedlich daliegende Land. So fanden sie die Leute aus Santa Teresa, als sie sich getrauten, zum Haus der Orellanos hinaufzusteigen. Sie halfen Dulce Rosa, ihre Toten zu begraben und die letzten kleinen Flackerfeuer zu ersticken, und baten sie dringlich, zu ihrer Patin zu gehen, die in einer anderen Stadt wohnte, und dort zu bleiben, wo niemand ihre Geschichte kannte, aber sie weigerte sich. Da taten sie sich zusammen und beschlossen, das Haus wieder aufzubauen, und schenkten ihr sechs scharfe Hunde, die sie beschützen sollten.

Von dem Augenblick an, da sie ihren Vater noch lebend fortschleppten und Tadeo Céspedes die Tür hinter ihnen schloß und den Ledergürtel abschnallte, lebte Dulce Rosa für die Rache. In den folgenden Jahren hielt der Gedanke daran sie in den Nächten wach und beschäftigte sie tagtäglich, aber er löschte doch ihr Lachen nicht völlig aus und brachte ihre Freundlichkeit nicht zum Versiegen. Ihr Ruf als Schönheit nahm noch mehr zu, denn die volkstümlichen Dichter besangen überall ihren Liebreiz, bis sie eine lebende Legende war. Jeden Morgen stand sie um vier Uhr früh auf, um die Arbeiten auf den Feldern und im Haus zu überwachen, sie ritt auf dem Pferderücken ihren Besitz ab, verstand beim Kaufen und Verkaufen wie ein Syrer zu feilschen, züchtete

Rassevieh und zog Magnolien und Jasmin in ihrem Garten. Am späten Nachmittag legte sie die langen Hosen, die Stiefel und die Waffen ab und zog die bezaubernden Kleider an, die sie sich in parfümierten Kartons aus der Hauptstadt schicken ließ. Wenn es dunkelte, kamen ihre ersten Besucher und fanden sie am Klavier, während die Dienstboten die Kredenzteller mit Kuchen und die Krüge mit Mandelmilch vorbereiteten. Anfangs hatten viele sich gefragt, wie es möglich war, daß das junge Mädchen nicht in ein Sanatorium gebracht worden oder als Novizin bei den Karmeliterinnen eingetreten war, doch da es häufig Feste auf dem Landgut der Orellanos gab, hörten die Leute nach und nach auf, über die Tragödie zu reden, und die Erinnerung an den ermordeten Senator verwischte sich. Einige Herren von Ruf und Vermögen setzten sich über das Schandmal der Vergewaltigung hinweg, angezogen von Dulce Rosas Verständigkeit und von ihrer allseits gerühmten Schönheit, und trugen ihr die Ehe an. Sie wies alle ab, denn ihre Aufgabe in dieser Welt war die Rache.

Auch Tadeo Céspedes konnte von der Erinnerung an jene unheilvolle Nacht nicht loskommen. Der Rausch des Gemetzels und die Euphorie der Vergewaltigung vergingen in den wenigen Stunden, als er in die Hauptstadt zurückkehrte, um über seine Strafexpedition Rechenschaft abzulegen. Da kam ihm das Mädchen in den Sinn, für den Ball gekleidet und mit Jasmin gekrönt, das ihn schweigend ertragen hatte in dem dunklen Zimmer, wo die Luft von Pulvergestank gesättigt war. Er sah wieder die letzten Augenblicke vor sich, wie sie da am Boden gelegen hatte, kaum bedeckt von den blutgeröteten Fetzen, in den gnädigen Schlaf der Bewußtlosigkeit gesunken, und so sah er sie nun jede Nacht vor dem Einschlafen, sein ganzes weiteres Leben lang. Der Frieden und die Ausübung der Macht verwandelten ihn in einen gesetzten, arbeitsamen Mann. Im Lauf der Zeit verloren sich die Erinnerungen an den Bürgerkrieg, und die Leute begannen ihn Don Tadeo zu nennen. Er kaufte eine Hacienda auf der anderen Seite des Gebirges, wo er sich der Rechtsprechung annahm und schließlich Bürgermeister wurde. Wäre nicht das nie ruhende Spukbild der Dulce Rosa Orellano gewesen, würde er vielleicht ein gewisses Glück gefunden haben, aber in all den Frauen, die seinen Weg kreuzten, in all denen, die er auf der Suche nach Trost umarmte, und in all den Liebschaften, in die er sich im Lauf der Jahre einließ, erschien ihm das Gesicht der Karnevalskönigin. Und zu seinem noch größeren Unglück erlaubten die Lieder, aus denen Dulce Rosas Name klang, ihm nicht, sie aus seinem Herzen zu reißen. Das Bild des jungen Mädchens wuchs in ihm, nahm ihn ganz in Besitz, bis er es eines Tages nicht mehr länger ertrug. Bei einem Festmahl zu Ehren seines siebenundfünfzigsten Geburtstages saß er am Kopfende einer langen Tafel, umgeben von Freunden und Mitarbeitern, als er auf dem Tischtuch zwischen Jasminblüten plötzlich ein nacktes Geschöpf zu sehen glaubte, und er begriff, daß dieser Alptraum ihn auch nach seinem Tode nicht in Frieden lassen würde. Er schlug mit der Faust auf den Tisch, daß die Teller hochsprangen, und verlangte seinen Stock und seinen Hut.

»Wohin gehen Sie, Don Tadeo?« fragte der Präfekt.

»Ein altes Unrecht wiedergutmachen«, antwortete er und ging, ohne sich zu verabschieden.

Er brauchte sie nicht zu suchen, denn er hatte stets gewußt, daß sie noch immer in dem Haus ihres Unglücks lebte, und dorthin lenkte er seinen Wagen. Inzwischen gab es gute Straßen, und die Entfernungen schienen kürzer geworden zu sein. Die Landschaft hatte sich in diesen Jahrzehnten verändert, aber als er die letzte Biegung des Hügels genommen hatte, lag das Landgut vor ihm, wie er es in Erinnerung hatte, bevor sein Trupp es stürmte. Dort waren die festen Mauern aus Flußstein, die er mit Dynamit zu sprengen versucht hatte, dort die Bäume, an die er die Leichen der Männer des Senators gehängt hatte, dort der Patio, wo er die Hunde erschossen hatte. Hundert Meter vor der Tür hielt er seinen Wagen an und wagte nicht, weiterzufahren, denn er fühlte sein Herz in der Brust zerspringen. Er wollte eben wenden, um dorthin zurückzukehren, von wo er gekommen war, als zwischen den Rosensträuchern eine Gestalt auftauchte. Er schloß die Lider und wünschte mit aller Kraft, sie möge ihn nicht erkennen. In dem weichen Licht des Spätnachmittags hatte er Dulce Rosa Orellano erblickt, die über die Gartenwege heranzuschweben schien. Er sah ihr Haar, ihr klares Gesicht, die Harmonie ihrer Bewegungen, das Flattern ihres Kleides und glaubte in einem Traum befangen zu sein, der schon fünfundzwanzig Jahre währte.

»Endlich kommst du, Tadeo Céspedes«, sagte sie, ohne sich von seinem schwarzen Bürgermeisterhabit und seinen gepflegten grauen Haaren täuschen zu lassen. Er hatte noch dieselben Piratenhände.

»Du hast mich verfolgt, ohne Ruhe zu geben. Ich habe in meinem ganzen Leben keine andere lieben können, nur dich«, sagte er mit vor Scham gebrochener Stimme.

Dulce Rosa Orellano seufzte befriedigt auf. Sie hatte ihn die ganze Zeit Tag und Nacht mit ihren Gedanken gerufen, und endlich war er hier. Ihre Stunde war gekommen. Aber als sie ihm in die Augen sah, entdeckte sie in ihnen keine Spur des Henkers von einst, nur frische Tränen. Sie suchte in ihrem Herzen den Haß, den sie ein Leben lang gehegt hatte, und konnte ihn nicht finden. Sie rief sich den Augenblick ins Gedächtnis, als sie ihren Vater um das furchtbare Opfer gebeten hatte, sie am Leben zu lassen, damit sie eine Pflicht erfüllen konnte, sie erinnerte sich an die so viele Male verfluchte Umarmung dieses Mannes und an den Morgen, an dem sie traurige Überreste in ein Leinenlaken gehüllt hatte. Sie besann sich auf ihren perfekten Racheplan, aber sie fühlte nicht die erwartete Freude, sondern eine tiefe Wehmut. Tadeo Céspedes nahm behutsam ihre Hand und küßte sie, die feucht wurde von seinen Tränen. Da begriff sie bestürzt, daß sie zuviel an ihn gedacht, die Strafe im voraus genossen hatte, dadurch hatte ihr Gefühl sich umgekehrt, und nun liebte sie ihn.

In den folgenden Tagen öffneten sich die Schleusen der so lange unterdrückten Liebe, und zum erstenmal in ihrem strengen Dasein schlossen sie sich auf, um die Nähe des anderen zu spüren. Sie spazierten durch die Gärten und sprachen über sich selbst, ohne die unselige Nacht auszulassen, die ihrer beider Lebenswege verändert hatte. am Abend spielte sie ihm auf dem Klavier vor, und er rauchte und hörte ihr zu, bis er fühlte, wie alles in ihm sanft und weich wurde und wie das Glück ihn wie ein Mantel umhüllte und die Alpträume der Vergangenheit auslöschte. Nach dem Abendessen fuhr Tadeo Céspedes nach Santa Teresa hinein, wo sich schon niemand mehr an die alte Schreckensgeschichte erinnerte. Er stieg im besten Hotel ab und bereitete von dort aus seine Hochzeit vor. Er wollte ein Fest mit großem Aufwand, verschwenderisch gedeckten Tischen und fröhlichem Lärm, an dem der ganze Ort teilnehmen sollte. Er hatte die Liebe in einem Alter entdeckt, in dem andere Männer alle Illusionen verloren haben, und das gab ihm die Kraft seiner Jugend zurück. Er wollte Dulce Rosa mit Zärtlichkeit und Schönheit umgeben, ihr alles schenken, was man für Geld kaufen kann, vielleicht würde es ihm gelingen, sie für das Böse zu entschädigen, das er ihr als junger Mann angetan hatte. Es gab Augenblicke, wo ihn Panik überkam. Dann forschte er in ihrem Gesicht nach Zeichen des Grolls, aber er sah nur das Licht der erwiderten Liebe, und das gab ihm die Zuversicht zurück. So verging ein glücklicher Monat.

Zwei Tage vor der Hochzeit, als schon die langen Tische im Garten aufgestellt, das Geflügel und die Schweine für das Festmahl geschlachtet und die Blumen geschnitten wurden, die das Haus schmücken sollten, probierte Dulce Rosa das Brautkleid an. Sie sah ihr Bild im Spiegel, so ähnlich dem am Tag ihrer Krönung zur Karnevalskönigin, und plötzlich konnte sie ihr Herz nicht länger betrügen. Sie wußte, daß sie ihre geplante Rache niemals vollziehen würde, weil sie den Mörder liebte, aber ihr war endlich auch klar, daß sie ebensowenig imstande sein würde, das Gespenst des Senators zum Schweigen zu bringen. So entließ sie die Schneiderin, nahm die Schere und ging in das Zimmer am dritten Patio, das die ganzen Jahre hindurch unbewohnt geblieben war.

Tadeo Céspedes suchte sie überall und rief verzweifelt ihren Namen. Das Bellen der Hunde führte ihn zum äußersten Ende des Hauses. Mit Hilfe des Gärtners brach er die verriegelte Tür auf und trat in das Zimmer, in dem er einmal einen jasmingekrönten Engel erblickt hatte. Er fand Dulce Rosa so, wie er sie jede Nacht im Traum gesehen hatte, in dem gleichen blutgetränkten Organzakleid, und er ahnte, daß er neunzig Jahre alt werden würde, um seine Schuld mit der Erinnerung an die einzige Frau zu sühnen, die seine Seele lieben konnte.

Grace Paley
Liebe

Zuerst schrieb ich dieses Gedicht:

Den Schieferweg des Uniparks entlang
unter dem Quasi-Vollmond die braunen Eichenblätter
rot wie Ahorn
hab die jungen Leute angeschaut
die reden und sich umarmen
und ihretwegen, dacht' ich, wollt' ich eintauchen
in Erinnerung an Liebe so ließ ich mich fallen
Schritt für Schritt
bis meine Füße den Gartenboden
der Vesey Street berührten

Ich sagte meinem Mann, grad habe ich ein Gedicht über Liebe geschrieben.

Prima Idee, sagte er.

Dann sprach er von Sally Johnson vom Winnipesaukee-See, die zwölfeinhalb war, als er vierzehn war. Dann sprach er von Rosemarie Johnson vom Sunapee-See. Dann sprach er von Jane Marston in Concord High, und darauf sprach er von Mary Smythe aus Radcliffe, als er als Lyriker in Harvard lebte. Darauf sprach er von zwei berühmten Lyrikerinnen, einer blonden und einer dunklen, beide schon gestorben, als er insgeheim dichtete, während er eine passable Stelle in einem fensterlosen Büro hatte. Als er zuguterletzt zu meiner Zeit vorgedrungen war – das sind die letzten fünfzehn Jahre oder so –, sprach er von Dotty Wasserman.

Moment mal, sagte ich. Was heißt hier Dotty Wasserman? Sie ist eine Romanfigur. Sie ist keine lebende Person.

Also gut, sagte er. Und wieso Vesey Street? Was soll denn das?

Nichts besonderes. Ich war da in diesen Typ verliebt, der Sträucher einkaufte. In der Vesey Street war das Gartenzentrum mitten im Geschäftsviertel der Stadt, damals, als es noch wunderbare Einkaufsgegenden in der Stadt gab. Damals hab' ich dort die Kinder ausgefahren, als sie halbschläfrige Kinderwagenbabies waren, manchmal bin ich mit der Fähre nach Hoboken übergesetzt. Jahre später bin ich da dann sonntags Fahrrad gefahren, immer drumherum gefahren. Ich hab ihn sogar ungefähr dreimal gesehen.

So, so, sagte mein Mann. Und wieso kenn ich den Typ nicht?

Pah, die Blödheit der Liebenden. Es geht um dich, sagte ich. Übrigens, was soll der Quatsch mit dir und Dotty Wasserman?

»Nicht von Bedeutung. Sie war doch das verrückte Huhn, das immer in den Kneipen herumhing. Aber getrunken hat sie nie. Tatsächlich, weißt du, nur wegen der Männer. Auch ich habe nicht – zuviel getrunken, meine ich. Ich hab' nur darauf gewartet, hier und da zu vögeln oder eine zu treffen, um mich bis über beide Ohren in sie zu verlieben.

So romantisch ist er. Manchmal frag' ich mich, ob bei diesem unserem häuslichen Leben in den mittleren Jahren – mit zwei Paar Pantoffeln, eins für den Sommer, Sandalenart, und eines für den Winter mit heimeligem Schafwollfutter –, ob es nicht für ihn eine ziemliche Enttäuschung bedeutet, mich zu lieben.

Höflich überbrückte er meine Mutmaßungen. Er sagte, sie war auch diese irre Mutter im Park. Jahre danach, als wir alle mit der Kommunalpolitik zu tun hatten und ich mit Josephine verheiratet war. Dotty und ich waren Delegierte bei dem berühmten Kansas City National Meeting of Town Meetings N.M.T.M. Erinnerst du dich? Tolle Frau.

Nein, sagte ich, stimmt nicht. Man hat sie aufgebaut, pure Erfindung der späten Fünfziger.

Ah so, sagte er, dann muß das danach gewesen sein. Muß sie nachher kennengelernt haben.

Er ist dickschädelig, also ließ ich das Thema fallen und ging einkaufen. Unsere schrumpfende Familie braucht mehr Kaffee, mehr Eier, mehr Käse, weniger Butter, weniger Fleisch, weniger Orangensaft, mehr Grapefruits.

Und als ich die Straße runterlief, ohne auch nur einen Nachbarn zu treffen, summte ich eine kleine Raufrunter-Melodie, und mit Hilfe meines braven Kundschafter-Hirns legte ich mich weiter mit der Zeit an. Hier war ich also, um die alte Welt der Vesey Street wieder zu erleben, atmete mit weit größerer Aufmerksamkeit als üblicherweise am Spätvormittag ein und aus – alles der Liebe wegen. Vermutlich. Interessant das Gleiten von den echten erinnerten Gespenstern zu den prägnant erfundenen Gestalten: Mein Gott, dachte ich, der Geliebte ist Wirklichkeit. Das Herz des

Geliebten schlägt weiter. Seine Art von Reklame, von Geburt an.

Ich kam am hiesigen Buchladen vorbei, der gut lief, nicht ohne *The Joy of All Sex* als Stütze seiner Prosperität. Der Buchhändler schenkte mir, der verläßlichen Kundin weniger angepriesener Bücher, ein liebevolles Lächeln. Er hatte großen Erfolg. (Er wußte nicht, daß drei Jahre später seine Miete verdreifacht und er als trauriger Versager dastehen würde, und der Hauseigentümer, ein ausgefuchster Unternehmer, Stern am mikroökonomischen Himmel, würde den berühmten Erfolg haben.)

Schon aus der Entfernung eines halben Blocks konnte ich den Kohl in der Kiste des Gemüsehändlers sehen. Eisklümpchen schimmerten an den dunklen Blättern. Mein inneres Gegenbild zeigte mir die Felder meines Mannes im Norden des Landes. Gleich murmelte ich ein neues Gedicht:

In der Gemüsekiste schimmert der grüne Kohl
im Norden des Landes wächst er
süß durch den Frost
dunkel und lockig in einem Garten mit hellbraunem Heu
und leichtem weißem Schnee...

Leicht weiß – ich sagte es nachsinnend mehrere Male. Plötzlich sah mein äußeres Auge eine gutaussehende Frau, die Margaret hieß und seit zwei Jahren nicht mit mir gesprochen hatte. Wir waren jahrelang politisch einer Meinung, bis irgendwelche Dinge, die mit der Sowjetunion zu tun hatten, uns auseinanderbrachten. In den verärgerten Monaten, als wir beide in vielerlei Dingen recht hatten, zog sie meine beste Freundin Louise in ihr politisches Lager und in ihre tägliche Freundschaft, meine lebenslange Park-, P.T.A.- und Kriegsgegnerfreundin, Louise.

In einem nebelhaften Wirrwarr aus Liebe und großblättrigem Gemüse bemerkte ich Margarets gutes Gesicht, und bevor ich an unsere ernsthaften Auseinandersetzungen dachte, lächelte ich. Im selben Augenblick erkannte sie mich und lächelte. So töricht sind wirklich Liebende, wenn ihre Liebe erwidert wird, daß ich im Vorbeigehen ihre Hand nahm, mich über sie neigte, sie an meine Wange drückte und mit meinen Lippen berührte.

Beim Abendessen beschrieb ich dies alles meinem Mann. Na klar, sagte er. Kennst du das nicht? Das Lächeln war für Margaret, aber eigentlich fehlt dir Louise sehr, und der Kuß war für

Louise. Wir sagten beide: Aha! Dann sprachen wir beide darüber, daß das SALT-Abkommen mehr nach unten als nach oben deutete, lasen ein Gedicht, das eine seiner Töchter geschrieben hatte, sahen einen Fernsehfilm, der den Niedergang der europäischen Textilindustrie vor Augen führte, und danach liebten wir uns.

Am Morgen sagte er, weißt du, du bist eine tolle Liebhaberin. Bist du wirklich. Du erinnerst mich stark an Dotty Wasserman.

Marie Luise Kaschnitz

Ich liebe Herrn X.

Vor kurzem trat auf der Bühne eines Kabaretts eine Frau auf, die jung und schön anzusehen, aber einfach und ohne allen Flitter gekleidet war und die sich mit einem an diesem Orte ungewöhnlichen Ernst an das Publikum wandte.

Ich liebe Herrn X., begann sie und machte dann eine Pause, während der die durch vorangegangene Leichtfertigkeiten aufgeheiterten Zuhörer sich in allerlei gewagten Bemerkungen ergingen.

Die Sprecherin wartete ganz ruhig, bis all diese Zurufe verklungen waren. Sie stand hinter einem kleinen Tisch, auf den sie ihre Hände stützte. Nach einer Weile warf sie den schönen Kopf zurück und sah ihre Zuhörer auf eine herrische und entschlossene Weise an.

Sie werden nicht verlangen, sagte sie, daß ich den Familiennamen des von mir geliebten Herrn in aller Öffentlichkeit nenne. Und was seinen Vornamen anbetrifft, so muß ich gestehen, daß ich ihn gar nicht weiß. Ebensowenig könnte ich Ihnen über sein Alter, seine Herkunft und seine Weltanschauung sichere Angaben machen. Bleiben wir also dabei: Ich liebe Herrn X.

Die Sprecherin unterbrach sich nach diesen Worten aufs neue und sah sich lächelnd nach allen Seiten um. Dann fuhr sie fort. Und nun werden Sie gewiß schon ungeduldig und wünschen zu erfahren, was sich zwischen mir und diesem Herrn abspielt oder abgespielt hat. Vielleicht wollen Sie auch vorher noch wissen, wer ich bin, was ich tue und ob ich eine Familie habe. Aber da muß ich Sie enttäuschen. Ich habe nicht die Absicht, Ihnen über meine Vergangenheit zu berichten. Weder ein Zuhause noch eine Familie sind etwas sehr Dauerhaftes heutzutage, und man kann es niemandem zur Last legen, wenn er schließlich alleine geblieben ist. Außerdem haben Sie wahrscheinlich alle Ihre eigenen Sorgen und Ihre eigenen Gräber oder die Photographien von Gräbern, irgendwo.

Nein, Sie brauchen jetzt nicht mitleidig den Kopf zu schütteln. Sie werden ja erfahren, was für ein Mensch ich bin und daß ich leben will genau wie Sie und auf dieselbe bedenkenlose Weise wie

Sie. Sie werden erfahren, wie ich versuche, zu dem Meinigen zu kommen, weil ich erst dreißig Jahre alt bin und gelebt habe, aber nicht genug, nicht genug.

Ich will alles der Reihe nach erzählen. Schließlich lebt man ja auch der Reihe nach. Die Sonne geht nicht plötzlich wieder unter, kaum, daß sie aufgegangen ist, und man kann sie nicht herbeizwingen, so wenig, wie man sie am Abend zurückholen kann...

Nach diesenWorten machte die Sprecherin wieder eine kleine Pause, aber diesmal gab es keine Zwischenrufe, und die Zuhörer sahen mit einer gewissen Beklommenheit zu, wie sie nun hinter ihrem Tischchen Platz nahm und den Kopf auf ihre Hand stützte. Heute früh, sagte sie, bin ich davon aufgewacht, daß eine in der Nähe meines Hauses aufgestellte Maschine in Betrieb gesetzt wurde. Der Lärm, den diese Maschine verursachte, bestand aus einem Stampfen und einem Zischen. Man kann aus solchen Geräuschen manchmal etwas wie Worte heraushören. Steh auf, zum Beispiel, oder auch Wozu. Wo-zu, wo-zu, wo-zu. Da liegt dann gleich alles darin, das Aufstehen und Arbeiten und Essen, alles, was mühsam und sinnlos ist auf der Welt. Gerade dieses Wort habe ich heute gehört. Aber während ich mich der Empfindung der Sinnlosigkeit so recht hingeben wollte, kam mir Herr X. in den Sinn. Ich richtete mich auf, und die Tatsache, daß er auf der Welt war, überflutete mich wie eine leichte, reine Welle des Glücks.

Ich bin aufgestanden und habe mein Zimmer saubergemacht, und die Staubsaugerschlange hat geblitzt und gefunkelt und ihren Schlapperbauch hinter sich herzogen und gesungen wie im Frühling der Sturm. Ich habe meinen Abfalleimer auf den Hof getragen, ganz schnell bin ich die Treppe hinuntergesprungen, und der Deckel hat so lustig geklappert wie die Hufe eines Pferdchens. Und wie ich auf den Hof herausgekommen bin, war das Gras so neu und frisch vom Tau, und der Tag war so jung. So lang und schön lag er vor mir, was konnte nicht alles geschehen...

Natürlich wußte ich ganz genau, was geschehen konnte, geschehen sollte an diesem Tag. Ich bin nur deshalb so schnell die Treppe heruntergelaufen, weil ich Angst hatte, einen Anruf zu verpassen. Beim Zurückkommen hat dann wirklich das Telefon geläutet. Ich habe den Hörer heruntergerissen und mich gemeldet, und mein Herz hat geklopft, und meine Stimme war ganz rauh.

Aber natürlich war das gar nicht der Anruf, auf den ich gewartet hatte. Was sollte er mir auch zu sagen haben, dieser Herr X., den ich nur zweimal im Leben gesehen und mit dem ich nur ein paar belanglose Worte gewechselt hatte und nur einmal einen Blick, einen langen, seltsam schwermütigen Blick...

Der Anruf kam von jemandem, der seine Übersetzung abholen wollte. Diese Arbeit war keineswegs fertig, und ich habe mich hinsetzen müssen und schreiben und wieder abschreiben, und darüber ging der Vormittag dahin. Ich habe keine Zeit mehr gehabt, an Herrn X. zu denken, nur daß ich ihn manchmal vor mir gesehen habe, seine langen, kräftigen Hände, seinen schönen Mund. Als ich mit allem fertig war, hat auf der Straße schon der Eismann geklingelt, und daran habe ich bemerkt, wie das Leben vergeht. Man muß etwas tun, habe ich gedacht, man muß etwas tun. Und schon habe ich angefangen, meine Ränke zu spinnen.

Sie wissen ja, wie man das macht und daß man sich dabei wie ein Feldherr vorkommt oder wie ein Staatsmann, während man sich doch in Wirklichkeit seine eigene Grube gräbt. Zuerst habe ich übrigens gar nicht ernstlich vorgehabt, etwas zu unternehmen. Ich mußte ausgehen und einkaufen und meine Arbeit wegbringen, und es hätte ja gut sein können, daß ich dem Herrn X. auf der Straße begegnete. Es hätte sein können, daß er mit seinem Wagen die Straße herunterfährt, meine Straße, und daß er mich von hinten erkennt und anhält und fragt, ob er mich ein Stückchen mitnehmen darf. Oder es hätte beim Kaufmann eine feine, hübsch angezogene Dame sich über die Salatköpfe beugen können, eine Dame, die mir bekannt vorkommt und die, wie sich gleich herausstellt, seine Frau ist, Frau X.

Vielleicht habe ich noch gar nicht gesagt, daß Herr X. verheiratet ist. Aber das versteht sich doch eigentlich von selbst. Alle Männer sind verheiratet, vorausgesetzt, daß sie ihre Kinderschuhe ausgetreten haben und daß ihnen die Frauen nicht ganz und gar widerwärtig sind. Alle Männer haben eine Frau, mit der sie etwas verbindet und die ein Recht auf sie hat, ein zähes, unheimliches Recht.

Wegen dieser Frau X. also habe ich mich heute besonders lang beim Kaufmann aufgehalten. Ich habe mich auf einen Stuhl gesetzt und meinen Besorgungszettel herausgezogen und aufgeschrieben und gerechnet oder dergleichen getan und darauf gewartet, daß sie den Laden betritt. Darf ich Ihnen helfen, Ihre

Pakete zu tragen? wollte ich sagen. Nein, ich habe gar nichts zu tun, ich habe Zeit. Auch die Treppe hinauf? Natürlich, auch die Treppe hinauf. Wollen Sie denn nicht ein bißchen hereinkommen? Doch, einen Augenblick gern. – Sieh doch, wen ich mitgebracht habe. – Mit diesen Worten würde Frau X. die Türe aufmachen, die in das Zimmer ihres Mannes führt. Vielleicht würde sie mich dann einladen, mit ihnen zu Mittag zu essen, und bis zum Mittagessen würde Herr X. mir seine Bilder zeigen. Das ist in Soundso, würde er sagen, und ich würde nicht das geringste erkennen, weil ich ganz und gar davon in Anspruch genommen wäre, auf seine Stimme zu horchen, die manchmal ganz leise wird und fast wie ein Flüstern klingt. Inzwischen würde Frau X. den Tisch decken, mit einem Tischtuch aus Leinen und mit Servietten, die eben aus der Wäsche kommen und die gestärkt sind und weiß und frisch. Nach dem Essen würde sie sagen: Jetzt muß mein Mann sich ein bißchen hinlegen, und Herr X. würde lachen und sagen: Das ist nicht so wichtig, aber da wären wir schon zur Türe hinaus. Ich würde seiner Frau beim Abwaschen helfen, schön langsam, und wenn wir fertig wären, würde es sich so fügen, daß auch Herr X. gerade ausgehen muß und daß wir denselben Weg haben, ein ganzes langes Stück.

Sie können sich schon denken, daß das alles Luftschlösser waren, müßige Betrachtungen, und keinen Pfifferling wert. Frau X. dachte nicht daran, gerade um diese Stunde ihre Einkäufe zu machen, und von dem Wagen ihres Mannes war auf der Straße weit und breit nichts zu sehen. Ich ging meine Arbeit abliefern, und der Herr, für den ich sie gemacht hatte, war sehr zufrieden, aber das Geld hatte er leider im Augenblick nicht zur Hand. Ich ging nach Hause und war sehr froh, daß meine Kostgänger sich für diesen Tag abgemeldet hatten und daß ich nicht zu kochen brauchte. Ich aß ein paar Brote und trank eine Tasse Kaffee, und dann war es schon vier Uhr. Ich hätte natürlich weiterarbeiten sollen, aber statt dessen habe ich mich hingesetzt und habe gestickt.

Ich tue das sonst nur am Sonntag oder spät in der Nacht. Es ist eine sehr mühsame Arbeit, weil es Blumen sind, die ich nicht vorher aufzeichne und von denen jede einzelne aus vielen Hunderten von kleinen Stichen besteht. Es sollen immer Blumen werden, die bei uns zu Hause geblüht haben, aber wenn sie fertig sind, sehen sie ganz anders und wie große fremdartige Vögel aus. Heute also saß ich da und fing eine neue Blume, eine Art von Taglilie, an. Ich zog die feurige Seide durch den stumpfen schwarzen Stoff, und dabei dachte ich an Herrn X. und an seine feine, stille Wohnung und an seine feine, stille Frau. Ich überlegte mir, daß ich nur den Telefonhörer aufzunehmen und eine bestimmte Nummer zu wählen brauchte und daß es dann wäre, wie wenn man einen Stein ins Wasser wirft, wobei ja auch nichts Besonderes entsteht, nur ein paar Kreise, die ans Ufer laufen und zittern und nur sehr langsam vergehen.

Den ganzen Nachmittag habe ich am Fenster gesessen und gestickt und darüber nachgedacht, wie ich es fertigbringen könnte, Herrn X. heute noch zu sehen. Ich habe eine Menge wunderlicher Einfälle gehabt und bin zweimal zum Telefon gegangen und habe den Hörer aufgenommen und ihn wieder hingelegt, um dann in meinem Zimmer herumzulaufen wie ein Tier in seinem Käfig im Zoo. Gegen Abend ist ein Bekannter gekommen, einer von diesen Spießgesellen, die mein Verkehr sind, weil sie dieselben Nöte haben, dieselben Sorgen und dieselbe Art von Erinnerungen wie ich. Natürlich wäre dieser Bekannte gerne geblieben und hätte auch gern etwas zu essen bekommen. Ich habe auch vorgehabt, ihn einzuladen, aber jemand in mir war furchtbar ungeduldig und hat ihn weggeschickt und immer das eine gesagt: Die Zeit vergeht. Und dann hat dieser Jemand mich auch zum Telefon gestoßen, und diesmal habe ich die Nummer gewählt.

Ja, und nun habe ich wirklich mit Frau X. gesprochen. Ich habe sie an ihr Versprechen erinnert, mir ein bestimmtes Buch zu leihen, und ich habe gesagt, daß ich es gerade heute haben müßte, ja heute noch, unbedingt. Wir haben ein fröhliches kleines Gespräch geführt und daneben noch ein anderes, das stumm und keineswegs fröhlich war.

Was wollen Sie eigentlich von mir? hat die stumme Frau X. gefragt.

Ich will Ihnen Ihren Mann wegnehmen.

Mit was für einem Recht?

Mit dem Kriegsrecht. Dem Standrecht. Dem Faustrecht.

Wer sind Sie denn überhaupt?

Ich bin eine von denen, die leben wollen und lieben wollen, genau wie Sie.

Ihr seid Freibeuterinnen.

Wir sind Freibeuterinnen...

Also, wenn es Ihnen recht ist, sagte die andere Frau X. liebenswürdig, wir gehen ohnehin noch aus. Wir bringen Ihnen das Buch. In einer halben Stunde. –

Dreißig Minuten sind ein Nichts von einer Zeit, wenn man so viel zu tun hat, wie ich jetzt. Mein Zimmer sollte doch hübsch aussehen, mein häßliches, trauriges Zimmer. Ja, da hause ich nun, wollte ich sagen, aber es sollte ihnen nicht peinlich sein, daß es so anders war als bei ihnen und daß ich selbst so anders war, ein zerzauster Vogel auf einem schwankenden Zweig. Also tat ich, was ich konnte, zog die Vorhänge zu und stellte den Teekessel auf. Sie trinken doch eine Tasse Tee? Das hier – ja, das ist meine Arbeit, Übersetzungen, übrigens recht interessant. Die Stickereien, ach, eine Spielerei, sonst nichts. Was für ein schönes Kind... nein, die Photographien kommen in die Schublade. Ich will kein Mitleid, ich will leben, ich nehme den Frauen ihre Männer weg, ich bin eine Freibeuterin, sonst nichts.

Ich machte alles bereit, und dann drehte ich das Licht wieder aus und stellte mich ans Fenster und schob den Vorhang beiseite und sah hinaus. Es war jetzt schon lange dunkel, und die Straßenlaternen brannten. Die Schatten der Paare, die sich dort unten der nächsten Laterne näherten, waren lang und schlank, und dann wurden sie kurz und gedrungen, und dann schlüpften sie unter den Füßen der Wandernden hindurch und erschienen wieder und wuchsen und zeigten die zärtlich einander zugeneigten Köpfe und die Gestalten, die manchmal verschmolzen zu einer einzigen Gestalt. Bei diesem Anblick traten mir die Tränen in die Augen, und die Schatten verschwammen, und die Laterne bekam einen kleinen mondenen Hof. Ich konnte eine Weile nichts mehr erkennen, und dann schellte es, und als ich die Haustür aufmachte, stand Herr X. draußen, allein.

Allein? fragte ich.

Meine Frau hat Besuch bekommen, sagte Herr X. Er streckte mir das Buch hin, das in Seidenpapier eingewickelt war, und machte keine Anstalten, näher zu treten.

Kommen Sie doch herein, sagte ich. Einen Augenblick wenigstens. Legen Sie ab.

Ich muß gleich wieder gehen, sagte Herr X.

Er legte seinen Hut auf den Stuhl im Korridor und behielt den Mantel an, und ich dachte, er liebt mich, aber er fürchtet sich davor, und ich fürchte mich nicht.

Setzen Sie sich doch, sagte ich, als wir im Zimmer standen. Ich legte das Päckchen zwischen uns auf den Tisch, und Herr X. begann über das Buch zu sprechen, das seine Frau mir geliehen hatte. Er war zuerst ein wenig verlegen, wie ein Mann, der nicht gewohnt ist, ohne seine Frau auszugehen, und ich war auch verlegen, weil doch immer alles so anders ist, als man es sich vorgestellt hat. Denn jetzt hätte ich ihm ja auf die verschiedenste Weise zeigen können, daß er mir nicht gleichgültig war. Ich hätte ihm Tee einschenken und mir eine Zigarette von ihm anstecken lassen können. Ich hätte ihn auf meine wunderlichen Blumen aufmerksam machen und ihn etwas fragen oder ihm etwas erzählen können, etwas Persönliches, bei dem zutage getreten wäre, daß wir Menschen waren, Menschen auf ihrem seltsamen Wege zwischen Geburt und Tod.

Aber von dem allen habe ich nicht das geringste getan. Wir haben am Tisch gesessen, ich hier und er dort, und haben miteinander gesprochen, aber nur so obenhin, lauter gleichgültiges Zeug. Ich habe meine Hände im Schoß zusammengekrampft, und er hat mich angesehen mit demselben Blick wie damals, diesem tiefen, hungrigen Blick. Er hat seinen Mantel nicht ausgezogen und sich nicht umgeschaut, und plötzlich habe ich begriffen, daß er mich gar nicht kennenlernen und gar nichts von mir erfahren wollte. Ich habe begriffen, daß er nur auf den Augenblick wartete, in dem er mich an sich ziehen und meine Augen an seiner Schulter verbergen konnte. Es ist mir klar geworden, daß er sich schämte, mir auf eine andere Weise nahezukommen, als in der großen Verzauberung der Sinne, in der blinden Unschuld des Tieres...

Wenn ich sage, daß ich alles durchschaut und verstanden habe, so ist das natürlich ganz falsch ausgedrückt. Etwas in mir verstand, und dieses Etwas lehnte sich auf. Die Folge war, daß ich meine Kopfschmerzen bekam.

Meine Kopfschmerzen. Das ist die Pein von damals, aus der schlimmsten Zeit meines Lebens, aus der bedrohtesten, hoffnungslosesten Zeit. Es ist ein Klopfen, das hier hinten anfängt, eine Qual, die sich von Zeit zu Zeit wiederholt, aus irgendeinem Grunde, aus gar keinem Grunde, nur um mir zu zeigen, daß man immer den alten Menschen mit sich herumschleppt, daß es keinen neuen Anfang und keine Befreiung gibt.

Wie ärgerlich, dachte ich, gerade heute, gerade jetzt. Ich versuchte, nicht darauf zu achten, aber der Schmerz wurde nur stärker, und ich konnte nicht verhindern, daß er mich auf eine schreckliche Weise ernüchterte und mich kalt machte wie der Tod.

Ja, wie eine Tote sprach ich jetzt mit diesem Herrn X., den ich liebte und nach dem ich mich gesehnt hatte, den ganzen langen Tag. Tonlos sprach ich und glatt und kalt, über dieses und jenes und am Ende auch über seine Frau.

Das ist natürlich das letzte, was man tun darf, einem Mann gegenüber, der sich davor fürchtete, seine Frau zu verlassen. Einem Mann gegenüber, der einen herrlichen Augenblick der Befreiung erleben will, vor dem Müdewerden, vor dem Alter, vor dem Tod.

Leider, ich muß jetzt gehen, sagte Herr X.

Ja, sagte ich, und stand auf.

Wir schüttelten uns die Hände wie zwei Fremde, die wir ja im Grunde auch waren, wenn auch nicht viel gefehlt hätte, daß wir uns anheimgefallen wären, gründlichst, auf Gedeih und Verderb. Und dann stand ich auf und begleitete Herrn X. an die Tür. Jetzt bin ich allein. Ich habe keine Schmerzen mehr, und ich zweifle daran, daß ich je welche gehabt habe. Vielleicht war dieses Klopfen nichts anderes als das Nein-nein-nein, der kleine eiserne Widerstand der Freibeuterinnen, die nicht das Vergessen suchen, sondern ein Erwachen, nicht das Abenteuer, sondern ein Schicksal, das nicht mehr endet bis zum Tod.

Ich hätte ihn an mich binden können, meinen Sie vielleicht? Ach, sehen Sie, jetzt, wo es so still und die Nacht so weit vorgeschritten ist, denke ich, vielleicht habe ich auch das nicht gewollt. Vielleicht habe ich ihn fortgehen lassen, damit ich morgen früh, wenn ich aufwache und wenn die Maschine anfängt mit ihrem Knarren und Zischen, ihrem Wozu-wozu-wozu, damit es mich dann wieder überflutet, diese reine, leichte Welle der Freude, damit ich aufspringen kann mit dem Gedanken – ich liebe Herrn X.!

Bei diesen Worten richtete sich die Sprecherin hoch auf und sah sich mit einem zugleich schmerzlichen und strahlenden Lächeln um. Ihr Auftritt war zu Ende, und während sich, zögernd zuerst und dann heftig, der Beifall rührte, verschwand sie hinter dem Vorhang, der die kleine Bühne umschloß.

Jetzt können wir wohl gehen, sagte eine Dame, die mit ihrem Mann an einem der vorderen Tische saß. Sie erhob sich und ging an den Tischen vorbei dem Ausgang und der Garderobe zu. Ihr

Mann folgte ihr langsam, und als die Sprecherin, vom Händeklatschen gerufen, aufs neue erschien, wandte er sich noch einmal um. Und da er nun einen Augenblick, ohne die Hände zu erheben, wie verloren stehenblieb und zur Bühne hinaufstarrte, gab es unter den Zuschauern einige, die in diesem Besucher den geliebten Herrn X. erkennen wollten und die behaupteten, die Gefeierte habe von ihm Abschied genommen mit einem Neigen des Hauptes, mit einem langen, lächelnden Blick.

Else Lasker-Schüler
Mein Liebesbrief

Durch den goldenen Himmel blicken blau die Sterne, aber die Fenster des Harems sind schon dicht verhangen. Meinen schwarzen Perlenohrreif trägt der Eunuche am Daumen – dafür läutet er zeitiger zum Schlaf. Die Frauen träumen schon von ihrem neuen Naschwerk, von verzuckerten, roten Rosen; und der Schlummer liegt auf den Wangen der kleinen Prinzen und Prinzessinnen wie Tauben. Und ich bin heimlich durch den Vorraum des Harems entkommen, die herrlichen Türen des großen Sultansaals schließen sich hinter mir, eherne schützende Arme. Und meine andächtige Freundin wartet auf mich, die schlanke Kerze auf dem Marmortisch; sie ist bereit, für mich ihr Leben zu lassen. – O Abdul, deine Augen schweifen immer über die Dämmerung, und mein Herz ist blau geworden, dunkelblau wie der Garten des Jenseits. Auf dem Gipfel des Balkans sehe ich dich herannahen, wie auf dem Buckel eines Dromedars. Abdul, ich bin verliebt in dich, und das ist viel rauschender, als wenn ich dich lieben würde. Wie der Frühling ist es, verliebt zu sein... Immer kommen große Stürme über mein Blut; ich fürchte mich vor ihnen, aber sie überjubeln mich mit tausend blühenden Wundern. Und der Schleier vor meinem Antlitz ist zerrissen, zu stürmisch dachte ich an unser Wiedersehn. Aber die Stunde unseres Glückes muß stumm sein – nicht reden, Abdul... Und die Augen geschlossen halten, unsere Liebe selbst darf nichts ahnen, daß sie sich zwischen unsern Lippen verfing. Der große Prophet mag die Ungläubigen deiner neuen Heimat und ihre Lehren nicht, und er könnte aus einer heimlichen Spalte der Nacht lauschen. Aber ich habe einen dunklen Stern auf meine Stirn gemalt, und es wird alles nur ein unsichtbares Keimen sein und unsere Lippen werden Knospen bleiben, Abdul ....

Angeles Mastretta
Cristina Martínez

Hübsch war Cristina Martínez nicht, aber irgend etwas an ihren dünnen Beinen und ihrer atemlosen Sprechweise muß es gewesen sein, das sie dennoch interessant machte. Nur hielten Pueblas heiratswillige junge Männer leider nicht nach interessanten Mädchen Ausschau, und so wurde Cristina zwanzig Jahre alt, ohne daß ihr auch nur eine einzige sozial angemessene Freundschaft angetragen worden wäre. Als sie gar einundzwanzig wurde, waren ihre vier Schwestern sämtlich entweder glücklich oder unglücklich verheiratet, und auf Cristina lastete nun ständig die demütigende Aussicht, daß sie wahrscheinlich zur alten Jungfer werden würde. Nicht mehr lange, und ihre kleinen Neffen und Nichten würden sie die Sitzengebliebene nennen, und sie hegte Zweifel, ob sie das überstehen würde. Da trat, kurz nach ihrem Geburtstagsfest, auf dem ihre Mutter, als Cristina die Kerzen ausblies, in Tränen ausgebrochen war, ein gewisser Señor Arqueros auf den Plan.

Eines Vormittags kam Cristina von einer Fahrt in die Innenstadt zurück, wo sie Perlmuttknöpfe und einen Meter Spitze eingekauft hatte, und erzählte, sie habe im Juweliergeschäft La Princesa die Bekanntschaft eines Spaniers aus sichtlich gutem Hause gemacht. In das Geschäft sei sie wegen der Brillanten im Schaufenster hineingegangen, und sie habe sich erkundigt, wieviel ihr Wunschtraum, ein Verlobungsring, koste. Den genannten Preis habe sie angemessen gefunden, und sie habe sich nur beklagt, daß sie kein Mann sei und ihn sich nicht jetzt schon kaufen könne, um ihn irgendwann später einmal zu tragen.

»Männer dürfen den Ring schon vor der Braut haben, ja, sie können sich die Braut sogar passend zum Ring aussuchen. Wir hingegen müssen warten und immer warten. Manche verwarten so ihr Leben, und andere wieder sind für ihr Lebtag mit einem Ring geschlagen, den sie gar nicht mögen. Findest du nicht auch?« fragte Cristina ihre Mutter beim Mittagessen.

»Kind, hör endlich auf, mit den Männern zu hadern«, ermahnte sie ihre Mutter. »Wer soll denn für dich sorgen, wenn ich einmal tot bin?«

»Ich. Zerbrich dir nicht den Kopf, Mutter. Ich sorge schon für mich selber.«

Am späten Nachmittag erschien ein Bote aus dem Juweliergeschäft bei ihnen und gab den Ring ab, den Cristina sich angesteckt und an der ausgestreckten Hand unter ähnlichen Reden, wie sie sie am Mittagstisch bei ihrer Mutter geführt hatte, von allen Seiten bewundert hatte. Außer dem Ring wurde auch noch ein an Cristina adressierter versiegelter Umschlag abgegeben.

Beides schickte, mit dem Ausdruck seiner aufrichtigen Bewunderung und Verehrung, Herr Arqueros, und er schrieb auch, wie sehr er es bedauere, nicht selbst der Überbringer sein zu können. Doch leider laufe sein Schiff schon morgen in Veracruz aus, und um es rechtzeitig zu erreichen, müsse er noch am selben Tag und die ganze Nacht über reisen. Er hielt in dem Brief um ihre Hand an: »Ihre Ansichten vom Leben, von Männern und Frauen, Ihre bezaubernde Stimme, Ihr freimütiger Gang haben mich in Bann geschlagen. Da ich auf Jahre hin nicht mehr nach Mexiko kommen werde, erlaube ich mir, Sie zu bitten, daß Sie zu mir nach Spanien kommen. Mein Freund Emilio Suárez wird demnächst bei Ihren Eltern vorstellig werden. Ich baue auf ihn, und ich hoffe auf Sie.«

Freund Emilio Suárez hatte Cristina in ihren Jungmädchenträumen beschäftigt. Er war zwölf Jahre älter als sie und auch jetzt, wo Cristina einundzwanzig war, noch immer ledig. Sein Reichtum war üppig wie ein Urwald im Regen, er selbst aber so unnahbar wie im Januar die Berge. Alle jungen Mädchen in der Stadt hatten um ihn geworben, doch selbst die erfolgreichsten konnten sich nur rühmen, einmal unter den Arkaden mit ihm Eis gegessen zu haben. Bei Cristina klopfte er nun an und trug ihr im Auftrag eines Freundes eine Fernheirat an, bei der er gern den abwesenden Bräutigam vertreten wollte.

Cristinas Mutter weigerte sich, ihrer Tochter zu glauben, daß sie den Spanier nur ein einziges Mal getroffen habe, und Suárez war mit dem Bescheid, man werde es sich durch den Kopf gehen lassen, kaum aus der Türe, da überschüttete sie Cristina auch schon mit Vorwürfen, sich wie ein Flittchen benommen zu haben. Da ihr Kind sie aber so fassungslos ansah, bat sie es am Ende um Verzeihung und den Himmel – in dem ihr Mann weilte – um sein Einverständnis zu der Ungeheuerlichkeit, ihre Tochter einem Fremden und Ausländer zur Frau zu geben.

Als Cristina aus der ersten Überraschtheit und Beklemmung herausfand, betrachtete sie ihren Trauring und begann sofort zu trauern, um ihre Schwestern, ihre Mutter, ihre Freundinnen, um ihre Wohngegend, die Kathedrale, den Platz davor, die Vulkane, den Himmel, den Truthahn in scharfer Kakaosoße, um die fleischbelegten Tortillas, um die Nationalhymne, die Straße nach México, um Coetzalán und Cholula, das Grab ihres lieben Vaters, das getöpferte Kochgeschirr, den heißen Kakao aus frisch zerstoßener Schokolade, die mexikanische Musik, den Duft der Tacos, den San-Francisco-Fluß, das Ferienhaus ihrer Freundin Elena und die Pferdekoppeln ihres Onkels Abelardo, den Mond im Oktober und den Mond im März, die Februarsonne, ihr würdig getragenes Junggesellendasein und um Emilio Suárez, der sie ihr Leben lang gesehen und verdammt nochmal nie auf ihre bezaubernde Stimme und ihren freimütigen Gang geachtet hatte.

Am nächsten Tag berichtete sie, den blitzenden Ring am Finger, Bekannten und Verwandten von der Nachricht. Ein halbes Jahr später wurde vor einem Pfarrer, einem Notar und vor Emilio Suárez' Augen die Ehe mit Señor Arqueros geschlossen. Es gab eine Brautmesse, ein Bankett und einen Ball mit den dazugehörigen Abschiedsszenen, und es wurde alles mit dem gleichen Eifer veranstaltet, als wäre der Bräutigam diesseits des Atlantiks. Es hieß sogar, es hätte schon lange keine so strahlende Braut mehr gegeben.

Zwei Tage danach schiffte sich Cristina in Veracruz ein und nahm Kurs auf den spanischen Hafen, in den ihr Señor Arqueros, höflich, wie er war, entgegenkommen wollte, um sie von dort in ihr neues Leben unter seinen Tanten im heimatlichen Valladolid zu geleiten.

Aus Valladolid schickte Cristina auch ihren ersten Brief; darin schrieb sie, welches Heimweh sie habe und wie glücklich sie sei. Die Gegend schilderte sie nur knapp, das beengte Städtchen, die darum gedrängten Felder, doch dafür legte sie ihrer Mutter ein Rezept bei, ein Braten in einer besonderen Rotweinsoße, der in Valladolid so gegessen würde, und für ihre Schwestern zwei Gedichte von einem gewissen García Lorca, die sie aufgewühlt hätten. Ihren Mann lernte sie im Zusammenleben als einen gewissenhaften und arbeitsamen Menschen kennen, der über das fremdartige Spanisch seiner Frau, ihre Geistergeschichten, über ihr Erröten bei jedem »Coño!« der Spanier und ihr Entsetzen, daß hierzulande beim kleinsten Anlaß auf Gott gepfiffen und ungeniert bei der heiligen Hostie geschworen wurde, immer wieder aufs neue lachen konnte.

Ein Jahr gingen Briefe hin und her, bis der eine eintraf, in dem Cristina ihrer Familie den plötzlichen Tod von Señor Arqueros mitteilte. Der Brief war knapp gehalten und dem Anschein nach bar aller Gefühle. »Mein Gott, was muß sie leiden!« sagte ihre zweitjüngste Schwester, die zu heftigen Gefühlsausbrüchen und stürmischen Leidenschaften neigte. Alles verfiel in Trauer über Cristinas Trauer und wartete darauf, daß Cristina ihren ärgsten Schmerz verwinden und sich dann etwas näher über ihre Zukunftspläne äußern würde. Auch an einem Sonntag nach dem gemeinsamen Essen wurde darüber gesprochen, als plötzlich die Tür aufging und Cristina hereintrat.

Sie hatte für alle Geschenke mit, und ehe sie nicht verteilt waren, wurde sie von ihren Nichten und Neffen nicht freigegeben. Cristina hatte rundere Waden bekommen, und sie stöckelte auf hochhackigen schwarzen Schuhen, und schwarz waren auch Rock, Strümpfe, Bluse, Hut, Jackett und der Schleier, den hochzuschlagen sie noch nicht die Zeit gefunden hatte. Erst als die Bescherung zu Ende war, warf sie den Schleier samt Hut beiseite und sagte lächelnd:

»So, da wäre ich wieder.«

Vom gleichen Tag an war sie die Witwe Arqueros. Der Kummer, eine alte Jungfer zu sein, blieb ihr erspart, und sonstigen Anlaß zu Kummer verscheuchte sie mit ihrem verstimmten Klavier und ihrer packenden Stimme. Man brauchte sie nicht lange zu bitten, sich ans Klavier zu setzen und etwas vorzutragen. Ihr Repertoire umfaßte alle erdenklichen Walzer, Polkas, Corridos, Arien und Pasodobles. Zu einigen Chopinschen Préludes verfaßte sie auch Texte und besang darin vergangene Liebesgeschichten, von denen kein Mensch etwas wußte. War ihre Darbietung beendet, ließ sie sich den Beifall aller Umstehenden gefallen, erhob sich vom Schemel, machte einen tiefen Knicks, streckte ihrem Publikum die Arme entgegen, zeigte mit ihren schönen, gealterten Händen erst auf ihren Brillantring, dann auf sich selber und sagte dann selbstbewußt: »Und eingemottet in Puebla!«

Nur Böswillige tuscheln, diesen Señor Arqueros habe es nie gegeben, sondern Emilio Suárez habe seinerzeit ein einziges Mal in seinem Leben geschwindelt. Gott wisse, mit welchen Mitteln ihn

Cristina dazu herumgekriegt hatte. Und das Geld, von dem sie behaupte, ihr Mann habe es ihr hinterlassen, stamme wahrscheinlich aus Schieberware, die sie in ihren Brautausstattungskoffern ins Land geschleust und versilbert habe.

Genau weiß es keiner. Emilio Suárez und Cristina Martínez waren jedenfalls bis an ihr Lebensende Freunde. Was ihnen schwer übelgenommen wurde, denn Freundschaft zwischen Mann und Frau ist ein zu kostbares Gut, als daß es einem verziehen würde.

Clarice Lispector
Liebe

Etwas müde stieg Ana in die Straßenbahn. Sie hatte eingekauft, und die Sachen beulten das neugehäkelte Netz aus. Sie legte es auf ihren Schoß, und die Straßenbahn fuhr ab. Ana lehnte sich, um es sich bequem zu machen, mit einem halb zufriedenen Seufzer zurück.

Anas Kinder waren gut, etwas Echtes, Saftiges. Sie gediehen, sie badeten im Meer, und unerzogen, wie sie waren, forderten sie für sich Augenblicke von immer größerer Fülle. Die Küche war zum Glück geräumig, der Herd freilich war wie verhext und knallte häufig. Die Hitze in der Wohnung, die sie allmählich abzahlten, war groß. Doch der Wind, der mit den Vorhängen spielte, die sie selber zugeschnitten hatte, erinnerte sie daran, daß sie in ihrer Arbeit beliebig innehalten und, den Blick auf den stillen Horizont gerichtet, sich die Stirn abwischen konnte. Wie ein Landmann. Sie hatte die Samenkörner, die sie in der Hand hatte, eingepflanzt, nicht andere, nur diese. Und es wuchsen Bäume. Es wuchs ihre rasche Unterhaltung mit dem Mann, der die Stromrechnung kassierte, es wuchs das Wasser, das den Tank füllte, es wuchsen ihre Kinder, es wuchs der Tisch mit seinen Gerichten, der Mann, der mit seinen Zeitungen heimkam und vor Hunger lächelte, das lästige Singen der Hausangestellten des Gebäudes. Ana lieh allem still ihre kleine starke Hand, ihren Lebensstrom.

Eine bestimmte Nachmittagsstunde konnte gefährlich werden. Zu einer bestimmten Nachmittagsstunde lachten die Bäume, die sie gepflanzt hatte, über sie. Wenn nichts mehr ihre Kraft verlangte, wurde sie unruhig. Und doch fühlte sie sich gesunder denn je, sie hatte etwas zugenommen, und man mußte nur sehen, wie sie Blusen für die Kleinen zuschnitt, wie die große Schere in dem Stoff klapperte. All ihr vages künstlerisches Wollen erschöpfte sich seit langem in dem Bestreben, die Tage voll und schön zu gestalten; mit der Zeit hatte sie ihren Geschmack für das Dekorative entwickelt und die intime Unordnung vertrieben. Sie schien entdeckt zu haben, daß alles der Vervollkommnung bedurfte, daß zu jedem Ding ein harmonisches Aussehen gehörte; das Leben konnte durch die Hand des Menschen geformt werden.

Im Grunde hatte Ana immer das Bedürfnis gehabt, die feste Wurzel der Dinge zu fühlen. Und das hatte ihr zu ihrer Verwunderung ein Heim gegeben. Auf krummen Wegen war sie dem Schicksal der Frau anheimgefallen und war überrascht gewesen, daß sie hineinpaßte, als hätte sie es für sich erfunden. Der Mann, den sie geheiratet hatte, war ein echter Mann, die Kinder, die sie bekommen hatte, waren echte Kinder. Ihre Jugend kam ihr jetzt fremd vor wie eine Krankheit auf Leben und Tod. Nach und nach war sie daraus aufgetaucht, um zu entdecken, daß man auch ohne Glück leben konnte: Indem sie es abschaffte, war sie unzähligen, bis dahin unsichtbaren Menschen begegnet, die so lebten wie jemand, der arbeitet – mit Beharrlichkeit, Ausdauer, Freude. Was Ana widerfahren war, bevor sie ihr Heim hatte, war für sie stets unerreichbar gewesen: eine wirre Überschwenglichkeit, die sie viel zu oft mit unerträglichem Glück verwechselt hatte. Dafür hatte sie etwas endlich Faßbares geschaffen, ein Erwachsenenleben. So hatte sie es gewollt und gewählt.

Ihre Vorsichtsmaßnahmen beschränkten sich darauf, achtzugeben in der gefährlichen Nachmittagsstunde, wenn das Haus leer war und sie nicht mehr gebraucht wurde, wenn die Sonne hoch stand und jeder in der Familie mit seinen eigenen Dingen beschäftigt war. Wenn sie die abgestaubten Möbel sah, krampfte sich ihre Hand ein wenig erstaunt zusammen. Doch in ihrem Leben war kein Raum dafür, daß sie für ihr Staunen Zärtlichkeit empfand – sie dämpfte es mit der gleichen Geschicklichkeit, die sie durch ihre tägliche Arbeit im Haus gelernt hatte. Sie ging also aus, um Einkäufe zu machen oder um irgend etwas zur Reparatur zu bringen, und sorgte für ihr Heim und für ihre Angehörigen, ohne daß sie etwas davon merkten. Wenn sie zurückkam, war der Nachmittag vorüber, die Kinder kamen aus der Schule und brauchten sie. Und dann kam der Abend mit seinen ruhigen Schwingungen. Morgens erwachte sie, umstrahlt von ihren stillen Pflichten. Sie fand die Möbel von neuem bestaubt und schmutzig, als kehrten sie reuig zurück. Was sie selber betraf, so war sie dunkel ein Teil der schwarzen, sanften Wurzeln der Welt. Und namenlos nährte sie das Leben. So war es gut. So hatte sie es gewollt und gewählt.

Die Straßenbahn schwankte in den Schienen und bog in breitere Straßen ein. Schon wehte ein feuchterer Wind und verkündete das Ende des Nachmittags, aber noch mehr das Ende der unbeständigen Stunde. Ana atmete tief, und eine tiefe Ergebenheit verlieh ihrem Gesicht etwas Frauliches.

Die Straßenbahn schleppte sich weiter, dann hielt sie. Bis zur Hamaitá hatte sie Zeit zum Ausruhen. Dann blickte sie auf und sah den Mann an der Haltestelle stehen.

Der Unterschied zwischen ihm und den anderen war, daß er wirklich still stand. Stand, mit ausgestreckten Händen. Es war ein Blinder.

Was war es noch, was Ana veranlaßte, sich argwöhnisch aufzurichten? Irgend etwas Unruhiges ging vor sich. Dann sah sie es: Der Blinde kaute Kaugummi... Ein blinder Mann kaute Kaugummi.

Ana hatte gerade noch Zeit, eine Sekunde lang darüber nachzudenken, daß ihre Geschwister zum Essen kämen – ihr Herz schlug heftig, stockend. Vorgebeugt sah sie den Blinden mit Hingabe an, wie man etwas betrachtet, das uns nicht sehen kann. Er kaute Gummi in der Dunkelheit. Ohne Leiden, mit offenen Augen. Die Bewegung des Kauens ließ sein Gesicht lächeln und plötzlich aufhören zu lächeln, lächeln und aufhören zu lächeln. Ana blickte ihn an, als hätte er sie beleidigt. Wer sie so gesehen hätte, würde sie für eine haßerfüllte Frau gehalten haben. Doch sie fuhr fort, ihn anzusehen, immer weiter vorgebeugt – die Straßenbahn machte einen Ruck und schleuderte die Unvorbereitete zurück, das schwere Tragnetz rutschte von ihrem Schoß und fiel zu Boden. Ana schrie auf, der Schaffner ließ von neuem halten, ohne zu wissen, was los war, die Straßenbahn bremste, die Fahrgäste hoben erschrocken die Köpfe.

Unfähig, ihre Sachen aufzuheben, richtete sich Ana bleich auf. Mühsam gelang ihr ein seit langem nicht mehr gebrauchter Gesichtsausdruck, vorerst noch unsicher, unverständlich. Der Zeitungsjunge gab ihr lachend ihr volles Netz. Doch die Eier in dem Zeitungspapier waren zerbrochen. Eigelb und Eiweiß tropften aus dem Netz. Der Blinde hatte das Kauen unterbrochen und streckte tasend die Hände vor; vergebens versuchte er zu begreifen, was geschehen war. Das Paket mit den Eiern wurde aus dem Netz geworfen, und unter dem Gelächter der Fahrgäste und auf das Zeichen des Schaffners fuhr die Straßenbahn wieder ab.

Wenige Augenblicke später sah sie schon keiner mehr an. Die Straßenbahn schüttelte sich in den Schienen, und der gummikauende Blinde blieb für immer zurück. Aber das Unglück war geschehen.

Das gehäkelte Netz war rauh zwischen den Fingern, nicht vertraut wie damals, als sie es gehäkelt hatte. Das Netz hatte seinen Sinn verloren, und in einer Straßenbahn zu sein war wie ein abgerissener Faden; sie wußte nicht, was sie mit den Sachen auf ihrem Schoß anfangen sollte. Und wie eine seltsame Musik begann die Welt ringsum von neuem. Das Böse war geschehen. Warum? Hatte sie vergessen, daß es Blinde gab? Mitleid würgte sie, Ana atmete schwer. Selbst die Dinge, die vor dem Geschehnis existiert hatten – jetzt waren sie gewarnt, sie zeigten ein feindseligeres, vergänglicheres Gesicht... Die Welt war wieder Unbehagen. Jahre brachen zusammen. Das Eigelb vieler Eier zerrann. Ausgestoßen aus ihren eigenen Tagen, kam es ihr so vor, als schwankten die Leute auf der Straße gefährlich, als hielten sie sich mit einem Mindestmaß an Gleichgewicht an der Oberfläche der Finsternis. Für einen Augenblick machte der Mangel an Sinn die Menschen so frei, daß sie nicht wußten wohin. Daß sie das Fehlen eines Gesetzes wahrnahm, geschah so plötzlich, daß Ana sich an die vordere Bank klammerte, als könnte sie aus der Straßenbahn fallen, als könnten die Dinge sich mit der gleichen Ruhe umkehren, mit der sie es nicht taten.

Was sie Krise nannte, war nun gekommen. Das Zeichen dafür war das unerhörte Vergnügen, mit dem sie nun, überrascht und bestürzt, die Dinge betrachtete. Die Hitze wurde drückender, alles hatte Kraft gewonnen und lautere Stimmen. In der Rua Voluntários da Pátria schien eine Revolution ausbrechen zu wollen, die Abflußgitter waren trocken, die Luft voll von Staub. Ein Blinder, der Kaugummi kaute, hatte die Welt in dunkle Gier gestürzt. In jedem starken Menschen war ein Mangel an Mitleid mit dem Blinden, und die Menschen erschreckten sie mit ihrer Stärke. Neben ihr saß eine Dame in Blau, mit einem Gesicht. Rasch hatte sie den Blick abgewendet. Auf dem Gehsteig gab eine Frau ihrem Sohn einen Stoß! Ein Liebespärchen verschränkte lächelnd die Hände... Und der Blinde? Ana wurde überwältigt von schmerzlicher Güte.

Sie hatte das Leben so geschickt beschwichtigt, sie hatte so gut dafür gesorgt, daß es nicht explodierte. Sie hielt alles in heiterem Begreifen, sie trennte eine Person von der anderen, die Kleider waren offensichtlich dazu da, daß man sie trug, und nach der Zeitung konnte man einen Film für den kommenden Abend wählen – alles war so angelegt, daß ein Tag dem anderen folgte. Und ein

Blinder, der Kaugummi kaute, machte all das zunichte. Durch ihr Mitleid hindurch sah Ana ein Leben, das bis an den Rand voll war von süßem Ekel.

Erst jetzt merkte sie, daß ihre Haltestelle längst vorbei war. In der Schwäche, in der sie war, erfüllte sie alles mit Schrecken; mit schwachen Beinen stieg sie aus der Bahn, blickte umher und hielt ihr von den Eiern beschmutztes Netz fest. Einen Augenblick lang wußte sie nicht, wo sie war. Es kam ihr vor, als sei sie mitten in der Nacht aus der Straßenbahn gesprungen.

Es war eine lange Straße mit hohen gelben Mauern. Ihr Herz klopfte angstvoll, vergebens versuchte sie die Umgebung zu erkennen, während das Leben, das sie entdeckt hatte, weiterpochte und ein lauerer, geheimnisvollerer Wind ihr Gesicht umspielte. Sie blieb stehen und blickte die Mauer an. Endlich erkannte sie, wo sie war. Sie ging eine kurze Strecke an einer Hecke entlang und durchschritt das Portal zum Botanischen Garten.

Müde ging sie durch die Hauptallee zwischen den Kokospalmen. Kein Mensch weit und breit. Sie bog in einen Seitenweg ein, legte ihre Pakete auf den Boden, setzte sich auf eine Bank und blieb so lange Zeit sitzen.

Die Weite schien sie zu beruhigen, die Stille regelte ihren Atem. Sie schlief innerlich ein.

Von weitem sah sie die Allee, wo der Abend hell und rund war. Doch das Halbdunkel der Zweige verbarg den Seitenweg.

Rings um sie waren heitere Geräusche, der Duft der Bäume, kleine Überraschungen zwischen den Luftwurzeln. Der ganze Botanische Garten war zermahlen von den nicht mehr eiligen Augenblicken des Nachmittags. Woher kam das halbe Träumen, das sie umgab? Wie von einem Summen von Bienen und Vögeln. Alles war seltsam, zu sanft, zu groß.

Eine leichte, leise Bewegung schreckte sie auf – rasch wandte sie sich um. Nichts schien sich geregt zu haben. Doch in der Hauptallee stand regungslos ein riesiger Kater. Sein Fell war weich. In neuer lautloser Bewegung verschwand er.

Unruhig blickte sie umher. Die Zweige wiegten sich, die Schatten auf dem Erdboden schwankten hin und her. Ein Sperling pickte auf die Erde. Und plötzlich hatte sie das dumpfe Gefühl, in einen Hinterhalt geraten zu sein. Eine geheime Arbeit, die sie erst allmählich wahrnahm, ging im Botanischen Garten vor.

Die Früchte an den Bäumen waren schwarz, süß wie Honig.

Auf dem Boden lagen trockene Kerne, voller Windungen wie kleine verfaulte Gehirne. Die Bank war beschmiert mit roten Saftflecken. Mit unglaublicher Sanftheit murmelte das Wasser. An einem Baumstamm hafteten die leuchtenden Beine einer Spinne. Die Grausamkeit der Welt hielt still. Das Morden war tief. Und der Tod war nicht das, wofür wir ihn hielten.

Gleichzeitig, in der gleichsam imaginären Zeit, war es eine Welt, die man mit den Zähnen essen konnte, eine Welt üppiger Dahlien und Tulpen. Die Stämme waren von dichtbelaubten Schmarotzern überwuchert, die Umarmung war geschmeidig, klebrig. Wie der Abscheu, der einer Hingabe vorausgeht – es war faszinierend, die Frau empfand Ekel, und das war faszinierend.

Die Bäume waren beladen, die Welt war so reich, daß sie faulte. Als Ana dachte, daß es Kinder und Erwachsene gab, die hungerten, stieg ihr der Ekel in die Kehle, als sei sie schwanger und verlassen. Die Moral des Botanischen Gartens war eine andere. Nun, da der Blinde sie hierher geführt hatte, erbebte sie bei den ersten Schritten einer blitzenden, düsteren Welt, in der die Victoria Regia monströs auf der Stelle schwamm. Die kleinen, über den Rasen verstreuten Blumen sahen in ihren Augen nicht gelb aus oder rosa, sondern hatten die Farbe von mindertwertigem Gold oder Scharlach. Die Zersetzung war tief, parfümiert... Doch während sie all die schweren Dinge sah, war ihr Kopf umschwärmt von Insekten, die das feine Leben der Welt zu ihr sandte. Die sanfte Brise kroch zwischen die Blumen. Ana erriet ihren süßlichen Duft mehr, als daß sie ihn roch... Der Botanische Garten war so hübsch, daß sie Angst vor der Hölle bekam.

Es war jetzt fast Nacht, und alles schien voll, schwer. Ein Eichhörnchen flog durch das Dunkel. Unter ihren Füßen war die Erde locker, Ana atmete entzückt ihren Duft. Es war faszinierend, und sie ekelte sich.

Doch als sie sich an ihre Kinder erinnerte, vor denen sie schuldig geworden war, stand sie mit einem Ausruf des Schmerzes auf. Sie nahm das Einkaufsnetz, ging den dunklen Seitenweg entlang und erreichte die Allee. Fast rannte sie – und sah rings um sich den Botanischen Garten mit seiner stolzen Unpersönlichkeit. Sie rüttelte an dem verschlossenen Tor, sie hielt sich an den rauhen Holzstäben fest und rüttelte. Der Wächter erschien, verwundert, daß er sie nicht gesehen hatte.

Bis zu dem Augenblick, wo sie vor der Tür ihres Hauses stand, schien sie am Rande eines Verhängnisses. Mit dem Netz in der Hand lief sie zum Aufzug, ihr Herz klopfte – was war geschehen? Ihr Mitleid mit dem Blinden war so heftig wie eine Sehnsucht, aber die Welt schien ihr zu gehören, schmutzig, vergänglich, doch ihre Welt. Sie schloß die Tür zu ihrer Wohnung auf. Das Wohnzimmer war groß, rechteckig, die Türklinken glänzten vor Sauberkeit, die Fensterscheiben blitzten, die Lampe leuchtete – was für eine neue Erde war dies? Und für einen Augenblick schien ihr das gesunde Leben, das sie bisher geführt hatte, eine in moralischer Hinsicht wahnsinnige Lebensweise zu sein. Der kleine Junge, der ihr entgegenlief, war ein Wesen mit langen Beinen und einem Gesicht ähnlich dem ihren, und dieses Wesen kam zu ihr und umarmte sie. Sie drückte ihn kräftig an sich, verwundert. Sie schützte sich zitternd. Weil das Leben gefährlich war. Sie liebte die Welt, sie liebte, was geschaffen war – liebte es mit Ekel. Genauso wie sie stets von Austern fasziniert war, mit jenem unbestimmten Gefühl des Ekels, das die Nähe der Wahrheit drohend in ihr hervorrief. Sie umarmte ihren Sohn und zerdrückte ihn fast dabei. Als wisse sie von einem Übel – war es der Blinde oder der schöne Botanische Garten? –, klammerte sie sich an ihn, den sie über alles liebte. Sie war getroffen vom Dämon des Glaubens. Das Leben ist schrecklich, sagte sie leise zu ihm, ausgehungert. Was würde sie tun, wenn sie dem Ruf des Blinden folgte? Sie würde allein fortgehen... Es gab arme Orte und reiche, die ihrer bedurften. Und sie brauchte sie... Ich habe Angst, sagte sie. Sie fühlte die zarten Rippen des Kindes in ihren Armen, hörte sein erschrockenes Weinen. Mama, rief der kleine Junge. Sie schob ihn zurück, sah sein Gesicht, ihr Herz verkrampfte sich. Laß nicht zu, daß die Mama dich vergißt, sagte sie zu ihm. Kaum fühlte das Kind, daß ihre Umarmung nachließ, entwischte es und lief bis zur Schlafzimmertür, von der es sie geborgener anblickte. Es war der schlimmste Blick, den sie je empfangen hatte. Das Blut schoß ihr ins Gesicht und brannte.

Sie sank auf einen Stuhl, die Finger hielten noch immer das Netz. Wovor schämte sie sich?

Es gab keine Flucht. Die Tage, die sie geschmiedet hatte, waren an ihrer Kruste geborsten und ließen das Wasser entweichen. Sie stand vor der Auster. Und es gab kein Mittel, sie nicht anzublicken. Wovor schämte sie sich? Nun war es kein Mitleid mehr, es war nicht nur Mitleid: ihr Herz war erfüllt von dem schlimmsten Lebenswillen.

Sie wußte nicht mehr, ob sie auf seiten des Blinden oder der dichten Pflanzen war. Nach und nach war der Mann in den Hintergrund getreten, und gequält schien sie auf die Seite derer übergegangen zu sein, die ihre Augen verwundet hatten. Der Botanische Garten, still und hoch, offenbarte es ihr. Mit Schrecken entdeckte sie, daß sie dem starken Teil der Welt angehörte – welchen Namen sollte sie ihrer heftigen Barmherzigkeit geben? Sie würde verpflichtet sein, den Aussätzigen zu küssen, denn niemals würde sie nur seine Schwester sein. Ein Blinder hat mich zum Schlimmsten meines Ich geführt, dachte sie verwundert. Sie fühlte sich verbannt, weil kein Armer aus ihren glühenden Händen Wasser trinken würde. Ah! Es war leichter, ein Heiliger als ein gewöhnlicher Mensch zu sein! Mein Gott, war denn das Mitleid, das in ihrem Herzen die tiefsten Wasser gelotet hatte, nicht echt? Es war das Mitleid eines Löwen.

Gedemütigt sagte sie sich, daß der Blinde eine ärmere Liebe vorziehen würde. Und erzitternd sagte sie sich auch, warum. Das Leben des Botanischen Gartens rief sie, so wie ein Werwolf vom Mondschein gerufen wird. Aber sie liebte den Blinden doch! dachte sie mit feuchten Augen.

Doch war es nicht das Gefühl, mit dem man zur Kirche ging. Ich habe Angst, dachte sie im Wohnzimmer. Sie stand auf und ging in die Küche, um ihrem Mädchen beim Vorbereiten des Abendessens zu helfen.

Aber das Leben ließ sie erschaudern. Sie hörte die Schulglocke läuten, lang und anhaltend. Der kleine Schrecken vor dem Staub, den Fäden unten am Herd, wo sie die kleine Spinne entdeckte. Als sie das Wasser in der Blumenvase erneuerte, erlebte sie den Schrecken vor der Blume, die sich schmachtend und widerlich ihren Händen ergab. Die gleiche geheime Arbeit vollzog sich hier, in der Küche. Neben dem Abfalleimer zertrat sie die Ameise. Der kleine Mord an der Ameise. Der winzige Körper zuckte. Die Wassertropfen fielen in das stehende Wasser des Ausgusses. Die sommerlichen Käfer. Der Schrecken vor den ausdruckslosen Käfern. Ringsum ein Leben, das still war, bedächtig, beharrlich. Schrecken. Schrecken. Sie ging in der Küche hin und her, tranchierte das Fleisch, schlug den Rahm. Rund um ihren Kopf, rund um die Lampe, schwirrten die Mücken eines heißen Abends. Ein

Abend, an dem das Mitleid so roh war wie die schlechte Liebe. Zwischen ihren Brüsten rann der Schweiß. Der Glaube zerbrach sie, die Hitze des Ofens brannte ihr in den Augen.

Dann kam ihr Mann, es kamen die Brüder mit ihren Frauen, und es kamen die Kinder der Brüder.

Man aß bei offenen Fenstern zu Abend, im neunten Stockwerk. Ein Flugzeug zitterte bedrohlich in der Hitze des Himmels. Obgleich sie zum Kochen nur wenige Eier gehabt hatte, war das Essen gut. Auch ihre eigenen Kinder blieben auf und spielten auf dem Teppich mit den anderen. Es war Sommer, es wäre sinnlos gewesen, sie zum Schlafen zu zwingen. Ana war etwas blaß und lachte sanft mit den anderen. Nach dem Abendessen drang endlich eine frischere Brise durch die Fenster herein. Sie saßen um den Tisch, die Familie. Müde vom Tag, glücklich, nicht zu streiten, und guten Willens, keine Fehler zu sehen. Sie lachten über alles, mit gutem menschlichem Herzen. Wunderbar wuchsen die Kinder um sie heran. Und wie einen Falter griff Ana den Augenblick mit ihren Fingern, bevor er ihr für immer entgleiten konnte.

Dann, als alle fortgegangen waren und die Kinder im Bett lagen, war sie eine gewöhnliche Frau, die aus dem Fenster sah. Die Stadt war heiß und ruhig. Würde das, was der Blinde in ihr ausgelöst hatte, in ihren Tagen Platz finden? Wie viele Jahre würde sie brauchen, bis sie von neuem alterte? Die geringste Bewegung, und sie würde auf eines ihrer Kinder treten. Doch mit der Bosheit einer Geliebten schien sie hinzunehmen, daß aus der Blume eine Mücke aufflog, daß die Victoria Regia im Dunkel des Teichs schwamm. Der Blinde hing zwischen den Früchten des Botanischen Gartens.

Wenn der Herd geplatzt wäre, würde jetzt schon das ganze Haus in Flammen stehen! dachte sie und lief in die Küche, wo sie ihren Mann vor dem verschütteten Kaffee fand. »Was war los?!« schrie sie, am ganzen Körper bebend.

Er erschrak über die Angst der Frau. Plötzlich lachte er und begriff:

»Es war nichts. Ich bin nur so ungeschickt.« Er sah müde aus und hatte Schatten um die Augen.

Doch als er Anas seltsamen Gesichtsausdruck bemerkte, sah er sie aufmerksamer an. Dann zog er sie an sich, in einer raschen Liebkosung.

»Ich will nicht, daß dir etwas passiert, nie, nie!« sagte sie.

»Laß mir wenigstens passieren, daß einmal in meinem Leben der Herd in die Luft geht«, antwortete er lächelnd.

Kraftlos hing sie in seinen Armen. Heute nachmittag war etwas Stilles in ihr aufgebrochen, und im ganzen Hause herrschte ein humorvoller, trauriger Ton. »Es ist Schlafenszeit«, sagte er. »Es ist spät.« Mit einer Gebärde, die sie von ihm nicht kannte, die aber natürlich erschien, nahm er die Hand der Frau und zog sie fort, ohne zurückzublicken, und damit entzog er sie der Gefährlichkeit des Lebens.

Der Rausch der Güte war verflogen.

Und wenn sie auch die Liebe und ihre Hölle durchquert hatte – jetzt kämmte sie sich vor dem Spiegel, für einen Augenblick ohne einen Funken Welt im Herzen. Bevor sie sich niederlegte, blies sie, als lösche sie eine Kerze, die kleine Flamme des Tages aus.

Kim Chernin

Geliebtes Wesen

4. Februar, morgens früh

Geliebtes Wesen!

Ja, Du. Mein!

Trotz allem.

Vor fünf Tagen haben sie mich kurz nach Mitternacht geweckt, ich sollte zum großen Haus kommen, ein Anruf aus Israel, sagten sie. Du hast mich angerufen trotz der unmöglichen Zeit, Du mußt gewußt haben, wie spät es hier war. Weil Du wolltest, daß ich zurückkomme, weil Du verlangtest, daß ich das nächsteFlugzeug nehme. Was wäre passiert, wenn ich gekommen wäre? Hättest Du in der Zwischenzeit Deine Meinung geändert? Wenn in dieser Hütte ein Telefon wäre, hättest Du mich in der ersten Zeit Tag und Nacht angerufen. Du wußtest, daß ich jedesmal geholt werden mußte, egal zu welcher Tageszeit, immer hätte der Hausgehilfe geschickt werden, hätte losrennen müssen, ich hätte in meine Farmstiefel und die Arbeitshose schlüpfen müssen sowie in den blauen Pullover, den Du mir geschenkt hast, bevor ich abfuhr, das sind die einzigen Sachen, die ich noch besitze, weil ich nichts anderes tragen möchte, wenn ich Dir auf Wiedersehen sage. Alles andere ist weg. Soll es nur. Ich will nicht, daß sie meine Kleider finden oder meine Bücher oder die Bilder von Dir oder Deine Briefe, Du hast doch nicht vergessen, daß Du mir schon Briefe geschrieben hast, bevor ich überhaupt daran dachte, die Farm zu verlassen?

Du hast mich vor fünf Tagen angerufen, ich habe ins Telefon geflüstert, Du konntest mich nicht hören, Du hast gesagt, ich soll schreien. Schreien, während die Leute vom großen Haus nebenan wach in ihren Betten liegen? Schreien, daß ich zurückkomme, ja, jetzt sofort, noch in der Nacht, am nächsten Tag?

»Hör zu«, hast Du geschrien, »ich sage es in meiner eigenen Sprache. Ich will, daß Du zurückkommst. Beweist das nicht, daß ich es ernst meine?«

Diesmal hättest Du mir einen Brief schreiben sollen. Wenn du nicht gewagt hast anzurufen, wieso dann diese Stimme ohne Körper, die vom ewigen Wiederholen schon schrill geworden ist? Ich spiele das Band bis zu Ende. Ich spule es zurück. Ich lasse es wieder von vorne laufen.

Du hast oft zu mir gesagt: »Ich bin gespannt, wie lange es dauert, bis Du aufhörst, mir zu schreiben.«

Ich, aufhören, Dir zu schreiben?

Das hast Du gesagt, bevor wir überhaupt ahnten, daß wir uns trennen müßten.

Du hast gesagt: »Schon als ich Dich das erstemal sah, konnte ich mir vorstellen, daß ich gezwungen sein würde, Dir für immer Lebewohl zu sagen.«

Ganz offensichtlich hast Du das vergessen!

Oder angenommen, wir haben einander ausgesucht, um zu leiden. Das zu fühlen, was wir sagten, war verboten. Wieso verboten? Damit wir uns schon von Anfang an auf unseren Verzicht vorbereiten konnten?

Du warst es, die mir schrieb, bevor ich fortging. »Deine Hand, die die Linie meiner Hand erforscht, ist wunderschön, ihre Schönheit ist nicht von dieser Welt.«

Du hast mir in hebräisch geschrieben; das war ein Zeichen, daß Du jedes Wort so gemeint hast.

Ich sehe Dich in meinem Zimmer stehen, ohne Deinen blauen Pullover, nicht nur einmal. Du knöpfst Deine blauen Jeans zu, barfuß an einem späten Winternachmittag, am offenen Fenster.

Habe ich gesagt, Du solltest in mein Zimmer kommen? Wenn ich in Dein Zimmer gekommen wäre, hätte ich Dir etwas aus dem Prediger Salomo vorgelesen? Hätte ich Dich gegen das Fenster gestoßen, Deinen Kopf zurückgebogen, Dir in die Augen gelacht und gesagt, daß wir uns nie mehr sehen werden?

Und nun wunderst Du Dich, daß ich verwirrt bin, daß ich immer noch warte, daß ich Dir nie glaube, wenn Du sagst, es sei vorbei. Endet so die Liebe? Ist das ein Ende?

Einmal hast Du mir gegenüber gesessen. Ich weiß noch, daß Du auf meinem Bett unter dem Foto meiner Tochter gesessen hast, mit einem halben Lächeln genau wie sie, mit demselben Ausdruck eines Menschen, der zu früh zu viel gesehen hat, so als hätte ich auch Dich unglücklich gemacht, als ich Dich verließ. Dann geschah es, daß ich vor Dir auf die Knie fiel.

Ich hatte Dir da schon die Geschichte mit der Eule erzählt. Ich sah sie, als ich einmal in den Wäldern beim Wasserfall von Tamalpais (Du hast Tamalpais auf der ersten Silbe betont, als wäre es ein arabisches Wort) spazierenging.

Ich machte einen Spaziergang, die Eule kam völlig überraschend, sie saß auf dem Baum über mir, am hellichten Tag, auf einem niedrigen Ast, über meinem Kopf. Ich hatte Dir erzählt, daß ich mich schon mein ganzes Leben lang danach gesehnt habe, auf die Knie zu fallen. Du sagtest: »Weil Du dasselbe Gefühl bei mir hast wie bei der Eule?«

Wenn ich Dich küßte, in jenen Tagen, als Du es warst, die zu mir ins Zimmer kam, hast Du Dich immer entzogen, Du sagtest dann: »Ich glaube, es wäre Dir recht, wenn Du mich ewig so weiter küssen könntest.« Als ich Dich einmal zu mir aufs Bett zog und Dich stürmisch umarmte, sagtest Du: »Ich komme mir vor, als ob Du mich besitzen wolltest.« Du sagtest: »Ich mag das.«

Du hast in dem Gebäude nebenan gewohnt. Von meinem Fenster aus konnte ich die Fenster Deines Zimmers sehen. Die ganze Nacht lang zwang ich Dich mit meinen Gedanken, zu mir zu kommen, die paar Schritte von Deinem zu meinem Haus zu gehen, in eine Decke gewickelt oder in dem roten Nachthemd, damit ich Dich ausziehen könnte.

Da stand ich also. Warum nicht? Du warst zu der geworden, deren Berührung aufweckt, in den Schlaf wiegt, Entscheidungen herbeiführt, Dinge heraufbeschwört, zur Ruhe bettet; zu der, ohne die, ohne die es undenkbar ist. Einmal hast Du zu mir gesagt: »Es ist herrlich. Unsere Liebe ist herrlich. Wir sind zwei Frauen, die einander lieben. Das ist alles.«

Der Ofen hatte eine bernsteinfarbene Heizspirale, wir ließen das Fenster offen wegen des Paraffins, Du willst offenbar, daß ich dieses bestimmte Halbdunkel vergesse, das Dich plötzlich zerbrochen hat.

Jetzt sagst Du mit dieser harten, monotonen Stimme, die Du neuerdings hast: »Wieso redest Du dauernd von Schmerz? Bevor ich Dich kannte, habe ich keinen einzigen Tag in meinem Leben gelitten.«

Ich glaube, genau das bedeutet vergessen.

Soll ich denn auch vergessen? Soll ich jene Momente vergessen, bevor ich wegfuhr, bevor Du kamst, um Dich zu verabschieden, weil Du mich fortschicken wolltest?

Wenn Du der Mensch bist, der jene Frau vergessen hat, die mich liebte, wer war dann jene Frau?

Ulla Berkéwicz

Nonnenstieg

Im Sommer mag ichs hier. Jetzt streichen sie zwei Häuser rosa gegen das Grau. Reihenhäuser stehn zusammen gegen den Wind, alte erprobte Windhäuser, verschlossene. Die grauen Frauenköpfe lauern, Hauswartsfrauen hinter Kellerfenstern, vergittert, vollgestellt mit kahlen Geranien.

Ich wohne unterm Dach, aber von Juchhee kann keine Rede sein, obwohl ich aus der Luke steigen könnte und über die Dächer wie über die Straße bis vor zur Kreuzung, beinah bis zum Klosterstern. Aber da oben risse mir der Wind Arme und Beine ab, und der bleiche Hamburger Mond würde mir den Rest geben. Gras über die Dächer wachsen lassen!

Vier Treppen hoch, kein Brief im Kasten, der ist groß und leer.

Duschen, schlafen. War krank, konnte nicht schlafen, war hoch im Bett mit den Augen durchs Dunkle durch, als ob der Kranke, um zu gesunden, im Dunkeln sehen muß, warum der Mann nicht anruft. Hab es jede Nacht klingeln gehört, bin gerannt, am Telefon war der freie Ton, vor der Tür höchstens die Müllmänner. Jetzt habe ich die neue lange Schnur, die reicht auch ans Bett, auch ins Bad, ich hörs auch nicht mehr klingeln nachts, ich schlaf auch wieder, aber mit Nachtschweiß.

Ich dusche heiß und kalt, das Telefon neben der Wanne. Wenn Wasser läuft, höre ichs jetzt noch klingeln. Ich dreh das Wasser ab. Ich dreh das Wasser wieder an, dusche kalt, will erfrieren.

Ich telefoniere nicht, ich geh nicht aus der Wohnung, ich geh nur ins Theater, sonst sitz ich hier, lieg da, und wenn ich auf den Balkon will, stelle ich auch im Winter einen Stuhl in die Tür. Wenn ich angerufen werde, und ist nicht er, leg ich auf. Denn der Gedanke, er versucht, es ist besetzt, da läßt ers eben, und der Gedanke, ich ginge freiwillig raus, bloß so aus Schwäche, der Gedanke, ich ginge auf einem Bürgersteig und sein Anruf klingelt durch die leere Wohnung, ich ginge weiter, bloß so, bloß unter andere, daß die mich fragen: Hast du was verloren? Du bist allein und siehst verloren aus. Daß ich nein sagen kann, noch gar nichts verloren, noch jung, noch alles drin. Und zur selben Zeit klingelt sein Anruf, und das Klingeln geht in der leeren Wohnung flöten, ich komme heim, und kein rotes brennendes X in der Luft, kein Zeichen, daß sein Anruf war.

Aber der Gedanke, du rufst an, wir sagen gemeinsam nichts, ich werde dich verlassen, das ist mein letzter Anruf, sagt dein Nichts. Die Pause staut sich. Wer sagt jetzt was? Du sagst: Wie gehts, ich sag: O. k., mein Freund.

Es ist das Tägliche, worauf man sich besinnen muß, was einem täglich hilft, die einfachen Umstände, mit denen man schon als Kind gerechnet hat, die man nicht vergessen darf, die einem wieder einfallen müssen: Tag und Nacht, Essen und Trinken, eine Wohnung, in der alles bekannt ist, der Geruch, die Geräusche, das Licht am Morgen, Mittag, Abend, die Dunkelheit in der Nacht. Im April fangen hier die Vögel an. Die U-Bahn fährt von sechs bis eins alle sieben Minuten, sonntags alle zwanzig, die Glocke vom Klosterstern schlägt jede Viertelstunde einmal und jede ganze so viel, bis sie voll ist und wieder von vorne anfängt.

Ich muß ins Bett. Schauspielerinnen müssen schlafen, wenn sie am Abend die große Rolle haben.

Aber ich kann nicht schlafen. Wie geht der Film? Da treffen sie sich, sehen sie sich und dann sonst nichts, nur Wir, und dann ist Wir vorbei und Ich und Du fängt wieder an. Er geht, und sie geht auch. Die leere Wohnung lassen sie voll mit Wir stehen. Das bleibt da stehn und geht nicht weiter in die Zukunft. Sie kommt von Wir und geht zurück zu Ich, was er nicht kennt, und sie hat keine Ahnung, wo er hingeht. Aber sie treffen sich immer wieder, morgen, übermorgen, in sieben oder vierzehn Tagen. Und wenn die vierzehn Tage um sind, deckt das kurze Wir ihr das lange Ich so dicht ab, daß Ich sich Luftlöcher bohren muß.

Aber sie ist jung und läßt das zu und tut den Brustschmerz nicht betäuben. Liebe, sagt sie sich, und bohrt das nächste Luftloch. Aber er ist nicht jung und kennt das schon, benutzt Barbiturate, weil er den Schmerz nicht will, der hochtreibt, bis über die Baumgrenze, wo die Luft dünn ist, denn weiß Gott wohin hat er nach dem zweiten oder dritten Absturz die Luft nicht mehr.

Wie geht der Film? Sie kommt nach vierzehn Tagen wieder in die leere Wohnung. Er war seit vierzehn Tagen nicht mehr da. Die Rolläden sind unten wie sonst, wenn er kommt, und das alte Vorhangstück hängt runtergerissen, seit er es mit ihr runtergerissen hat.

Sie setzt sich auf das Vorhangstück und wartet, daß er kommt: Komm zu mir, du sollst wieder jung werden, wie du bist. Auch wenn ich dir die Hälfte von mir dazugebe, es lohnt sich für mich, mach dir keinen Skrupel.

Oder wie geht der Film? Der geht so, daß sie wartet, bis sie weiß, daß er nicht gekommen ist. Der Mittag ist vorbei, vor den Rolläden ist der Morgen.

Da läuft sie, glaube ich, durch die Stadt, Autos hören, Farben sehen, Freunde treffen, sich bergen bei was, was vor ihm auch schon ohne ihn war. Sie kriegt keine Luft mehr in der Luft, kein Fitz Hoffnung führt ihr den Finger hoch zum Bohren. Da kommt der erste große Schwindel.

Und dann kommt was hinter ihr her auf sie zu, da galoppiert was: Quo vadis, Liebling?

Am Mittag und danach durch die Nacht durch hatte er nur die Barbiturate genommen, das wars, sonst nichts, oder wie geht der Film? Die wirkten dann nicht mehr. Da war er aufgeschreckt im Schrecken, daß er, wenn nicht mit ihr das Wir, von der Betäubung geschluckt mit dem Lied am Ende ist, hat den Brustschmerz zugelassen, ist losgerannt, in die Wohnung, durch die Wohnung, Brustschmerz zum Springen. Und dann durch die Straßen: Ich galoppiere, hat er gedacht und ihre Fährte gefunden, und jetzt steht er da und sagt ihr: Sag du, was ich nicht sagen kann, weil ich nicht mehr jung bin, und es schon zwei-, dreimal gesagt habe.

Wie geht der Film? Rennt sie da weg, weil er ihre Luft holt, weil er die Worte doch noch sagen will, weil sie sie nicht sagt, weil sie keine Luft mehr hat? Und dreht ihr Schwindel immer schneller und rennt sie immer schneller und er ihr immer nach, und denkt sie, sie erstickt an dem Stickstoff, den er ausstößt, und denkt er: Nur zwei, drei Worte will ich dir sagen, schwache, dünne, die nicht an alte Meineide erinnern, wahre. Und ruft er: Wie heißt du denn, ich liebe, will ich sagen, sag deinen Namen, denn ich will sagen, dich.

Und liegt dann da ein Revolver rum, oder trägt sie ihn im Film schon als Gedanken in der Tasche? Hat sie ihn sich in dem Schwindel vom Morgen besorgt, ohne zu wissen, daß sie ihn dann hat und was damit tun, das Schießen? Drückt nur noch ab, daß der Schwindel stehnbleibt, daß der Stickstoff platzt, wie die Haut und das Fleisch von dem Mann.

Aber ich: keinen Revolver. Zwar der Schwindel und der Brustschmerz und kaum Luft, aber die Haut und das Fleisch von ihm, wo ich doch kenne, wie das fühlt und riecht, wo ich das mitten im Schwindel weiß und nichts vergesse, nie.

Lieber hier in der Wohnung von uns, die ich nicht verlassen kann, weil unsere Wohnung meine Wohnung ist, in der ich wohnen muß, weil ich so wohnen muß, lieber nicht auf den Kalender sehn, daß ich nicht sehen muß, daß er schon vierzehn Tage her ist. Lieber die kahlen Äste vorm Fenster, und wenigstens wissen, daß sie beim letzten Mal schon kahl waren, daß das letzte Mal nicht Sommer war, daß es nicht so lang her ist, daß es nicht wiederkommt, weil es sich in der Zeit verlaufen hat. Lieber das aushalten, daß die Pappeln so spitz und ohne Zeichen, daß was kommt im Frühling. Lieber schwindlig und mit Brustschmerz atemlos durch den ganzen Film bis ans Ende, wo die alte schwarze Krähe mit Hut und Kopftuch kurzatmig, schwindlig, den Kindern, die ich von ihm bekommen habe oder nicht, erzählt: Es war einmal.

Das ist doch kein Grund zum Heulen, Kind. Und jetzt klingelt das Telefon. Aber es ist die Türklingel. Ich renne ins Bad, ich sehe schlimm aus. Wenn er das jetzt ist, dann seh ich schlimm aus.

Sabine Peters

allein in der achterbahn

rosenhofstraße. die haustür aufstoßen, eintreten. den briefkasten aufschließen, die post herausnehmen, den briefkasten schließen. die treppen hinaufgehen, dreimal siebzehn stufen. die wohnungstür aufschließen, zweimal den sicherheitsschlüssel im sicherheitsschloß umrehen. das flurlicht anschalten, die wohnungstür schließen, mantel und stiefel ausziehen. in der küche die tasche ablegen. nach schriftlichen mitteilungen von bettina suchen. den ofen im zimmer befühlen, ihn nicht anheizen. ins bad gehen, lang das gesicht und die hände waschen. im zimmer musik anstellen, gregorianische choräle. alles im zimmer betrachten. die gregorianischen choräle hören. die tagebuchreihe im hängeregal ansehen. in der küche nach einem rest wein suchen. auf dem kühlschrank die halbvolle flasche finden. den korken entfernen, mit der weinflasche ins zimmer gehen. auf halbem weg das telefon sehen. es mitnehmen. im zimmer telefon und weinflasche abstellen. aus dem hängeregal ein tagebuch nehmen. in der küche aschenbecher und weinglas holen. tabak aus der tasche nehmen. ein blättchen aus der packung glattstreichen. tabak in das papier drücken und zurechtzupfen. drehen, drehen. das papier anlecken und mit dem tabak zusammendrehen zu kleiner wulst. streichholz anzünden. die zigarette zum streichholz führen. den ersten zug tief nehmen.

auf einer holzkiste platz nehmen. trinken. agnus dei qui tollis peccata mundi miserere nobis. das tagebuch öffnen und schließen. zum schreibtisch gehen, einen stift suchen und finden. mit ihm zur kiste zurückgehen. setzen tagebuch aufschlagen datum rechts oben.

mein ruh ist schwer mein herz ist hin.

laß das pathos.

lieber gott wie machst du so trennungslos öde und fülle, gestern noch war mir abends dunkel traurig verweint und dann ging das telefon und ich weiß noch wie ich mir flüsterte daß es telefon für bettina ist und ich hörte sie laufen und durfte nicht hoffen und hörte sie reden, ja die ist da und sie rief mich. ich flüsterte mir daß es doro ist oder marie oder irgendein andrer. es war aber stefan. ob ich nicht heute noch kommen wolle.

zu dunkel zu traurig und zu verweint ich, ja aber nein, und der übliche tanz dann, rauchen und durch die wohnung stürmen und lauthals und laute musik, *ich liege dir am telefon zu füßen,* ja ja o ja, und die eile mich schön zu machen, schön für den herrn mit dem fremden namen, den herrn den ich fürchte. aber gestern nur leicht nur und furchtlos, summender flugkörper nur und zitternd die federn aus herz, und mehr war da nicht, nicht mehr überhaupt überhaupt nicht mehr,

zahnbürste bahnkarte, aber kein stern, kein stern fiel mir in die hand als geschenk, ohne stern

auf die qualmende zigarette im aschenbecher sehen. sie ausdrücken. das weinglas heben. einen schluck trinken. auf das geschriebene sehen. die augen heben.

balkontür, schreibtisch, stuhl. links die bücherkisten. rechts die matratze am boden, der ofen. die wände bilderlos weiß. alles ruhig, getragen qui tollis peccata mundi miserere nobis qui tollis peccata mundi dona nobis pacem. eine zigarette drehen. sie anmachen. rauchen. das geschriebene überlesen. einen satz durchstreichen. lieber gott wie machst du so trennungslos öde und fülle.

stirnrunzelnd vom stern, vom summenden flugkörper und vom gefieder lesen. den kopf zur seite drehen, so eine zeitlang sitzen.

dann schreiben.

laß das pathos.

wie kann ich festhalten was es genau ist wie schön es ist wie ich zitter und alles. bettina sagt daß er krampft und geschraubt ist und kennt ihn nicht richtig und sagt zu mir nimm ihn nicht ernst, er krampft, was findest du denn an ihm. doro hört zu und sagt nichts und so kann ich nicht lang etwas sagen. denn doro ist ruhig und ich bin es nicht und sollte es sein. marie wünscht mir besorgt alles gute, und daß sei was sie für mich träume, ein messer. ich kenne mich anders ich kenne ihn anders wie kenne ich ihn und wie kann ich festhalten was es genau ist wie schön es ist er

was ist schön was genau. c besucht s, gestern war es das zwölfte mal, und c und s vollziehen ohne einander zu kennen. war es das alles daß ich in liebe entbrannt bin, ich lache so ist es wohl daß ich in liebe entbrannt bin. achterbahnfahrt altes auf ab spiel, so ist das wenn ich in liebe entbrannt bin. also die not, wie komme ich unten heil an, dort will ich nicht sein, nicht runter nicht runter ach wieder die not, was will er, was will ich, und keiner kann keiner kann raten und ich bin in not

dasitzen. das schlüsselbein klopfen, horchen.
dasitzen und das schlüsselbein klopfen.
herrgott wiedermal christa auf kiste wie röhre und zugeklemmt.

fließen soll es und ist versperrt. am einen ende der röhre herrscht ruhe. hinter der sperre drängt es heran, es wird mehr und wird mehr und ballt sich und brodelt.

das geschriebene ansehen. das tagebuch auf die seite legen. auf den flur gehen und das licht anschalten und die blumen gießen und das licht ausschalten. in bettinas zimmer das licht anschalten und ausschalten. im bad das licht anschalten und die badematte vom boden nehmen und aufhängen und das licht ausschalten. in der küche das licht anschalten und gespültes geschirr einräumen und das licht ausschalten. ins zimmer gehen und auf der holzkiste platz nehmen und das tagebuch öffnen und schreiben.

denn was ist schön stefan und christa oder christa die stefan empfindet. das trifft mich warum so er küßt mich zum abschied am ohr vorbei und sagt dann mach es gut. und ich bring die zähne kaum auseinander zu einer antwort und sehne mich so nach den wörtern und sei es der satz dann machs gut.

er will es und er hat getan was er wollte und schließt die tür hinter mir. ich wollte ich habe wo welche tür.

stefan legt seine lippen als eine begrüßung auf meine. dann zeigt er mir seine arbeit und das ist er selbst. betrunken sagt er einmal daß er nicht reden könne. trinken um das um nur das zu sagen. dann will ich weinen. dann darf ich nicht weinen.

soll ich leise sein und geduldig und wachsam oder ihm sagen mann mensch, du bist nicht aus eisen, sag mir von wo du kommst.

bettina sagt reiß ihm die zeichen ab und dann siehst du was von ihm übrigbleibt. marie sagt die wichtigste frage ist was du willst und das tu und das ist was ich träume von dir.

aber mein traum.

wie können sie stefan nicht lieben. wie kann ich stefan nicht lieben. die achterbahn.

auf die zeilen sehen und das tagebuch schließen und aufstehn. an der anlage einen knopf drücken. das surren verfolgen. an der zigarette ziehen. die musik wieder anstellen. kyrie eleison. zur holzkiste gehen, sich setzen, das zimmer ansehen. vorn der schreibtisch. auf dem regal ein kaktus. links die bücherkisten, ein gesicht aus stein auf einem der bretter. von der stuckdecke baumelnd die birne.

das tagebuch öffnen.

was bin ich voll angst jetzt und denke er könnte doch anrufen. er muß es doch nicht denn es war so allein doch schön aber wie kann er das eisern ohne ein wort die weiterarbeit nach stundenlang stefan und christa wie kann er nur mach es mal gut, und mir fällt kein einziges wort dazu ein für uns denn wir reden nie über ihn und mich und er redet schweigen und mir bleibt kein wort erstickt schweigen.

und was wäre wenn ich die wörter sagte was wäre was könnte er antworten wenn ich sagte es war sehr schön, was könnte er sagen, es könnte ihn drängen ich will ihn nicht drängen und vielleicht sind meine wörter drängend und ich darf vielleicht nicht versuchen das eisen zu wärmen. denn wenn ich die wörter sagte was wäre denn dann gesagt hat er einmal gesagt.

ich lauf leer ich lauf leer,

jedesmal wollte ich nachher anrufen wenn ich dort war, jedesmal nachher die frage stefan wo bist du und stefan bist du noch da, nur wie soll am telefon was dort zunge an zunge nicht möglich ist jedesmal aber wie sollte das aber. was könnte ich sagen ohne ein einziges wort nur der atemschlag nur das warten auf stefans stimme und er wartet aber vielleicht wie ich vielleicht wartet auch er und vielleicht wäre unsers die stimmen zu hören die stimmen noch einmal weiter,

vielleicht jetzt nach allen stunden stefan und christa die warme stimme vielleicht und vielleicht die kalte ich fürchte die stimme ist kalt und warum das nach allen stunden

wie eine achterbahn gleiten gleiten mit schwung herauf und mit schwung herunter die glätte ich weiß nicht mich schwindelt mit schwung langsam rasend das gleiten die achterbahn schwindel nicht ich nur allein und vielleicht unser achterbahnrausch unser halten und schweigen und langsam das suchen nach wörtern, vielleicht kann stefan wie ich nichts sagen,

er will vielleicht wohl nichts sagen. stefans ruhe ist meine unruh ich will ihn so gerne heute noch hören. nur daß die modulation des fremden nachnamens in mir schwingt will ich heute noch einmal die stimme hören und kann ihn nicht anrufen darf nicht hoffen auf seine stimme mein anruf könnte ihn drängen und stimmlos muß die die in liebe entbrannt ist immer immer schenk mir die modulation deines namens und sprich nur ein wort dann wird meine seele dann wird mir die ruhe leicht und das herz ist nicht hin das tagebuch schließen, wein eingießen, rauchen. nach dem wecker sehen, nach dem telefon sehen. das weinglas heben, trinken, das weinglas abstellen. aufstehen. durch die wohnung gehen, ins zimmer zurückkommen, auf der holzkiste platz nehmen, das tagebuch öffnen.

laß das pathos.

zurückblättern, lesen.

der herr ist gekommen. er hat gesprochen. er hat lust verschafft. er hat geschlagen.

nach vorn blättern.

laß das pathos. willst du denn leiden.

wohin mit der angst ich bin satt mit angst ich bin angst satt. warum ist er eisern ein mann aufgestellt, was hab ich gewollt, was hat er geschlagen.

christa sei still sei still sei still sei still sei still denn die ruh ist schwer und das herz ist hin.

aufstehen und nichts sehen fur eine zeit.

dann schreiben.

hölle. schreiben das zeichen gezähmt, ich könnte das hirn mir die haut zerkatzen weil es zu spät ist ich stefan nicht anrufen kann und auch er mich nicht anrufen wird und ich sitze ach hölle gezähmte zeichen ich wollt mich zerkratzen

die beine ausstrecken. das tagebuch auf die knie legen. das gesicht mit den händen festhalten,

auftauchen fühlen was stattgefunden hat und die statt an anderem ort gehabt haben wird, christa wird in hast gewesen sein und sehr zornig darüber, eine kurze weile zumindest wird sie für sich alleine gewesen sein, in einem grünlichen sehr kahlen raum wird sie den stecker des bügeleisens in die steckdose eingesteckt haben und darauf gewartet haben, daß das eisen warm würde. sie wird das fleisch verbrennen sehen gewollt haben, sie wird den ärmel hochgerollt haben und wird nicht einmal furchtsam gewesen sein sondern nur hastig und zornig. mit dem bügeleisen wird sie sich heiße wunden am unterarm beigebracht haben, und die male gesehen haben, rote dreiecke auf der haut. aber es tut nicht weh genug es tut nicht weh genug. und noch hastiger und noch böser wird sie sich das ganze bügeleisen aufs herz gedrückt haben. es wird verbrannt gerochen haben und schwarze tropfen werden zu boden gefallen sein.

auf der holzkiste sitzen. das gesicht festhalten. auf den boden sehen. die augen schließen. die augen öffnen. die beine anziehen. ans schlüsselbein klopfen.

das geschriebene im tagebuch betrachten. es nicht lesen. schreiben.

ich verstehe es nicht oder ja und bin traurig. ich wollte von glück und den überfluß uferlos von der melodie des namens den fürchte ich und bin traurig denn war es nicht uferlos schön wie du siehst wie du aufmerksam siehst wie du schweigst. aber du schweigst und stehst auf und ich stehe gehorsam auf und er küßt mich am ohr vorbei und sagt mach es gut und ich fahre gehorsam und schweigend nach haus, schließe den briefkasten auf, nehme die post heraus, schließe den briefkasten zu, gehe die treppen herauf, dreimal siebzehn stufen, ruhig ganz ruhig kreist die achterbahn langsam rasend kreiselt es drängt sich angst brodelt achterbahn,

ich will ihn nicht lieben er tut mir weh, ich will dich lieben von herzen mit schmerzen über alle maßen tropft schwarz,

alles wie ohne stefan und christa

das tagebuch schließen. das schlüsselbein klopfen. von der holzkiste aufstehen. das telefon rausstellen, es mit kissen zudecken. die musik ausmachen. das telefon ins zimmer holen. es nah ans bett stellen. eine zigarette drehen. sie fortlegen. ein glas wein eingießen. trinken. das schlüsselbein klopfen. ein kissen aufs telefon legen. horchen. im zimmer stehen.

Mein Vater antwortete nicht mehr

Alissa Walser
Geschenkt

Neben mir atmet mein Vater, wir sind im Hotel, heute ist sein Geburtstag, morgen ist meiner, vielleicht ist jetzt morgen, vielleicht habe ich schon Geburtstag, vielleicht bin ich bereits acht, ich weiß es nicht, es ist dunkel. Mein Vater schläft nicht, er liegt nur da. So soll er die ganze Nacht liegen bleiben – kaum schläft er, ängstigt mich sein Atem. Wahrscheinlich denkt er, ich schlafe. Jetzt bewegt er die Hände, vielleicht hat er ein Geschenk für mich, das er unter der Decke versteckt, damit ich es gleich auspacken kann, wenn ich aufwache. Oder er sucht, wie ich, einen Platz für die Hände vor dem Einschlafen. Meine Augen sind zu. Er glaubt, ich schlafe, aber ich belausche ihn. Ich habe Angst, er könnte weinen. Doch jetzt steht er vorsichtig auf, öffnet die Tür zum Bad und schließt sie ganz leise, ganz sachte, bevor er Licht macht. Er wäscht sich die Hände, warum schläft er nicht einfach?

Heute ist sein Zweiundsechzigster, mein Einunddreißigster morgen, und wieder ist meine Mutter nicht dabei, keiner konnte ahnen, daß plötzlich eine Freundin stirbt. Heute und morgen, das sollen wieder Tage werden, an denen mein Vater das restliche Jahr messen will. Alle Zimmer voller Blumen, es riecht wie in einer Kapelle. Mein Vater steht am hellerleuchteten Buffet. In seinem Haus gibt es keine dunklen Ecken, seine Frau schläft neben ihm, mit mir spielt er Tennis. Manchmal glaube ich, er hat mich markiert, wie der Hund einen Baum. Sein Hals und Gesicht sind gleichmäßig naß vom Schweiß, sein Haar, eine schöne weiße Landzunge in der Mitte des Kopfes, reicht vorn bis an die Stirn. Das Telefon – kabellos – steckt in seiner Jackettasche. Es läutet ständig und macht meinen Vater zum Kirchturm. Im Nebenzimmer zirpt das neue Faxgerät – Grüße von irgendeinem medizinischen Institut, Geschenk folgt. Sicher etwas, was mein Vater schon hat. Wahrscheinlich eine Klassik-CD, dann gehört die mit dem weniger berühmten Orchester mir.

Seit mir ein Busen gewachsen ist, schenkt mir mein Vater Geld zum Geburtstag. An meinem dreizehnten sagte er, jetzt siehst du aus wie die Frauen auf Cranach-Bildern, und ich wußte nicht, was er meinte, nahm mir aber vor nachzusehen; er meinte die kleinen Brüste, für die ich mich schämte, doch dann drückte er mir ein paar Scheine in die Hand. Ein Jahr lang überlegte ich, was ich mir kaufen sollte, so wurde ich vierzehn. Frische Scheine vom Vater. Ich kaufte mir ein Fahrrad, es wurde gestohlen. Die Anzahl der Scheine nahm jedes Jahr zu. In den folgenden Jahren floß mir das Geburtstagsgeld davon. 6000 Zigaretten, 700 Tassen Kaffee, 19 Lippenstifte, Markenkondome, ungezählt, Fromms gesammelte Werke. Mit zwanzig entwarf ich Glückwunschkarten, und prompt reichten Vaters Gaben für einen graphikfähigen Computer.

Dieses Jahr sind es zehn große Scheine. Für ein Auto reicht es nicht, ich falte das Bündel zusammen, stecke es in die Tasche. Warum willst du schon fort? sagt mein Vater. Ich weiß es nicht, sage ich.

Besser samstags in einer Großstadt ankommen als sonntags. Die Leute schimmern schon ein bißchen vor Hoffnung auf eine lange Nacht. Am Bahnhof kaufe ich das Annoncenblättchen. Im Taxi finde ich unter Kontakte zwei Anzeigen, die nicht für Männer bestimmt sind, und schreibe mir die Nummern auf den Handrücken. So tauche ich in die Stadt, in der mich keiner erwartet. Im Treppenhaus höre ich mein Telefon klingeln. Zwei Stufen auf einmal, bis unters Dach; vielleicht ist das Sportstudio doch der einzige Ort, an dem man was Brauchbares lernt.

Wie war's, sagt mein Vater. Der Zug überfüllt, sage ich, Sitzplatz im Großraumwagen, neben mir ein junger Mann. Nett? fragt er. Ich sage, ich weiß es nicht, ich hatte keinen Kontakt, nicht mal mit den Augen. Mein Vater holt tief Luft, er glaubt es nicht, er glaubt mir nie, wenn es um Männer geht.

Weiter, sagt er. Ich werde nicht verhungern, sage ich, was im Kühlschrank liegt, reicht bis Montag. Und: die zehn Scheine alle unversehrt in meiner Tasche. Du hättest noch bleiben können, das weißt du. Dann wärst du jetzt nicht allein in der Wohnung, sagt er und meint sich selbst. Was machst du heute noch? Komm, ich geb dir Glückszahlen, sage ich und lese eine der Telefonnummern von meiner Hand ab, 46 92 52 38 – sechs Richtige in der Samstagsziehung, das könnte mich ersetzen, und mein Vater traut es mir zu. Mit fünfzehn nahm er mich zum ersten Mal mit ins Casino. Zu jung zum Spielen, hieß es am Eingang, als mein Paß kontrolliert wurde. Das verfolgte mich. Als Glücksfee meines Vaters ließ man mich ein, auf hohen Hacken stand ich hinter ihm, flüsterte ihm Zahlen ins Ohr, bis ich nicht mehr stehen konnte. Hatte er genug verloren, verließ er das Gebäude hastig, dann sprang das Auto nicht an, dann waren die Ampeln rot, Papa raste, Papa bremste, Papa raste. Ich legte mich auf den Rücksitz, schaute in den Himmel, betete zur Muttergottes, an die ich nicht glaubte, Zweige, Lichter, Zweige, ich blieb liegen, im Sitzen wollte ich nicht sterben.

Mein Vater notiert die Zahlen, dann legen wir auf. Später wähle ich die erste Nummer. Einer nimmt ab. Bitte beschreib dich, sage ich. Ich meine es ernst. Er zählt mir seine Einzelteile auf. Ziemlich schnell weiß ich, daß ich ihn nicht sehen will. Ich wähle die Zahlen, die ich meinem Vater gab. Einer nimmt ab. Wellensittiche zwitschern. Groß, sagt er, dunkel, 23, Südländer. Wieviel? sage ich. Wieviel hast du? fragt er, und schon lieb ich ihn. Endlich einer, mit dem ich sprechen kann. Ich könnte auch still sein. Belehrt er mich, schick ich ihn weg. Er muß mich hinnehmen. Ich kann ihn berühren, wo ich will. Seine Brust soll mir dieser Junge zeigen, und er soll mich bitten, ihm die meine zu zeigen. So werde ich den Abend bezwingen, den Sonntag und vielleicht das März-Wetter.

Am Abend ruft mein Vater an, er braucht nur zu atmen, und ich weiß, wer dran ist. Hör auf zu rauchen, sage ich. Was hast du alles gemacht, sagt er. Das will er immer wissen. Immer will er wissen, wo ich gewesen bin, wer mit mir war, was wir gemacht haben, und was noch. Je munterer ich klinge, desto mehr bohrt er. Was würde er sagen, wenn ihm einmal die Fragen ausgingen? Aber sie gehen ihm nicht aus. Er könnte höchstens auf die Fragen aus seinem Vorrat stoßen, die er mir nie gestellt hat: Wer liebt dich, wieviel ist er wert, wer glaubt an dich, wer ist reingefallen, wer hängt an deinem Haken, wer zahlt für dich, wie reich ist er, wie stark ist er, wer holt uns aus unserer Scheiße, was hast du getan, bist du wie ich, warum bist du wie ich, wer rettet uns jetzt, wie geht es deiner Fotze, lohnt es sich, wird sie gut bezahlt, warum machst du keine Kinder, wo bleibt dein Messias? Ich möchte ihm etwas antworten, das keine weiteren Fragen zuläßt.

Es ist schon gut gewesen, daß ich gestern gekommen bin, sage ich, Pläne hatte ich keine, aber mit dem Geld in der Tasche war das halb so schlimm. Es beunruhigt meinen Vater, daß ich nur noch acht Scheine besitze. In der Spielbank war ich nicht, sage ich. Ich habe mir einen Jungen gekauft, und schnell spreche ich weiter, mein Vater soll nicht nach dem Gesicht des Jungen fragen. Es war ein unfertiges Gesicht, ich dachte, der Junge wird noch allerhand probieren müssen, bevor sein Gesicht sich festigt. Ich hätte zum Beispiel sagen können, ein italienisches Gesicht, aber lieber hätte mein Vater gehört: ein Mauerstürmergesicht, eines aus der Ex-DDR, da hätte mein Vater geklatscht über den Mut, über das bißchen historische Wahrhaftigkeit, diesen Gutschein, den der Junge dann besessen hätte, einfach so, ohne was dafür zu können. Ich sage also nur, daß sein Haar dunkel war, schwarz, aber nicht bläulich, ungekämmt. Früher, sage ich meinem Vater, nach dem Baden, hast du mich immer mit einer frisch geschälten Frucht verglichen. So ein Junge war das, und ich frage meinen Vater, ob er das verstehe. Nein, sagt er, fax ihn mir. Im Stehen beginne ich zu zeichnen.

Der Atem meines Vaters wird übertönt vom Geräusch einer Tür, mein Vater tritt in den Garten. Vielleicht holt er nur Luft, aber er liebt es auch, einfach mit seinem Telefon umherzuspazieren, selbst Sonntag morgens, zu einer Zeit, zu der kein Mensch anruft, hat er das Telefon dabei. Frau und Tochter schlafen noch, und er geht im Pyjama über den Rasen, hebt einzelne Zweige auf, die über Nacht vom Wald in den Garten herübergeweht worden sind. Ich sehe, was du nicht siehst, sagt er. Weißt du, was? Ich sehe den Wald. Der Wald ist dunkler als die Nacht. Heute war der Himmel blendend grau. Ein Tag wie von Armani. Gestern sah ich eine junge Frau hinter einem Kinderwagen, früher ging sie mit dir zur Schule, saß neben dir. Wir haben keinen Kontakt mehr, sage ich. Deine Generation, sagt er. Was machen die anderen in deinem Alter? Ich weiß nicht, wen du meinst, sage ich. Kinder kriegen. Ausreden suchen. Weiße Hemden tragen. Reisen. Du kaufst dir also einen Mann, sagt er plötzlich. Ausnahmsweise, sage ich. Erzähl – er zündet sich eine an.

Bevor es dämmerte, aßen wir in einem Restaurant, das war mein Wunsch, und ich durfte bestimmen. Allein wäre ich nie dorthin gegangen. Schwere Tische, alle von der Brauerei gestellt. War das Essen wenigstens gut? unterbricht mich mein Vater. Seine Stimme klingt wie Bitten um ein Ende ohne Schmerzen. Wie unwichtig das Essen war, begreift er nicht. Gehe ich mit meinem Vater essen, bestellt er mir den bunten Teller, von allem ein bißchen, zu verspielt für Erwachsene, zu ernst für einen Kinderteller. Oder Meereszeugs, das er selbst nie bestellt. Er will, daß ich für ihn die Austern esse.

Ich saß vor einem Glas Wasser, sage ich. Der Junge bestellte sich ein Stück Fleisch, danach einen Kaffee, danach noch einen. Er war ganz anders als am Telefon, er schien zu wissen, was er wollte. Erstaunlich, wie gut er sein Gesicht beherrschte. Ein Lächeln kam so schlagartig, wie es verschwand. Sein Teller war leer, da fragte er mich nach meinen Wünschen. Mir war klar, sage ich, er dachte schon ans Ende. Ich wollte nicht darüber reden. Ich wollte nichts festlegen. Mein Vater saugt an seiner Zigarre, ein Kind, das einen Fisch nachahmt; ich kann seine Zigarren nicht leiden, meine Mutter auch nicht, wir sind doch keine Wespen, sagt sie, wenn er den Raum vollräuchert. Der Junge streichelte mich hinterm Ohr und flüsterte mir etwas zu. Er hielt mich für scheu. Dann sprachen wir nicht mehr viel, was ich bedauerte. Es gab keinen Grund zum Schweigen. Ich bat ihn, mir etwas zu erzählen. Am liebsten wäre mir gewesen, er hätte mir von Tiefseefischen erzählt, von Wesen, die dort leben, wohin man selbst nie kommt. In seinen Händen die Fransen des Schals, der um seinen Nacken lag, wie das Handtuch eines Boxers, fühl mal, sagte er, und während ich den Stoff prüfte, fing er vom Geld an. Eine Firma wolle er aufbauen, irgendein Mittel vertreiben, das gesünder macht. Plötzlich merkte ich, daß er verzweifelt war. In diesem Moment, sage ich zu meinem Vater, habe ich mir überlegt, ob ich den Mittag nicht lieber im Kino verbringen sollte. Kannst du dir vorstellen, einen verzweifelten Menschen anzufassen? frage ich ihn. Du hast Übung darin, sagt mein Vater, mein Gott, ich höre ihn kaum, so leise spricht er. Mein Vater meidet nichts so sehr wie Unglückliche, schon den Anblick eines Menschen, der ein Leben führt, das er selbst nicht führen möchte, erträgt er kaum. Er wünscht sich Helden für mich, wie die von der Leinwand. Im Kino waren wir nie zusammen, Filme nach 1958 interessieren meinen Vater nicht, das Jahr, in dem Doris Day vermutlich die Dreißig überschritt. Manchmal gucken wir gemeinsam alte amerikanische Filme im

Fernsehen. Zuerst wartet mein Vater auf das Erscheinen der Stars, dann auf das Ende. Zwischen den Höhepunkten stellt er sich tot. Letzte Woche gab es fast einen Streit, Judy Garland stand im Cast und ließ auf sich warten, einige junge Sängerinnen waren schon aufgetreten, und mein Vater hatte bei jedem neuen Gesicht gerufen, da ist sie! – ich behauptete das Gegenteil, sein Zorn wuchs. Dann erschien sie und sang ihr Lied. Ein bißchen sieht sie aus wie du, sagte mein Vater. Egal, wer gerade auftritt, mein Vater entdeckt immer eine Ähnlichkeit zwischen mir und den Stars. Beim letzten Film war es die Loren, davor die Bergman. Liz Taylors Name fällt auch, wenn der Kasten nicht läuft. Bloß Marilyn sagt er nie, sie ist eine Muttergottes für ihn, und die gibt es nur einmal.

Dem Geräusch nach – das leise Krachen des Parketts – ist er jetzt im Wohnzimmer. Wo bleibt die Zeichnung, sagt er. Ich sehe meine Skizze im alten Fax meines Vaters verschwinden, ich höre Wein ins Glas stürzen, ich lasse meinem Vater Zeit für den ersten langen Schluck, es piept, dann trommelt sein Gerät meine Zeichnung aufs Papier.

Aha, sagt mein Vater. Dann einen Moment lang Schweigen, dann fragt er, was das sei. Lassen wir's, sage ich und erzähle weiter. Ich will jetzt nur für dich dasein, sagte der Junge. Er bat mich, ihm zu vertrauen. Bestimmt wäre es auch für ihn besser gewesen, wenn ich von mir erzählt hätte. Aber ich sagte nichts. Er sprach wieder vom Geld, und zum ersten Mal mißlang ihm sein Lächeln. Ich tat, was ich immer tue. Ich tröstete ihn. Er sollte gerne für mich dasein. Sag mal, unterbricht mich mein Vater, wolltest du den Jungen? Geduld, sage ich. Nach dem Essen gab es keinen Ort mehr für uns. Er wollte sein Geld, ich dachte, die Hauptsache stehe noch aus. Ich wollte kein Hotel bezahlen. Ich wollte auch nicht zu mir. Er bot seine Wohnung an. Ich wollte den Wellensittichen nicht begegnen. Also schlug ich ihm vor, die Dunkelheit abzuwarten. In der Dunkelheit, dachte ich, wird sich schon ein Platz finden. Ich werde jede Minute bezahlen, sagte ich ihm, doch sein Blick verriet mir, daß er Vorschuß wollte. Nur: Was hatte er schon geleistet? Er hatte mich angesehen, als sei ich schön, er hatte mit dem Zeigefinger meine Nase gestreichelt und die Gegend hinterm Ohr, aber, weißt du, das war bloß der Anlauf zum entscheidenden Augenblick des Tages.

Von meinem Vater nichts, nicht einmal Atmen, ich frage, ob er noch dran sei. Er sagt ja, und dann? Er hört mir wirklich aufmerksam zu, vielleicht findet er das Ganze so bemerkenswert, daß er es auf einem Ärzte-Kongreß zum besten gibt; dann werde ich gleich alles wiederholen müssen; gefällt ihm das Ende einer Geschichte, möchte er sie am liebsten hundertmal hören, und dann glaubt er meistens, ich unterschlage seine Lieblingsmomente. Vielleicht bleibt er jetzt aber auch einfach stumm, und schließlich werde ich von seinem Mitleid überrollt, ich fürchte es mehr als seinen Zorn. Mein Vater geht noch immer herum, seine Schritte hallen, bestimmt geht er die Treppe hinauf, in der Leitung rauscht es, oben in den Schlafzimmern klingt es jedesmal, als tobe draußen ein Sturm. Zu früh zum Schlafengehen, oder? sage ich, er sagt, er wolle in mein Zimmer. Vermutlich, sagt er, fällt es mir hier leichter, dich zu verstehen. Ich kenne die Scherze meines Vaters, was sollte er in meinem Zimmer? Viel wichtiger ist, wie ich die Geschichte zu Ende bringe. Ich muß mich genau erinnern. Mir kam vor, als seien wir lange durch die Stadt gelaufen. Der Junge nannte mich einen wertvollen Menschen, einen Menschen, wie er sich immer einen gewünscht habe. Mein Vater hüstelt, er spült das Hüsteln mit einem Schluck Wein hinunter. Der Junge versuchte, mich zu küssen, sage ich, aber ich ließ es nicht zu. Von meiner Angst sage ich meinem Vater nichts; was er mir erklären würde, kann ich mir denken: Wer zahlt, hat keine Angst. Aber der Junge hätte sich plötzlich weigern können weiterzulaufen. Für einen Moment kam mir die Idee, es in einem Hauseingang zu tun. Doch die Haustüren waren verschlossen; wo ich klingelte, spähte jemand aus dem Fenster, öffnete aber nicht, wenn er uns sah. Sogar die Mauernischen, deretwegen ich nachts immer in der Straßenmitte gehe, waren plötzlich nicht mehr tief genug. Hoffentlich hattest du was Warmes an, sagt mein Vater. Ja, sage ich, den Mantel. Und drunter, will er wissen, ich erzähl's ihm. Der Junge wartete auf ein Wort von mir. Daß ich das falsche Wort sagte, verschweige ich. Park – da blieb er kopfschüttelnd stehen. Er führte mich zu seinem Auto. Später, sagte er, als er die Tür öffnete, werde ich einen Hubschrauber besitzen. Also haben wir uns in sein Auto gesetzt, das aussah wie alle Autos. Er saß neben mir auf dem Fahrersitz. Wahrscheinlich fragt sich auch mein Vater, warum der Junge sich nicht nach hinten gesetzt hat.

Zum Schauen war es zu dunkel, sage ich. Ich wußte, der Junge wartete. Ich wurde plötzlich diesen Satz nicht mehr los: Ich will dein privates Fleisch. Ich sagte es so leise, daß er es nicht verstehen konnte. Mein Vater schweigt. Ich höre ihn atmen. Ich habe den Körper meines Vaters nie als alt empfunden. Als Kind wollte ich werden wie er. Ich wollte riechen wie er, abends nach Alkohol und Zigaretten, morgens, wenn ich ihn im Bett besuchte, nach Schweiß und Schlaf. Er war massiger als ich, formloser, plump; trotzdem wollte ich erwachsen werden. Bat ich ihn zu mir auf den Boden, ächzte er. Mir kam daran nichts gebrechlich vor. Ekel empfand ich auch nicht vor seinen Schuppen, höchstens vor dem Mittel, mit dem er sie bekämpfte. Jetzt klingt sein Atem nicht wie sonst, und er trifft in eine Art Stille, die neu ist zwischen meinem Vater und mir. Vielleicht wird sein Atem von jetzt an immer schwerer werden, um vorzeitig dem Atem eines alten Mannes zu gleichen, ich muß ihm das sagen, er darf nicht so viel mit Menschen zusammenkommen, die ihm das Sterben nahebringen. Der Junge, erzähle ich ihm, ergriff meine Hand, ich hatte ihm die Hand völlig übergeben, und er streichelte sich damit die Schenkel. In der warmen Beuge, wo die Schenkel auf das Geschlecht treffen, ließ er meine Hand allein, und, seine Hoden an meinem Handrücken, rieb ich die lose Haut zwischen den Fingern. Ich glaube, mein Vater wartet auf etwas, stumm wie eine Katze vor dem Mauseloch. Er wartet auf einen Höhepunkt, aber von dem hätte ich ihm nie berichtet. Ich spreche von der Farbe dieser Haut, die ich in Wirklichkeit nicht gesehen habe. Ich sage, sie war dunkler als an anderen Stellen. Der Junge suchte die gleiche Stelle an meinem Körper, dann nahmen wir, mit einer Bewegung, mit der man die Hand aus einer fremden Tasche zieht, unsere Hände wieder zu uns. Ich zahlte, was er verlangte, stieg aus und lief nach Hause. Ruf mich wieder an, sagte er, bevor ich seine Autotür zuschlug, ich will immer für dich dasein. Und jetzt, sage ich meinem Vater, bin ich gerade heimgekommen, packe die restlichen Gaben aus. Chanel No. 19 und Mozarts Konzert No. 3 in G-Dur, eine Aufnahme der Bamberger Symphoniker, geschenkt. Nachher koche ich Nudeln und dazu eine Soße, Tomaten und irgend etwas Grünes, morgen ist Montag, und was ich montags mache, weißt du.

Mein Vater antwortete nicht mehr, warum, ich weiß es noch immer nicht. Hallo, sagte ich, ich sehe was, was du nicht siehst – nichts. Nur ein leicht verändertes Geräusch in der Leitung, ein Nagen am Sturmton. Mein Vater lag wohl einfach da. Ich hörte noch ein kurzes Schleifen der Bettdecke, vielleicht suchte er einen Platz für die Hände vor dem Einschlafen, ich hatte Angst, er könnte weinen, ich hatte Angst, er könnte wichsen, ich wollte nur noch stumm sein. Ganz leise, ganz sachte, so sachte, wie man die Tür zu einem Kinderzimmer schließt, wenn es dort endlich still geworden ist, legte ich den Hörer auf.

Mutterglück

Isabel Allende

Für immer

Für immer ... Was ist das, Paula? Ich habe das Maß für die Zeit verloren in diesem weißen Gebäude, wo das Echo regiert und es niemals Nacht wird. Die Grenzen der Wirklichkeit haben sich aufgelöst, das Leben ist ein Labyrinth aus versetzten Spiegeln und verzerrten Bildern. Vor einem Monat, genau um diese Stunde, war ich eine andere Frau. Es gibt dazu eine Fotografie von der Feier zur Vorstellung meines letzten Buches in Spanien, ich trage darauf ein weit ausgeschnittenes auberginefarbenes Kleid und ein Collier und Armbänder aus Silber, habe lange Fingernägel und ein zuversichtliches Lächeln – ein Jahrhundert jünger als heute. Ich erkenne diese Frau nicht wieder, in vier Wochen hat der Schmerz mich verwandelt. Während ich über ein Mikrophon die Umstände erläuterte, die mich dazu anregten, den *Unendlichen Plan* zu schreiben, drängte sich meine Agentin durch die Menge und flüsterte mir ins Ohr, daß du ins Krankenhaus gebracht worden warst. Mich überkam die grausame Ahnung, daß ein tiefgreifendes Unheil unser Leben aus der Bahn geworfen hatte. Als ich zwei Tage vorher nach Madrid gekommen war, hattest du dich schon schlecht gefühlt. Ich wunderte mich, daß du nicht am Flughafen warst, um mich zu begrüßen, wie du es sonst immer getan hattest, ich ließ das Gepäck im Hotel, und erschöpft von dem anstrengenden Flug von Kalifornien hierher, fuhr ich zu deiner Wohnung, wo ich dich in Brechkrämpfen und vom Fieber geschüttelt vorfand. Du warst gerade von religiösen Exerzitien mit den Nonnen der Schule zurückgekommen, in der du vierzig Stunden die Woche als freiwillige Helferin für Kinder aus sozial schwachen Familien arbeitest, und erzähltest mir, es sei eine starke und traurige Erfahrung gewesen, Zweifel belasteten dich, dein Glaube war schwach geworden.

»Ich suche Gott, und er entzieht sich mir, Mama ...«

»Gott wartet immer, aber jetzt ist es nötiger, einen Arzt zu holen. Was fehlt dir, Tochter?«

»Porphyrie«, antwortetest du, ohne zu zögern.

Seit du vor einigen Jahren erfahren hattest, daß du diese Veranlagung geerbt hast, hast du sehr auf dich geachtet und dich ständig von einem der wenigen Spezialisten in Spanien kontrollieren lassen. Als dein Mann dich so schwach sah, brachte er dich zu einem Notdienst, dort diagnostizierten sie Grippe und schickten dich wieder nach Hause. In dieser Nacht erzählte mir Ernesto, daß du seit Wochen, sogar Monaten sehr nervös und müde warst. Während wir über eine vermeintliche Depression diskutierten, littest du hinter der geschlossenen Tür deines Zimmers; die Porphyrie vergiftete dich rasch, und keiner von uns hatte den Blick dafür, es zu begreifen. Ich weiß nicht, wie ich mit meiner Arbeit fertig wurde, ich war überhaupt nicht bei der Sache, und zwischen zwei Presseinterviews rannte ich zum Telefon, um dich anzurufen. Kaum hatte ich erfahren, daß es dir schlechter ging, sagte ich den Rest der Tournee ab und fuhr mit der Taxe zum Krankenhaus, raste die sechs Stockwerke hoch und machte deinen Saal in diesem monströsen Bau ausfindig. Ich fand dich im Bett, bleich, mit einem verlorenen Ausdruck im Gesicht, und ein Blick genügte mir, um zu sehen, wie schwerkrank du warst.

»Warum weinst du?« fragtest du mich mit einer fremden Stimme.

»Weil ich Angst habe. Ich liebe dich, Paula.«

»Ich liebe dich auch, Mama...«

Das war das letzte, was du zu mir sagtest, Tochter. Ein paar Augenblicke später fingst du an zu delirieren, sagtest Zahlen auf, die Augen starr an die Decke gerichtet. Ernesto und ich blieben die ganze Nacht bei dir, aufs tiefste verstört, wir saßen abwechselnd auf dem einzigen verfügbaren Stuhl, während in anderen Betten im Saal eine alte Frau starb, eine Wahnsinnige kreischte und eine ausgemergelte und von Schlägen gezeichnete Zigeunerin zu schlafen versuchte. In der Frühe überredete ich deinen Mann, schlafen zu gehen, er hatte mehrere Nächte gewacht und war völlig erledigt. Er verabschiedete sich von dir mit einem Kuß auf den Mund. Eine Stunde später brach der Horror los, ein Schüttelfrost, du brachst Blut, bekamst Zuckungen; dein angespannter, zurückgebogener Körper wand sich in schweren Krämpfen, die dich im Bett hochschleuderten, die Arme zitterten, und die Hände waren verkrümmt, als wolltest du dich an etwas anklammern, das Gesicht war hochrot, aus dem Mund floß Speichel. Ich warf mich über dich, um dich festzuhalten, ich schrie und schrie um Hilfe, der Saal füllte sich mit weißgekleideten Leuten, die mich gewaltsam hinausschoben. Ich erinnere mich, auf dem Fußboden gekniet zu haben, dann an eine kräftige Ohrfeige. »Ruhig, Señora, beruhigen Sie sich, oder Sie müssen gehen«, ein Krankenpfleger schüttelte mich. »Ihrer Tochter geht es besser, Sie können hinein und bei ihr bleiben.« Ich versuchte aufzustehen, aber meine Knie gaben nach; sie halfen mir zu deinem Bett und gingen dann hinaus, ich blieb allein mit dir und mit den Patientinnen in den anderen Betten, die schweigend beobachteten, jede in ihr eigenes Leiden versunken. Du hattest die aschgraue Farbe der Gespenster, die Augen nach oben verdreht, ein Faden trockenes Blut neben dem Mund, du warst kalt. Ich hoffte dich rufen zu können mit den Namen, die ich dir gab, seit du ein Kind warst, aber du entferntest dich in eine andere Welt; ich wollte dir Wasser zu trinken geben, ich schüttelte dich, du starrtest mich aus geweiteten, gläsernen Pupillen an, sahst durch mich hindurch zu einem fernen Horizont, und plötzlich bliebst du regungslos, leblos, atmetest nicht mehr. Es gelang mir, zu schreien, dann wollte ich dir Mund-zu-Mund-Beatmung geben, aber die Angst hatte mich blockiert, ich machte alles falsch, blies dir ohne Rhythmus und Zusammenhang Luft zu, irgendwie, fünf- oder sechsmal, und dann merkte ich, daß auch dein Herz nicht mehr schlug, und fing an, deine Brust mit Fäusten zu bearbeiten. Augenblicke später kam Hilfe, und das letzte, was ich sah, war dein Bett, das sich in schnellem Lauf durch den Flur zum Aufzug bewegte. Von diesem Augenblick an blieb das Leben für dich und auch für mich stehen, wir beide überschritten eine geheimnisvolle Schwelle und traten ein in den Bereich der tiefsten Finsternis.

Marlen Haushofer

Der Entschluß

In der ersten Novemberwoche nahm sie eine Woche Urlaub und fuhr zu ihrem Sohn – eine ziemliche Dummheit, wie sie sich selber eingestehen mußte. Man besucht nicht ein Kind, das erst zwei Monate im Internat lebt und sich kaum eingewöhnt hat.

Aber sie tat häufig derartige Dinge und war alt genug, um solche Anfälle, wenn schon nicht gelassen, so doch geduldig hinzunehmen. Sie gehörte nämlich zu den Leuten, die offenen Auges ins Unglück rennen, immer und immer wieder, und nie dazulernen. Diese ewige Wiederholung war nachgerade langweilig geworden. Sobald sie sich entschlossen hatte, irgend etwas zu tun, konnte nichts auf der Welt sie von dem Entschluß abbringen, am allerwenigsten sie selber. Sie entwickelte dann eine Härte gegen sich und andere, die jeden, der sie nicht sehr gut kannte, in Bestürzung versetzte.

Daß es ihren zehnjährigen Sohn gab, war die Folge eines derartigen Entschlusses, und ebenso, daß er plötzlich aus seinem warmen Nest gerissen und in ein Internat geschickt worden war. Daß es ihn gab, mochte gut oder schlecht sein, darüber nachzudenken war sinnlos. Ihn so bald aus dem Haus zu geben, war ihr noch vor drei Monaten richtig erschienen. Seit sie nämlich bemerkt hatte, daß dieses zarte, verletzbare Kind viel zu sehr an ihr hing. Was hatte man nach einer so bestürzenden Entdeckung zu tun? Man mußte das Band zerreißen, ehe es langsam das Leben des Kindes drosselte. Das war ihr damals ganz unvermeidlich erschienen. Trotz der spärlichen und nichtssagenden Briefe, die kamen, wußte sie, daß er Heimweh hatte. Auch sie hatte einmal geglaubt, vor Heimweh sterben zu müssen, und war nicht gestorben.

Seit zwei Monaten wagte sie nicht mehr den Schulkindern nachzuschauen. Zu viele kleine Buben hatten die verdächtige Gewohnheit angenommen, sich für Sekunden in ihn zu verwandeln. Dann trat sie vom Fenster weg oder flüchtete in einen Hauseingang, bis die Bedrohung vorüber war.

Sie rauchte jetzt mehr, als ihr guttat, und machte Überstunden, nur um nicht zu lange allein in der Wohnung zu sein. Noch nie hatte sie soviel aufgeräumt wie in der letzten Zeit, es gab keine einzige unordentliche Schublade mehr und keinen ungestopften Strumpf, und die Wohnung befand sich in einem Zustand strahlend ungemütlicher Sauberkeit. Manchmal weinte sie auch, aber nur ganz kurz, ein, zwei Schluchzer, es war einfach zu gefährlich, wirklich damit anzufangen.

Weil sie sich kannte, versuchte sie erst gar nicht, sich in Gesellschaft abzulenken, ins Theater zu gehen oder daheim die halbe Nacht Platten zu spielen. Das alles konnte ihr nicht helfen. Es gab nur eines: sich ganz ruhig verhalten und inmitten der herzbeklemmenden Finsternis warten. Es würde vorübergehen, wie noch alles vorübergegangen war.

Wenn sie abends in ihrem Wohnzimmer las, ohne das Gelesene aufzunehmen, oder an einem monströsen Ding strickte, das nie ein Pullover werden würde, fing die Stille an, sich bedrohlich zu ballen und sie zu bedrängen. So war es wohl bei einem Verhör im grellen Scheinwerferlicht, wenn die Schläge auf einen niederprasseln: rechts und links und über den Mund und noch einmal und immer wieder. Diese Schläge waren gut und nützlich, denn je wütender die Bedränger zuschlugen, desto eher mußten sie ermatten. Nie wäre es ihr eingefallen, zu flüchten oder auch nur das Radio einzuschalten und fremde Stimmen ins Zimmer zu lassen. Erst mußte alles überstanden sein. Sie konnte es aushalten; das schlimmste aber war, daß sie nicht auch die Schläge auf sich lenken konnte, die für einen anderen bestimmt waren, für einen, der noch nie geschlagen worden war und von dem sie nicht wissen konnte, wie er es ertrug.

Als die Angriffe endlich erlahmten, wurde auch sie schwach und faßte jenen Entschluß, der ihr eine Stunde später schon dumm und verhängnisvoll erschien, den sie aber durchführen mußte, weil er nun einmal gefaßt war.

So kam es also, daß sie eines Tages im Zug saß, zwischen Wiedersehensfreude und Ärger hin- und hergerissen. Die Landschaft vor den Fenstern wandelte sich von der Ebene zum Hügelland und gegen Abend zum Gebirge. Auf den Wiesen standen und lagen wiederkäuende Rinder. Es war mild, fast warm, und kein Reif hatte die Grasstoppeln verbrannt. Und über den Wiesen loderten rot, orange und gelb die großen Wälder. Das Internat lag im Bergland, fern von Staub und Gestank der Großstadt, gerade das richtige für ein zartes und ein wenig verwöhntes Kind. Hier würde sich ihr Sohn erholen und bei guter Luft und viel Sport im Freien groß und kräftig werden. Das war natürlich dummes Gewäsch, an das sie keine Minute glaubte. Kein Mensch war je von guter Luft und Sport groß und gesund geworden. Was ein Kind wirklich brauchte, waren Liebe und Geborgenheit, anständiges Essen und ein Mensch, der sich um seine Schuhe, Kleider und Aufgaben kümmerte, der es am Abend zudeckte und ihm gute Nacht wünschte.

Sie zuckte zusammen und zog den Kopf ein. Ging es denn schon wieder los: rechts und links und über den Mund und noch einmal und immer wieder.

Der Zug schien jetzt zu kriechen und hielt an den winzigsten Stationen. Leute stiegen ein und aus, Gestalten in rauhem Loden und Leder unterhielten sich in einem ebenso rauhen Dialekt. Sie alle waren hier geboren und aufgewachsen, sahen aber nicht besonders gesund und kräftig aus, außerdem gehörten sie wohl einem besonders häßlichen Menschenschlag an. Sie fröstelte vor Fremdheit und spürte etwas wie Haß auf sich selber, eine Ausschweifung, die sie sich nur selten gestattete.

Gerädert und zerschlagen kletterte sie aus der unguten Wärme und den schlechten Gerüchen des Abteils auf den Bahnsteig und atmete tief in der nebligen, feuchten Dämmerung. Eine schmale, kleine Gestalt kam ihr zögernd entgegen, und ein kaltes, weiches Gesicht berührte ihre erhitzte Wange. Dann traten sie hinaus auf die Straße, und er führte sie zu ihrem Quartier. Er war recht schweigsam und schluckte jedesmal laut, ehe er einen Satz herausbrachte. Im Gasthof zeigte es sich, daß man nur auf Sommergäste eingerichtet war, aber der Wirt stellte ihr eine Heizsonne in das Zimmer und benahm sich überhaupt sehr hilfreich und freundlich. Sichtlich war er kein Einheimischer.

Sie tranken Tee und aßen Brote dazu, und schon nach einer Stunde mußte er wieder ins Internat. So ging sie früh zu Bett, konnte aber unter dem feuchtkalten Federbett erst gegen Morgen einschlafen. Am Vormittag ging sie spazieren. Es gab nicht viel zu sehen, eine Konditorei, geschlossene Hotels und ein paar Auslagen voll geschmackloser Andenken. Dann aß sie in ihrem Gasthof viel zu fett und schwer und wartete auf ihren Sohn.

Er kam um zwei Uhr, und erst jetzt sah sie, wie zart er neben den anderen Buben aussah mit seinem blassen, kindlichen Gesicht und dem zu kurz geschnittenen Haar. Einen Augenblick lang war sie empört, daß man seine Frisur geändert hatte, dann sagte sie sich, daß es in einem Internat eben gewisse Vorschriften geben mußte. Aus irgendeinem Grund konnte sie sich aber gerade über diesen Punkt tagelang nicht beruhigen. Zu ihm sagte sie natürlich nichts darüber, es schien ihm auch ganz gleichgültig zu sein, was man mit seinen Haaren anstellte.

Er war sehr ernst, und sie konnte ihm kaum ein Lächeln entlocken. »Sind sie ekelhaft zu dir?« – »Nein.« – »Hat man dich vielleicht geschlagen?« – »Nein.« – »Wird hier überhaupt geschlagen?« Ein Zögern, gelogen hatte er nie. »Manchmal«, und hastig: »Aber mich nicht, mach dir keine Sorgen, mich nicht.« – »Hast du schon Freunde?« – »Noch nicht, sicher werd' ich welche finden, bestimmt.« Sie hörte auf zu fragen, etwas zwang sie, ihn zu trösten, obgleich oder weil er keinen Trost verlangte.

»Es ist doch nur zu deinem Besten. Hier lernst du dich durchsetzen, das muß man lernen, sonst ist man verloren, verstehst du? Für mich ist es doch genauso schwer, wir müssen es gemeinsam durchstehen.« Und plötzlich wußte sie, wie falsch das alles klang.

Er schwieg, aber das graue Augenpaar unter den langen Wimpern sagte: »Lüg nicht, Mama, für dich ist es nicht so schlimm. Du bist groß, und niemand darf dich anbrüllen. Du mußt dich nicht mit eiskaltem Wasser waschen, du ißt gutes Essen und hast dein weiches Bett. Ich bin ganz allein, du hast mich weggeschickt, reden wir nicht mehr darüber.« Sie wußte nichts mehr zu sagen. »Gehn wir spazieren«, schlug er schließlich vor, »um vier Uhr muß ich in die Studierstunde.«

Sie gingen spazieren, auf Wiesenwegen, über Waldsteige und einen Bach entlang. Brav trabte er an ihrer Seite und wurde nur munterer, wenn er einen Hund oder eine Katze entdeckte. Während er die Tiere streichelte, wurde sein Gesicht wie früher, offen und liebevoll. Er war ganz dem Genuß hingegeben, das weiche Fell unter den Händen zu spüren.

Am Abend drehte sich der Wind, und nachts fing es an zu regnen. Und es regnete die ganze Woche bis zu ihrer Abreise. Gleich wurde es empfindlich kalt. Sie saßen in der dunklen Wirtsstube oder in ihrem Zimmer bei der Heizsonne. Er hatte jetzt die Erlaubnis erhalten, bei seiner Mutter zu lernen; und sie fragte ihn seine Aufgaben ab, wie früher einmal. Und jeden Tag gingen sie spazieren und streichelten nasse Hunde und Katzen.

Jetzt war sie nicht mehr so sicher, daß ihre Reise ein Fehler gewesen war. In dem kahlen Gasthauszimmer, vor ihrem aufgeschlagenen Bett, saßen sie an einem Tischchen, das bedenklich wackelte, obgleich sie jeden Tag versuchten, es ein wenig standfester zu machen, bei Tee und Gebäck. Der Tee war sehr dünn und ohne Aroma, wie er in Gasthäusern üblich ist, aber er war ein Symbol für früher. Sie hatte eine kleine Höhle gebaut, schlecht erwärmt von der Heizsonne, aber doch eine Höhle für sich und ihren Sohn. Mit jedem Tag wurde er ein wenig gelöster. Sie redeten von allen möglichen Dingen; oft las er ihr aus Micky-Maus-Heften vor und konnte wieder lachen wie zu Hause. Über das Internat redeten sie nie mehr. Am letzten Tag kaufte sie noch Obst und Schokolade für ihn, und er lächelte nachsichtig, und sie wußte, er würde hingehen und es mit anderen heimwehkranken Kindern teilen, vielleicht mit jenen Unseligen, die geprügelt wurden. Sie war ganz sicher, ihn würde man nicht schlagen, er hatte es verstanden, sich mit einem Hauch von Unantastbarkeit zu umgeben. Einen unbeherrschten Augenblick lang war sie sehr stolz auf ihr Kind.

Am Nachmittag, ehe er zurückmußte (sie hatten nur einen triefenden Bernhardiner gestreichelt), fragte sie ihn, erstaunt über ihre eigenen Worte: »Soll ich dich mitnehmen? Du kannst schließlich auch daheim in die Schule gehen.« Er sah sie an, und sie war entsetzt über die Grausamkeit ihrer Frage. Sein Kinn zitterte ein bißchen, dann sagte er atemlos: »Es hat keinen Sinn, Mama, ich muß jetzt schon hierbleiben.«

Zum letztenmal tranken sie Tee und wußten nichts mehr zu reden. Dann lief er den Hang hinauf, ohne sich umzusehen, eine einsame kleine Gestalt hinter grauen Regengüssen.

In dieser Nacht schlief sie tief und erschöpft. Am Morgen fuhr sie ab, zu einer Zeit, in der er schon in der Schule war.

Zu Weihnachten durfte er wegen einer Scharlachepidemie nicht heimfahren, und sie konnte ihn nicht besuchen. Erst zu Ostern kam er nach Hause. Sie hatte vor dem Wiedersehen vor Freude und Angst gezittert. Er schien ein wenig verwahrlost und ungewaschen, und es fehlten ihm drei oder vier Knöpfe. Offenbar kümmerte sich niemand um diese Dinge. Aber auf seinen Wangen lag ein rötlicher Hauch, und er war ein großes Stück gewachsen. Diesmal gab es keine Verlegenheit zwischen ihnen. Er war sehr lebhaft und erzählte viel von seinen Lehrern und von zwei oder drei Buben, die sichtlich im Begriff waren, seine Freunde zu werden. Obgleich er über verschiedene Mißstände im Internat murrte, in einer sehr fremdartigen und komischen Ausdrucksweise, schien er sich schon eingelebt zu haben. Er war widerspenstiger als früher, weigerte sich entschieden, eine Mütze aufzusetzen, und behandelte seine Mutter mit liebevoller, aber manchmal ungeduldiger Nachsicht. Und wenn sie abends beisammensaßen und plauderten oder lasen, wußte sie: Er langweilt sich schon ein bißchen und denkt an seine Freunde. Sehr schnell hatte sich das verhängnisvolle Band gelockert, jetzt war sie keine Gefahr mehr für ihren Sohn.

Er war wieder weggefahren, und sie blieb allein. Sie dachte: Ich war ein Narr. Ich hab' mich um etwas gebracht, das mir alles bedeutet hat, nur so, aus einem plötzlichen Einfall heraus. Es war dumm, das Internat und seine Freunde zu hassen, dazu gab es ja Internate und Freunde, um die Söhne von den Müttern zu befreien und das Band zwischen ihnen zu zerreißen. Ein grausames, aber notwendiges Ritual. Aber sie konnte nichts tun gegen diesen Haß, der sie jetzt überschwemmte, schwarz und bitter. Zitternd umklammerte sie die Sessellehne, aber es war gar nicht die Sessellehne, sondern ihr eigener verdammter Hals, den sie so leichtfertig in die Schlinge gesteckt hatte. Und endlich mußte sie lachen. Es klang ein wenig merkwürdig, aber es war entschieden ein Lachen. Sie ließ den Sessel los, rieb ihre weißen, schmerzenden Finger, nannte sich eine dumme Kuh und ging in die Küche, um Tee zu kochen.

Das war die Zukunft: Tee trinken und auf der Straße wegschauen, wenn die Buben in die Schule laufen; am Abend ein Buch, Theaterbesuch mit Freunden, Gäste, Reisen, Arbeit, eben alle diese Dinge, die nichts bedeuten.

Mercè Rodoreda
Das Kindermädchen

... Na, komm her, du kleiner Zwirbelechs mit deinem Schlängelbauch! Lach mal! Nun, so lach doch! ... Schlingel, Närrchen, zeig die Zähnchen... Laß sehn: eins, zwei, drei... und ein halbes kommt da aus dem Zahnfleisch geklettert! Hoch die Ärmchen, hoch... Was machen denn die Damen? Sie sitzen im Salon und essen Süßes und alle sagen: mein Mann, mein Mann... und wir zwei haben's lustig, mein Scheißerchen du, mein kleines Oberscheißerchen. Zeig mal dein Bäuchlein... uiih, dicker als das Täubchen, als das Kaninchen, als das Hähnchen und das Rebhühnchen, das Schildkrötchen und das Amselchen, elende Pisserin du... Hoch die Ärmchen. Sag mal Fliege, Fliege, Fliege... Buuum! Guck mal, der Garten. Leg mir dein Händchen um den Hals... So, siehst du? Wie ein Seidentüchelchen. Siehst du, wie der Regen tröpfelt? Guck mal, der Baum, wie aus Lack, und die Tröpfchen kullern über die Bäuchlein der Blätter auf die Erde und machen die Würmchen und die Ohrenkneifer dick und fett... Hörst du, wie sie in einem fort reden? Das-sind-die-Damen... Adelina, bringen Sie der Kleinen bei, daß sie Papa und Mama sagt. Setzen Sie sich vor sie hin und sagen Sie schön langsam, damit sie sieht, wie Sie die Lippen bewegen, Pa-pa, Ma-ma... So muß man's ihnen beibringen, stückchenweise, kleine Kinder machen ja so gern alles nach... Daß mir die Kleine zum Namenstag meines Mannes ja Papa sagen kann... Sag mal Blöd-mann! Blööd-mann, Blöödmann... Guck mal, das Schwälbchen, guck nur, der Grünfink, guck nur, das Amselchen, wie's rennt mit seinen drei Würmern im Schnabel... sieh nur, sieh... jetzt kommt noch eine Dame, siehst du? Die Neus geht ihr aufmachen, mit dem roten Regenschirm, und sie erzählen sich was, und dann ißt sie auch Sahnetörtchen mit dem goldenen Gäbelchen und spreizt den kleinen Finger, und ich mach dir gleich deine kleine Milch, schön weiß wie Jasmin. Gell, das ist schön, wir zwei ganz allein? Wollen wir die Balkontür aufmachen?... Steh schön grade, wie eine Dame, die Füßchen im Pfützchen. Gefällt dir das? So schön frisch, das kommt vom Himmel, das schickt der Herr mit dem Bart, der da ganz oben wohnt, mit seinen Wolkenhosen und seiner Wolkenkappe, und der Amen sagt. Klatsch in die Händchen... Kannst du nicht? Gell, du bist doch der süßeste kleine Schnuckelputz, der je gemacht worden ist? Nicht wahr? Gell, du gehörst mir und wir haben uns lieb? Husch, husch, ins Körbchen. Ich werd dir die Füßchen abreiben mit dem maisgelben Badetuch... schön trocken. Nicht daß sie uns einen Schnupfen kriegt und das Näschen läuft... Was hast du da im Händchen?... Ein Haar? Sowas tut man nicht, du Frechdachs. Du sollst keine Haare aufheben. Die sind schmutzig, hörst du? Und du mußt immer blitzblanke Korallenhändchen haben... Hexchen du... Wenn der Flickflackteufel kommt, frißt er dich auf, mit Haut und Haar: zuerst ein Fingerchen, dann noch eins, dann die Füßchen, die kleinen Knie... und das kugelrunde Spatzenbäuchlein... Jawohl, brauchst gar kein Schnütchen zu ziehen. Er frißt dich zum Imbiß und schmeißt die Knöchelchen weg, damit die Glühwürmchen was zu lachen haben. Jawohl. Schön brav sein. Sag mal... Pa-pa, Ma-ma... Jetzt geht eine Frau weg, mit Lockenkopf und Gürtel, aber du bist viel niedlicher mit deinem wirren Wuschelkopf wie eine Klobürste. Sag mal Blödmann! Blööd-mann, Blööd-mann... Zu Papas Namenstag mußt du Blödmann sagen können. Wollen wir wieder auf den Balkon? Komm... gell, dir ist schon klein bißchen schwindelig? Weißt gar nicht mehr, wo dir das Köpfchen steht, gell?... Ich werd dir ein Hanswurstkleidchen nähen, und dann gehn wir auf den Jahrmarkt und lachen und tanzen... Jaja, als kleiner Hanswurst wirst du gehn...

Djuna Barnes
Aller et Retour

Unter den Fahrgästen im Zug von Marseille nach Nizza war eine Frau von großer Kraft.

Sie war weit über vierzig und ein bißchen oberlastig. Sie war enggeschnürt, so daß die Korsettstangen sich bei jedem Atemzug bogen, und bei jedem Atemzug und jeder Bewegung erklirrten auch die klobigen Glieder ihrer vielen goldenen Ketten, während das Klicken derbgefaßter, großer Steine ihre leichteren Gesten unterstrich. Von Zeit zu Zeit hob sie eine langstielige Lorgnette vor die häufig zwinkernden Augen und spähte in die Landschaft hinaus, die hinter dem Rauch des Zuges verschwamm.

In Toulon zog sie das Fenster herunter und lehnte sich hinaus, um nach Bier zu rufen, und der Cul de Paris ihres hüftengen Rockes ragte steil über den hochgeschnürten hellbraunen Stiefeln auf, die wohlgeformte Beine in rosawollenen Strümpfen umspannten. Sie lehnte sich zurück, trank ihr Bier mit Genuß und fing derweil die Erschütterungen ihres Körpers auf, indem sie die kleinen molligen Füße fest gegen den Gummibelag des Bodens stemmte.

Sie war Russin, eine Witwe. Ihr Name war Erling von Bartmann. Sie lebte in Paris.

Bei der Abfahrt in Marseille hatte sie ein Exemplar von *Madame Bovary* erstanden, und das hielt sie nun mit leicht angehobenen, abgewinkelten Ellenbogen in den Händen.

Mit Mühe las sie ein paar Sätze, dann legte sie das Buch auf den Schoß nieder und schaute auf die vorbeiziehenden Hügel hinaus.

Nach ihrer Ankunft in Marseille überquerte sie gemächlich die schmutzigen Straßen, den gebufften Rock bis weit über die Stiefel geschürzt, und wirkte dabei gleichzeitig umsichtig und geistesabwesend. Die dünne Haut ihrer Nase erbebte, als sie die üblen Gerüche der engeren Gassen einsog, doch war ihr weder Vergnügen noch Mißvergnügen anzumerken.

Sie lief die steilen, engen, abfallübersäten Straßen hinauf, die vom Hafen ausgehen, und blickte abwechselnd starr nach links und nach rechts, mit einem Blick, dem nichts entging.

Eine derbe Frau lümmelte sich breitbeinig in der Tür zu einem einzelnen Zimmer, das mit einem hochbeinigen, rostigen Eisenbett vollgestellt war. Sie hielt einen Hahn und rupfte ihn beiläufig mit einer riesigen Hand. Die Luft hing voller schwebender Federn. Sie hoben und senkten sich über Mädchen, die unter ordinären dunklen Ponyfransen hervorzwinkerten. Madame von Bartmann setzte achtsam Fuß vor Fuß.

Vor einem Schiffslieferanten blieb sie stehen und sog den scharfen Geruch geteerter Taue ein. Sie nahm mehrere kolorierte Postkarten von ihrem Ständer, auf denen Frauen beim Baden zu sehen waren oder auch fröhliche Matrosen, die sich mit verschmitztem Blick in falscher Treuherzigkeit über vollbusige Sirenen beugten. Madame von Bartmann berührte die Satinstoffe vulgärer, grellfarbener Bettüberwürfe, die in einem Seitengäßchen zum Verkauf auslagen. Ein Fenster voller Fliegendreck, staubig und von Sprüngen durchzogen, stellte einen stufenförmigen Aufbau von Trauerkränzen zur Schau, die aus weißen und magentaroten Perlen gewunden und von Abbildungen des Blutenden Herzens eingerahmt waren, diese wiederum aus Blech gehämmert und in blattsilberne Flammen gefaßt und das Ganze gestrandet auf einer Brandung aus Spitze.

Sie kehrte in ihr Hotelzimmer zurück und löste vor dem Spiegel in der hohen Schranktür die Nadeln aus Hut und Schleier. Um die Stiefel aufzuschnüren, setzte sie sich in einen von acht Lehnstühlen, die mit millimetergenauer Präzision an den beiden gegenüberliegenden Wänden aufgereiht standen. Die dicken Samtvorhänge mit ihren üppigen Falten sperrten die Geräusche des Hofes aus, auf dem Tauben verkauft wurden. Madame von Bartmann wusch sich die Hände mit einem großen Oval gewöhnlicher roter Seife und trocknete sie ab, während sie nachzudenken versuchte.

Am Morgen plante sie, auf derbem Leintuch zwischen dem Mahagoni von Kopf- und Fußteil sitzend, den weiteren Verlauf ihrer Reise. Für den Zug war es noch zwei oder drei Stunden zu früh. Sie zog sich an und ging aus. Als sie auf eine Kirche stieß, trat sie ein und streifte langsam die Handschuhe ab. Es war dunkel und kalt, und sie war allein. Zwei Öllämpchen brannten zu beiden Seiten der Figuren des hl. Antonius und des hl. Franziskus. Sie legte ihren Lederbeutel auf einer Bank ab und ging in eine Ecke, wo sie niederkniete. Sie drehte die Steine ihrer Ringe nach innen und legte die Hände so aneinander, daß das Licht durch die kleinen Finger hindurchschien. Sie hob die Hände und betete mit der ganzen Kraft der Erkenntnis um eine gewöhnliche Vergebung.

Sie stand auf und spähte umher, verärgert, weil vor dem Allerheiligsten keine Kerzen brannten – und befühlte dabei den Stoff der Altardecke.

In Nizza löste sie einen Omnibusfahrschein zweiter Klasse und erreichte etwa um vier Uhr den Stadtrand. Mit einem großen Eisenschlüssel öffnete sie das hohe, verrostete Eisentor eines privaten Parks und schloß es wieder hinter sich.

Die Allee der blühenden Bäume mit ihren wohlriechenden Blütenschalen, das Moos, das die geborstenen Pflastersteine umsäumte, die heiße, muskatduftende Luft, das unablässige Flügelrascheln unsichtbarer Vögel – das alles verwob sich zu einem Gewirr tönender Muster, heller wie dunkler.

Die Allee war lang und verlief schnurgerade, bis sie zwischen zwei wuchtigen Tonkrügen, aus denen sich stachelgespickte Arme von Kakteen emporwanden, eine Kurve machte, und gleich dahinter erhob sich das Haus aus Stuck und Stein. Von den Lädchen, die auf die Allee hinausgingen, war keiner offen, wegen der Insekten, und Madame Bartmann schritt, immer noch mit gerafften Röcken, langsam neben das Haus, wo eine langhaarige Katze wohlig in der Sonne lag. Madame von Bartmann schaute zu den Fenstern hinauf, deren Läden nur halb geschlossen waren, und blieb stehen, überlegte es sich dann jedoch anders und nahm den Weg in das Gehölz im Hintergrund des Hauses.

Das tiefe, durchdringende Gesumme krabbelnder Insekten verstummte, wo sie, mit Bedacht, den Fuß hinsetzte, und sie wandte den Kopf und schaute in die versprengten Tupfer Himmel hinauf.

Sie hielt immer noch den Schlüssel in der behandschuhten Hand, und das siebzehnjährige Mädchen, das aus dem Gebüsch trat, nahm ihn ihr ab, als es neben ihr herzulaufen begann.

Das Kind trug noch kurze Röcke, und das Rosa seiner Knie hatte vom Staub des Unterholzes einen Stich ins Graue angenommen. Eichhörnchenfarbenes Haar teilte sich leuchtend auf seinem Kopf und stieg zu den Läppchen der schmalen Ohren hinab, wo es von einem verblichenen grünen Band zusammengehalten wurde.

»Richter!« sagte Madame von Bartmann (ihr Gatte hatte einen Jungen gewollt). Das Kind legte die Hände auf den Rücken, ehe es antwortete.

»Ich war draußen, auf den Feldern.«

Madame von Bartmann setzte ihren Weg fort, ohne zu antworten.

»Hast du in Marseille Station gemacht, Mutter?«

Sie nickte.

»Wie lange?«

»Zweieinhalb Tage.«

»Wieso zweieinhalb?«

»Die Züge.«

»Ist das eine große Stadt?«

»Nicht sehr groß, aber schmutzig.«

»Gibt es da irgendetwas Schönes?«

Madame von Bartmann lächelte: »Das Blutende Herz – Matrosen…«

Sie gelangten alsbald aufs freie Feld, und Madame von Bartmann raffte ihren Rock und setzte sich auf einen Erdhügel, der warm war von sonnenbeschienenem Gras.

Das Kind ließ sich mit der Gelenkigkeit seiner Jugend neben ihr nieder.

»Bleibst du jetzt zu Hause?«

»Eine ganze Weile.«

»War Paris schön?«

»Paris war Paris.«

Das Kind verstummte. Es begann, am Gras zu zupfen. Madame von Bartmann zog die hellbraunen Handschuhe aus, die an der Daumenspitze aufgeplatzt waren, und schwieg einen Augenblick, ehe sie sagte: »Tja, nun, wo dein Vater tot ist…«

Die Augen des Kindes füllten sich mit Tränen. Es senkte den Kopf.

»Kehre ich eilenden Fußes zurück«, fuhr Madame von Bartmann gutmütig fort, »um mein Fleisch und Blut in Augenschein zu nehmen. Schau mich einmal an«, setzte sie hinzu und hob das Kinn des Kindes auf dem Handteller ein wenig zu sich empor. »Zehn, als ich dich das letztemal gesehen habe, und jetzt bist du eine Frau.« Mit diesen Worten ließ sie das Kinn des Kindes wieder sinken und zog ihren Handschuh wieder an.

»Komm«, sagte sie, »ich habe das Haus schon seit Jahren nicht mehr gesehen.« Während sie die dunkle Allee hinaufliefen, sprach sie.

»Steht die schwarze Marmorvenus noch in der Halle?«

»Ja.«

»Leben die Stühle mit den geschnitzten Beinen noch?«

»Nur noch zwei. Letztes Jahr hat Erna einen kaputtgemacht, und im vorletzten Jahr…«

»Ja?«

»Habe ich einen kaputtgemacht.«

»Wenn Kinder größer werden«, bemerkte Madame von Bartmann dazu. »Na schön. Ist das große Bild noch da, das über dem Bett?«

Das Kind sagte kaum hörbar: »Das ist mein Zimmer.«

Madame von Bartmann nahm die Lorgnette von ihrem Busen, hob sie vor die Augen und betrachtete das Kind.

»Du bist sehr dünn.«

»Ich bin doch im Wachstum.«

»Ich bin auch mal gewachsen, aber eher wie eine Taube. Nun ja, eine Generation kann nicht genau wie die andere sein. Du hast das rote Haar deines Vaters. Das«, sagte sie unvermittelt, »war ein schrulliger, verrückter Kerl, dieser Herr von Bartmann. Ich bin nie dahintergekommen, was wir eigentlich miteinander im Sinn hatten. Was dich angeht«, setzte sie hinzu, indem sie ihre Lorgnette zusammenklappte und die Handschuhe wieder anzog, »muß ich erst einmal sehen, was er aus dir gemacht hat.«

Am Abend in dem wuchtigen Haus mit den wuchtigen Möbeln beobachtete Richter ihre Mutter, wie sie, immer noch in Hut und getüpfeltem Schleier, auf dem ausladenden blanken Flügel spielte, hoch oben hinter dem Terrassenfenster. Es war ein Walzer. Madame von Bartmann spielte schnell, temperamentvoll, ihre juwelenbesetzten Finger sprühten Funken über die Tasten.

Im Dunkel des Gartens lauschte Richter Schubert, der die Lichtbahn der Fensteröffnung herabgeströmt kam. Dem Kind war jetzt kalt, und es erschauderte in dem langen Mantel, der die Kühle seiner Knie streifte.

Nach einem *finale* in der Manier der großen Oper schloß Madame von Bartmann schwungvoll den Flügel und trat einen Augenblick auf die Terrasse hinaus, wo sie die Luft einsog und die klobigen Glieder ihrer Kette befühlte, während ihr die Insekten waagerecht vor dem Gesicht hin- und herschossen.

Kurz danach kam sie in den Garten hinaus und setzte sich auf eine Steinbank, die Wärme verströmte.

Richter stand ein paar Schritte von ihr entfernt, näherte sich nicht und sagte auch nichts. Madame von Bartmann begann, obwohl sie das Kind gar nicht sehen konnte, zu sprechen, ohne sich dabei umzudrehen:

»Du warst immer hier, Richter?«

»Ja«, antwortete das Kind.

»In diesem Park, in diesem Haus, mit Herrn von Bartmann, den Hauslehrern und den Hunden?«

»Ja.«

»Sprichst du Deutsch?«

»Ein bißchen.«

»Laß mal hören.«

»Müde bin ich, geh' zur Ruh.«

»Französisch.«

»O nuit désastreuse! O nuit effroyable!«

»Russisch?«

Das Kind antwortete nicht.

»Ach!« sagte Madame von Bartmann. Dann: »Warst du in Nizza?«

»O ja, schon oft.«

»Und was hast du dort gesehen?«

»Alles!«

Madame von Bartmann lachte. Sie beugte sich vor, den Ellenbogen auf das Knie, das Gesicht in die Handfläche gestützt. Ihre Ohrringe kamen zur Ruhe, das Summen der Insekten war deutlich und sanft; der Schmerz lag noch brach.

»Früher einmal«, sagte sie, »war ich ein Kind wie du. Dicker, gesünder – aber eben doch wie du. Ich mochte schöne Dinge. Allerdings«, setzte sie hinzu, »andere als du, stelle ich mir vor. Dinge, die lebensbejahend waren. Ich ging abends gern aus, nicht, weil der Abend süß und üppig war – sondern um mich zu ängstigen, weil ich das alles erst so kurze Zeit kannte und es nach mir noch so lange existieren würde. Doch das...«, unterbrach sie sich, »ist nicht entscheidend. Erzähl mir, wie du dich fühlst.«

Das Kind im Schatten bewegte sich. »Ich kann nicht.«

Madame von Bartmann lachte wieder, brach dann jedoch abrupt ab.

»Das Leben«, sagte sie, »ist schmutzig. Und beängstigend ist es ebenfalls. Es enthält einfach alles: Mord, Schmerz, Schönheit, Krankheit – Tod. Weißt du das?«

Das Kind antwortete: »Ja.«

»Woher weißt du das?«

Das Kind antwortete abermals. »Ich weiß nicht.«

»Siehst du!« fuhr Madame von Bartmann fort, »du weißt nichts. Du mußt *alles* wissen und *dann* beginnen. Du mußt ein ungeheures Verständnis haben, oder du fällst. Pferde tragen dich geschwind aus der Gefahr; Züge bringen dich dorthin zurück. Gemälde versetzen dem Herzen einen tödlichen Stich – sie hängen über einem Mann, den du liebtest und vielleicht in seinem Bett ermordet hast. Blumen betrüben das Herz, weil ein Kind in ihnen begraben wurde. Musik treibt uns in das Grauen der Wiederholung. Die Kreuzwege sind dort, wo die Liebenden Schwüre ablegen, und die Schenken sind für die Diebe da. Nachdenken führt zum Vorurteil, und Betten sind Felder, auf denen Säuglinge eine aussichtslose Schlacht schlagen. Weißt du das alles?«

Aus dem Dunkel kam keine Antwort.

»Der Mensch ist verderbt von Anbeginn«, fuhr Madame von Bartmann fort, »verderbt von Tugend und Laster. Er wird von beiden erdrosselt und zunichte gemacht. Und Gott ist das Licht, das das sterbliche Insekt entzündet hat, um sich ihm zuzuwenden und an ihm zu sterben. Das ist sehr weise, doch man darf es nicht mißverstehen. Ich will nicht, daß du über irgendeine Hure in welcher Straße auch immer die Nase rümpfst; bete und wandle und vergehe, doch ohne Vorurteil. Ein Mörder mag weniger Vorurteile haben als ein Heiliger. Manchmal ist es besser, ein Heiliger zu sein. Halt dir nichts zugute auf deine Gleichgültigkeit, solltest du von Gleichgültigkeit gepackt werden, und«, sagte sie, »mißversteh den Wert unserer Leidenschaften nicht. Er ist nur die Würze des ganzen Grauens. Ich wünsche mir –« Sie sprach nicht zu Ende, sondern nahm ruhig ihr Taschentuch heraus und trocknete sich schweigend die Augen.

»Was?« fragte das Kind aus der Dunkelheit.

Madame von Bartmann erschauderte. »Denkst du denn etwas?« sagte sie.

»Nein«, antwortete das Kind.

»Dann *denke*«, sagte Madame von Bartmann laut und wandte sich dem Kind zu. »Denk alles, Gutes, Schlechtes, Gleichgültiges, alles, und *tu* alles, *alles*! Versuch herauszufinden, was du bist, ehe du stirbst. Und«, sagte sie, indem sie den Kopf zurücklegte und mit geschlossenen Augen schluckte, »komm als wohlgeratene Frau wieder zu mir.«

Dann stand sie auf und entfernte sich die lange Seitenallee hinab.

Am selben Abend zur Schlafenszeit rief Madame von Bartmann, die sich, rüschenbesetzt und lavendelduftend, bereits in einem Bett mit leinenem Rosenbaldachin zusammengerollt hatte, durch die Vorhänge hindurch:

»Richter, kannst du Klavier spielen?«

»Ja«, antwortete Richter.

»Spiel mir etwas vor.«

Richter hörte, wie ihre Mutter sich wohlig und schwer im Bett herumdrehte.

Die dürren Beine nach den Pedalen gereckt, spielte Richter mit magerer Technik und leichtem Anschlag etwas von Beethoven.

»Bravo!« rief ihre Mutter, und sie spielte noch etwas, und diesmal blieb es still im Himmelbett. Das Kind schloß den Flügel und zog den Samt über das Mahagoni, machte das Licht aus und trat, immer noch in seinem Mantel fröstelnd, auf die Terrasse hinaus.

Nach ein paar Tagen, während derer sie ihr mit scheuer, verängstigter und verletzter Miene ausgewichen war, trat Richter in das Zimmer ihrer Mutter. Sie sprach ohne Umschweife und beschränkte sich auf wenige Worte:

»Mutter, mit deiner Einwilligung würde ich gern meine Verlobung mit Gerald Teal bekanntgeben.« Ihr Auftreten wirkte gezwungen. »Vater schätzte ihn. Er kannte ihn schon Jahre. Wenn du erlaubst...«

»Allmächtiger!« rief Madame von Bartmann und fuhr auf ihrem Stuhl herum. »Wer ist das denn? Wie ist er denn?«

»Er ist bei der Regierung angestellt. Er ist jung...«

»Hat er Geld?«

»Ich weiß nicht. Vater hat sich darum gekümmert.«

In Madame von Bartmanns Zügen mischten sich Bestürzung und Erleichterung.

»Also gut«, sagte sie, »ich möchte euch beide um Punkt acht Uhr dreißig zum Abendessen sehen.«

Um Punkt acht Uhr dreißig saßen sie beim Abendessen. Madame von Bartmann, die am Kopf des Tisches saß, hörte sich an, was Mr. Teal zu sagen hatte.

»Ich werde mein Bestes tun, um Ihre Tochter glücklich zu machen. Ich bin ein eher beständiger Mensch und auch nicht mehr allzu jung«, er lächelte, »ich habe ein Haus am Stadtrand von Nizza. Mein Einkommen ist gesichert – ein wenig hat mir zudem meine Mutter hinterlassen. Meine Schwester ist meine Haushälterin. Sie ist eine unverheiratete Dame, doch sehr fröhlich und sehr gutherzig.« Er schwieg einen Augenblick und hielt sein Weinglas gegen das Licht. »Wir hoffen, bald Kinder zu haben – Richter wird beschäftigt sein. Da sie zart ist, werden wir jährlich einmal verreisen, nach Vichy. Ich habe zwei sehr schöne Pferde und eine stabil gefederte Kutsche. Sie wird nachmittags ausfahren, wenn sie nichts anderes zu tun hat – ich hoffe allerdings, daß sie zu Hause am glücklichsten sein wird.«

Richter, die zur Rechten ihrer Mutter saß, blickte nicht auf.

Binnen zwei Monaten hatte Madame von Bartmann erneut ihr Reisekleid angelegt, steckte den Kopf unter Hut und Schleier und zurrte ihren Schirm fest, während sie auf dem Bahnsteig stand und auf den Zug nach Paris wartete. Sie schüttelte ihrem Schwiegersohn die Hand, küßte ihre Tochter auf die Wange und stieg in ein Raucherabteil zweiter Klasse.

Sowie der Zug sich in Bewegung gesetzt hatte, zog Madame Erling von Bartmann langsam ihre Handschuhe durch die geschlossene Hand, von den Fingern bis zur Stulpe, und strich sie dann mit festem Griff über dem Knie glatt.

»Herrje, wie überflüssig.«

Grace Paley
Mutter

Eines Tages hörte ich Radio auf Mittelwelle. »Ach wie so gerne würd ich meine Mutter in der Tür stehn sehn«… Gott!, sagte ich, dies Lied verstehe ich. Ich habe mich oft danach gesehnt, meine Mutter in der Tür stehen zu sehen. Übrigens hat sie häufig in wechselnden Türen gestanden und hat mich angesehen. Sie stand eines Tages einfach so an der Eingangstür, hinter ihr die Dunkelheit der Eingangshalle. Es war an Neujahr. Sie sagte traurig, Wenn du mit siebzehn um vier Uhr früh nachhause kommst, wann kommst du dann mit zwanzig nachhause? Sie stellte diese Frage ohne Humor oder Hinterhältigkeit. Sie hatte mit den bekümmerten Vorbereitungen zu ihrem Tod begonnen. Sie werde, so dachte sie, nicht dabei sein, wenn ich zwanzig würde. Deshalb stellte sie diese Frage.

Ein anderes Mal stand sie in der Tür zu meinem Zimmer. Ich hatte soeben ein politisches Manifest herausgegeben, das die Haltung der Familie gegenüber der Sowjetunion attackierte. Sie sagte, geh um Gotteswillen schlafen, du verdammte Närrin, du und deine kommunistischen Ideen. Die haben wir, Papa und ich, schon 1905 gesehen. Wir haben gewußt, wie's kommen wird.

An der Küchentür sagte sie, Du ißt das Mittagessen nie auf. Du rennst sinnlos herum. Was soll aus dir werden?

Dann starb sie.

Natürlich sehnte ich mich für den Rest meines Lebens danach, sie zu sehen, nicht nur in Türen, sondern an sehr vielen Orten – im Eßzimmer mit meinen Tanten, am Fenster, die Häuserzeile hinauf- und hinabsehend, im Garten auf dem Lande zwischen Zinnien und Ringelblumen, im Wohnzimmer mit meinem Vater.

Sie saßen in bequemen Ledersesseln. Sie hörten Mozart. Sie sahen einander erstaunt an. Es kam ihnen so vor, als seien sie soeben mit dem Schiff herübergekommen. Sie hatten soeben die ersten englischen Wörter gelernt. Es kam ihnen so vor, als habe er gerade dem amerikanischen Anatomieprofessor stolz eine hundertprozentig korrekte Examensarbeit eingereicht. Es schien, als habe sie gerade den Laden mit der Küche vertauscht.

Ich möchte sie so gern in der Tür zum Wohnzimmer stehen sehen.

Da stand sie eine Minute. Dann setzte sie sich neben ihn. Sie hatten einen teuren Plattenspieler. Sie hörten Bach. Sie sagte zu ihm, Red ein wenig mit mir. Wir reden nicht mehr viel.

Ich bin erschöpft, sagte er. Siehst du das nicht? Ich hatte heute vielleicht dreißig Menschen in Behandlung. Alle krank, alle reden reden reden reden. Hör dir die Musik an, sagte er. Ich glaube, du hattest mal das absolute Gehör. Ich bin erschöpft, sagte er.

Dann starb sie.

Mit den Waffen einer Frau

Lisa St Aubin de Terán

Die Gärtnerin

Niemand im Pflegeheim mochte Gladys stören. Sie kam und ging schon seit sieben Jahren in einem Nebel aufgestauter Wut. Sie fand sich in den Korridoren ebenso gut zurecht wie das Personal, sie ging immer an den Macmillan- und Nightingale-Stationen vorbei, unbegleitet, vorbei an dem Nebenraum, wo das Mädchen mit dem verzerrten Gesicht unbesucht lag, nur noch ein Torso, den man im oberen Teil des Bettes eingepackt hatte, weiter zu dem Zimmer, wo ihre Tochter Sally lag, schon über die Hälfte ihres Lebens gelegen hatte. Acht Jahre waren vergangen, seit das Auto sie angefahren hatte, aber das Urteil blieb ein- und dasselbe: hirntot und an die Kabel und Tröpfe und Beutel und an meterweise Plastikschlauch angeschlossen, die alles waren, woraus Sallys Pubertät nun bestand.

Gladys selbst wurde durch diese Besuche bei ihrer Tochter ruhiger. Sie kam, wann immer sie es einrichten konnte. Dann saß sie stundenlang hinter dem Paravent und erörterte lautlos all die unbedeutenden Kümmernisse, die sie in ihren mittleren Jahren bedrängten. An ihrer Grundstücksgrenze waren wieder Schnecken, Simpson kam mit dem Mähen nicht nach, die vorderen Scheibenbremsen am Mercedes gingen kaputt. Sally war die ideale Zuhörerin.

Pünktlich um drei Uhr stand Gladys auf, um zu gehen. Sie hatte eine kleine Reisetasche aus abgegriffenem rotem Leder dabei und einen Sommermantel. Für das Norfolk-Dorf, wo sie lebte, war Gladys gut gekleidet, aber nicht außergewöhnlich gut für London, sie war nur ein Meter zweiundsechzig groß, hatte ein recht flächiges Gesicht, eine stumpf-olivfarbene Haut, und sie bemühte sich nicht darum, aufzufallen. Sie fand sogar, daß sie den Erfolg in ihrer Arbeit zur Hälfte eben dieser Unscheinbarkeit ihres Äußeren verdankte. Als sie in dem großen Torbogen des Krankenhauses stehenblieb, um einen letzten Blick auf Sallys Fenster zu werfen, war an Gladys absolut nichts Ungewöhnliches zu bemerken. Aber es ist, wie sie selbst in ihrem Vorstellungsgespräch gesagt hatte, nicht wichtig, wie man aussieht, wichtig ist nur, wie man sich fühlt und wie gut man arbeitet, und Gladys war einfach die Beste.

Sie erwischte den Drei-Uhr-dreißig nach Liverpool Street, ließ sich, ein aufgeschlagenes Buch auf den Knien, durch East Anglia fahren und dachte über die Abfolge von Ereignissen nach, die sie hierhergeführt hatte. Sie war über die Jahre so sehr Engländerin geworden, mit ihren Tweedsachen, ihrem Burberry und ihrem Platz in dem für den Blumenschmuck der Kirche zuständigen Damenzirkel, daß sie oft vergaß, daß sie gar keine war. Im Grunde war sie nicht einmal Europäerin, aber sie hatte ihre Ehe mit einer Lüge begonnen, die Lüge war geblieben, und mit jedem Jahr, das verging, schien es sinnloser, ihren Ehemann aufzuklären. Alec hätte ihr vermutlich sowieso nicht geglaubt. Er hatte viele Vorzüge, aber eine sehr lebhafte Phantasie gehörte nicht dazu. Also hielt er sie für eine gebürtige Deutsche, weil sie ein paar Jahre deutsche Papiere gehabt hatte, und jetzt, unmittelbar vor ihrer Reise nach Caracas, ahnte er nicht, daß es für Gladys in Wirklichkeit eine Reise nach Hause sein würde. Dort war sie geboren, in den Hüttensiedlungen, die sich als Woge von Kriminalität und verstreutem Müll die Berghänge hinunter in die Stadt ergossen.

Die erbärmlichen Verhältnisse ihrer Herkunft hatten Gladys stets angewidert. Ihre Mutter war fortgelaufen und hatte Gladys sich selbst überlassen, in einer einfachen Hütte, die den Regen nicht abhalten konnte, von Ratten oder Eindringlingen zu schweigen. Schon damals war Gladys' Aussehen wie ein Schutzschild gewesen. Sie war immer so klein und später so durchschnittlich gewesen, daß keiner sie beachtete. Mit vierzehn lief sie fort, um sich den Guerillas anzuschließen, und mit fünfzehn hatte sie sich den Namen *La Loba* verdient, die Wölfin. Drei Jahre lang war sie nie ohne Waffe unterwegs gewesen, hatte sie nie ohne Gewehr geschlafen. Doch mit der Zeit schien es weniger Kämpfe zu geben, weniger Siege, weniger Leute und weniger Spaß, und *La Loba* beschloß, wieder Gladys zu werden. Sie machte einen letzten Vorstoß nach Valera, stahl ein zweiteiliges Kleid aus leichtem Baumwolljersey, ein Paar Strümpfe und ein Paar schicke Schnürschuhe. Sie tauschte sämtliche Ausweispapiere mit einer Deutschen namens Gladys Lorenz, einer Studentin, die gekommen war, um sich den Guerillas anzuschließen; als Gladys Lorenz bestieg sie das Schiff nach Hamburg, und in Hamburg nahm sie den Zug nach Berlin.

Hier kam Alec ins Spiel. Alec war Finanzberater bei Shell. Er war achtunddreißig und überragte sie mit seinen ein Meter siebenundsiebzig nicht allzu sehr. Er hatte eine gute Stelle und ein kleines Vermögen, und er war der freundlichste Mann, den sie je kennengelernt hatte. Alec war, was die Organisation seines Alltags anging, völlig inkompetent und schien in Gladys die ideale Frau gefunden zu haben. Er mußte Berlin oft aus beruflichen Gründen verlassen, kehrte aber ein ums andere Mal in die blitzsaubere Wohnung am Tempelhofer Ufer zurück, wo Gladys wohnte. Binnen eines Jahres waren sie verheiratet. Sie waren nie einer Meinung, den Garten ausgenommen, und waren dennoch oder gerade deswegen sehr glücklich miteinander.

Von Liverpool Street nahm Gladys die U-Bahn bis Piccadilly und ging zu Fuß zu Fortnum's, um Alec zum Tee zu treffen. England würde in Wembley gegen Schottland spielen, daher waren die Straßen ungewöhnlich belebt. Gladys wurde in einer Menge fast unsichtbar. Mit ihr mußte man nur rechnen, sobald man ihr allein gegenüberstand. Zum Tee aß sie drei Stück Kuchen und fühlte sich dann zu satt zum Reden.

»Du wirst noch dick«, sagte Alec.

Doch sie wog schon dieses winzige Bißchen zu viel, als daß sie ohne erhebliche Anstrengungen etwas dagegen hätte unternehmen können, daher war es ihr egal. Außerdem erregte sie der Gedanke, nach so vielen Jahren nach Caracas zurückzukehren, wenn auch nur für die drei Tage ihrer Reise, und besonders zufrieden war sie bei dem Gedanken, daß sie eine Option abschließen würde, während sie dort war. Das machte sie hungrig.

Gladys blickte über die Nachbartische, heftete ihren Blick auf eine Frau mit rosa Schlapphut und entschieden zuviel Lippenstift, die einen mageren, nervösen Jungen kniff, während er aß, und ihn mit zusammengebissenen Zähnen anzischte. Gladys spürte Wut in sich aufsteigen. Alec zahlte und stand auf, um zu gehen.

»Wir sind spät dran«, sagte er entschuldigend.

Gladys sammelte ihre Tüten zusammen und folgte ihm zur Tür. Als sie am rosa Hut vorbeikam, blieb sie stehen und sagte:

»Wenn Sie das Kind nochmal kneifen, zeige ich Sie an.«

»Was für eine Frau!« sagte Alec voll Abscheu, als er die Pendeltür offenhielt.

In Heathrow wartete ihr Gepäck bereits auf sie. Gladys schickte es immer ein paar Stunden früher los. Alec nahm unzählige Dinge mit, wohin er auch fuhr, und je mehr er reiste, um so mehr wollte er offenbar alles, was er schätzte, bei sich haben. Seit Sallys Unfall war er darin entschieden neurotischer geworden, er nahm zahllose Stücke seiner Stein- und Porzellansammlung mit sowie beträchtliche Teile der Bibliothek, in Woll- und Seidenpapierlagen verpackt. Er war Gladys nie so nah gewesen wie jetzt in seiner Dankbarkeit für ihre Tüchtigkeit. Er hatte es gern, wenn sie ihn begleitete, wohin er auch reiste. Einfach in ihrer Nähe zu sein beruhigte seine Nerven.

Gladys fand Fliegen sehr förderlich für das Denken. Sie öffnete ihren Sitzgurt, lehnte sich zurück und erinnerte sich, wie an jedem Tag ihres Lebens, an den Unfall vor acht Jahren. Sie erinnerte sich daran, wie der Wagen mit achtzig Stundenkilometer in ihrem Dorf außer Kontrolle geriet, daß Sally, auf dem Bürgersteig mit ihrem Fahrrad, das sah und stehenblieb, wie das Auto sie dennoch erfaßte und in ihren eigenen Garten zurückschleuderte wie einen Klumpen Kompost. Kurz darauf hatte der Wagen angehalten, und die Fahrerin war herausgestolpert. Nicht verletzt, aber betrunken, so betrunken, daß sie kaum stehen konnte, sie war gekommen und hatte Whisky über die Hecke geatmet. Sie hatte weinend um Verzeihung gebeten.

Gladys erinnerte sich an die langen Nächte im Krankenhaus, vier Monate Qual zwischen Leben und Tod, und dann die langen Jahre ohne jede Hoffnung. Sie erinnerte sich an den Prozeß, die Verurteilung zu neun Monaten und die Ermahnung. Sie erinnerte sich, wie die Frau im Gericht geweint und der Richter die Strafe zur Bewährung ausgesetzt hatte, »denn«, so seine Worte, »die Reue ist Strafe genug«. Er hatte Gott gedankt, daß Sally noch am Leben sei. Aber Sally war hirntot und erst sieben, schon damals fast so groß wie Gladys, und sie würde ihrer Mutter sieben Jahre lang wie ein toter Reiher am Hals hängen. Alec alterte und wurde zwanghafter, er schleifte seine Sammlerstücke von Land zu Land mit, während Gladys ihre Rache plante.

Sie wartete ein Jahr, bevor sie zur Tat schritt, und als es soweit war, verwandte sie große Mühe darauf, den Mord wie Selbstmord aussehen zu lassen. Es überraschte sie, mit welcher Leichtigkeit sie, nach zehn Jahren Damenkränzchen und Weihnachtsbasar, noch immer töten konnte. Noch mehr überraschte sie die Entdeckung, daß jenseits von Vergeltung die Herausforderung und die Tat selber sich als das wahre Vergnügen erwiesen. Als sie in ihren Garten zurückkehrte, war ihre Lust am Töten so groß wie nie zuvor.

Vier Tage später las sie in einer Sonntagszeitung folgende Anzeige: »Palm-Beach-Firma sucht Gärtnerinnen für ungewöhnliche Aufgabe. Bewerberinnen dürfen vor dem Töten von Nacktschnecken nicht zurückschrecken«, gefolgt von einer Adresse in der Percy Street. Es war diese Sache mit den Nacktschnecken, die Gladys' Interesse weckte. Sie hatte eine Ahnung, wonach sie suchten. Aber erst bei dem Vorstellungsgespräch begriff sie ganz, worin die Arbeit bestehen würde. Sie wurde von einer großen Amerikanerin namens Cynthia interviewt, die bei dem Gespräch sagte, sie sei »auf dem Gebiet der Schädlingsbekämpfung« tätig. Sie behauptete, die Einstellung von Frauen zu Vernichtungsmethoden erforschen zu wollen, doch nach und nach, im Verlauf dieses ersten und einiger weiterer Treffen, enthüllte sie, in welcher Schwierigkeit sie wirklich steckte.

»Ich arbeite für zwei sehr nette alte Damen in Palm Beach«, hatte Cynthia gesagt. »Aber sie haben ein Problem.«

Gladys hatte beschlossen, so wenig wie möglich zu sagen, bis sie genauer wußte, worum es ging.

»Sie sind recht unglücklich über das, was so geschieht«, hatte Cynthia erklärt. »Sie finden, daß die Welt immer mehr aus dem Gleichgewicht gerät.«

»Sie sehen sich gern als Eigentümerinnen eines Gartens«, fuhr Cynthia fort, »und würden gern ein bißchen Unkraut jäten, einfach normale Schädlingsbekämpfung.«

Gladys war hocherfreut über das, was sie hörte.

»Ich habe mich ein wenig über Sie informiert, Mrs.…«

»Gladys«, unterbrach Gladys.

»Gladys«, wiederholte Cynthia mit ihrer tiefen, beruhigenden Psychiaterstimme. »Ich weiß von Ihrer kleinen Tochter. Ich bin der Meinung, daß Frauen im Leben eine wichtige Rolle zukommt, und ich bin der Meinung, daß eine fähige Frau das fähigste Lebewesen überhaupt ist, aber manchmal«, und hier senkte sie die Stimme mit fast andächtiger Bestürzung, »morden sie und kommen ungestraft davon.«

Gladys nickte, und Cynthia kehrte zum Anfang zurück. »Den Damen in Palm Beach gefällt das nicht. Ich habe in New York geeignetes Personal gesucht und eine großartige Sekretärin gefunden, aber ich kann keine Frau finden, die hingeht und die Schnecken tatsächlich tötet.«

»Mir scheint, Sie brauchen mich«, sagte Gladys.

Cynthia musterte sie sorgfältig. Sie kam zu dem Schluß, daß Gladys verborgene Qualitäten haben müsse.

»Erzählen Sie mir von sich«, schlug Cynthia vor, und Gladys blätterte ihre Vergangenheit ein wenig auf.

Zehn Tage später hatte sie die Stelle, bedingte sich aber aus, daß sie die einzige bleiben müsse, die sich um die Schnecken kümmerte.

»Nun, ich hatte eigentlich an fünf oder sechs gedacht«, antwortete Cynthia.

»Dann werde ich sechsmal so viel arbeiten«, sagte Gladys bestimmt. Was sie tat. Seit sechs Jahren arbeitete sie sich auf Reisen, unter Alecs Fittichen, durch die Liste der alten Damen und eliminierte Frauen, die »gemordet hatten und ungestraft davongekommen waren«. Einige waren bekannte Persönlichkeiten, die meisten nicht, alle aber hatten Leid verursacht, ohne vom Gesetz belangt zu werden. Als Gladys fragte: »Warum nur Frauen?« hatte Cynthia mit ihrem liebsten Eröffnungssatz geantwortet:

»Recherchen haben ergeben, daß bei Frauen keiner auf das Gleichgewicht achtet, wir greifen also einfach ein, wo wir gebraucht werden.«

Das Flugzeug landete in Madrid, nur ein Transitaufenthalt vor dem langen Flug nach Caracas. Gladys nahm ihr Buch und öffnete es irgendwo in der Mitte. Es war ihr Flugbuch, dieses Mal Thackeray, in dem sie zwischen Start und Schlaf immer mal ein Stückchen las, aufgeschlagen lag es auf den Knien, hauptsächlich, um Gespräche abzuwehren. Alec sprach allerdings nie viel, wenn sie reisten. Ihm war immer etwas übel, und er hatte immer Angst, daß es schlimmer werden könnte, daher achtete er sorgfältig auf seinen Magen und war nicht gesprächig.

Gladys dachte an die beiden alten Damen, die auf ihrer Veranda in Palm Beach, Florida, im Freien saßen, im Waldorf Astoria in New York Kaffee tranken oder ihre Töchter in East Hampton besuchten. Eine der beiden, Mildred, war an den Rollstuhl gefesselt und wurde von einer privaten Krankenschwester herumgeschoben; Lilian, die andere, war ausgesprochen schwerhörig, und beide wurden von einer Privatarmee bewacht. Sie waren die Witwen von Ölmagnaten und hatten sich ihr ganzes Eheleben lang den jeweils aktuellen Dow-Jones-Index anhören müssen.

Die beiden alten Damen waren unsäglich gelangweilt und unsäglich reich, und Gladys konnte sich vorstellen, wie sie, als sie sich über die Jahre besser kennenlernten, begonnen hatten, das Gesetz selbst in die Hand zu nehmen. Sie konnte sich ihre Genugtuung bei dem Gefühl vorstellen, daß sie wie der Zorn Gottes herabfuhren, und zwar durch sie, ihre Gärtnerin. Der einzige Nachteil bei der ganzen Angelegenheit war der Eifer der beiden. Ihre Listen wurden länger, Cynthia hatte zu ihren Aufgaben die der Schiedsrichterin dazunehmen und die Schnecken überprüfen müssen. Neben Verbrecherinnen standen die Namen von Frauen, die nichts Schlimmeres getan hatten, als Mildreds Make-up zu kritisieren oder etwas zu flüstern, das Lilian nicht hören konnte. Die alten Damen wurden bösartig.

Gladys erledigte sowieso immer alles selbst. So war sie eben. Sie ging immer durch den Garten, nachdem Simpson, ihr Gärtner, fertig war, und machte Kleinigkeiten noch einmal und so, wie sie sie haben wollte. Sie informierte sich auch immer über die Frauen, denen sie sich nähern sollte; bevor sie sie tötete, stellte sie sicher, daß sie wirklich getan hatten, wessen man sie beschuldigte. Sie gewährte keine mildernden Umstände. Sie wollte nicht wissen, warum die Frau, die ihre Sally überfahren hatte, betrunken gewesen war. Für Gladys waren Nachlässigkeit und Gedankenlosigkeit Versagen, und Versagen war Schuld. Ihre Aufgabe war nicht, fair zu sein, sondern nur, das Gleichgewicht wiederherzustellen. Es wäre ihr ebensowenig eingefallen, die Nacktschnecken in ihren Blumenrabatten vor Gericht zu stellen, bevor sie ihren Köder hinlegte, wie es ihr einfiel, den Schnecken auf ihrer Liste ordentlich den Prozeß zu machen. Sie fraßen ihren Rittersporn und mußten fort.

Gladys schlief während des Flugs ein wenig, und als sie aufwachte, fühlte sie sich zerzaust und etwas unwohl. Sie zog ihren Rock glatt und ging zur Toilette im hinteren Teil des Flugzeugs. In ihrem Toilettenbeutel hatte sie einen Miniatur-Zahnputzbecher, den sie mit Leitungswasser füllte, wobei sie die übliche Warnung mißachtete, es sei ungenießbar. Sie bereitete sich sorgfältig ein Glas Lebersalz und trank es, während es noch sprudelte. Gladys' Magen und Leber waren wie galvanisiert, so viel hielten sie aus, doch sie mochte den Geschmack des Salzes und hatte immer eine Schachtel in der Handtasche, zusammen mit einem riesigen

Glas Aspirin, ihrem Make-up, ihrem Flugbuch und einer winzigen Dose Nervengas, die aussah wie ein Lippenstift. Dieses Chemical Mace war oft sehr nützlich. Cynthia würde ihr nach dieser Reise wohl eine neue Packung besorgen müssen, dachte sie.

Gladys hatte seit fünfeinhalb Wochen keine Option mehr erledigt, das machte sie gereizt. Inzwischen wirkte das Töten bei ihr wie Alkohol oder Zigaretten bei ihren Freundinnen, Genuß und Abhängigkeit hielten sich die Waage. Alle drei Monate wurde eine neue Liste gemacht, sie erhielt sie von Cynthia, die sich mit den alten Damen in Verbindung gesetzt und so lange mit ihnen gefeilscht hatte, bis die endgültigen Namen feststanden. Gladys nahm die ganze Liste, lauter Optionen, und suchte Schnecken danach aus, wie sie selbst sie einschätzte, nicht nach den Wünschen der alten Damen. Die beiden wollten ausdrücklich keine Publicity, sie wollten nur Erfolg. Gladys verstand es, die meisten Tode wie Selbstmord aussehen zu lassen, und sie konnte warten. Die Frau, um die es in Caracas ging, stand seit vier Jahren auf einer ihrer Listen.

Cynthia hatte eine recht dicke Akte über sie. Sie hieß Maria Perez, war neunundzwanzig, schön, reich und verwöhnt. Vor vier Jahren war sie die Geliebte des Chefarztes einer Kinderklinik gewesen. Während eines Nachtdienstes hatte er das Gebäude verlassen, um bei Maria Perez zu Abend zu essen, und für Notfälle ihre Telefonnummer hinterlassen. Bevor er zu ihrem Haus in Valle Arriba, einem eleganten Vorort von Caracas, fuhr, schloß er die Kinder auf ihren Stationen ein. Während seiner Abwesenheit brach in der Klinik ein Feuer aus, und er war nicht zu erreichen. Die Ergebnisse der Untersuchung hatten für einen Skandal gesorgt.

Maria Perez hatte die drei Anrufe aus der Klinik selbst entgegengenommen und jedesmal bestritten, daß sich der Arzt in ihrem Haus befinde.

»Aber hier ist kein Verantwortlicher«, hatte eine verzweifelte Krankenschwester gesagt.

»Dann übernehmen Sie die Verantwortung«, hatte Maria Perez geantwortet und aufgehängt.

Später hatte es dieselbe Krankenschwester nochmals versucht.

»Die Feuerwehr ist nicht gekommen, und wir können die Türen nicht aufschließen, um die Kinder herauszuholen.«

»Damit habe ich nichts zu tun«, hatte Maria Perez zu ihr gesagt. »Sollen sie doch aus dem Fenster klettern.«

Doch die Fenster waren vergittert, und bevor die Feuerwehrleute Türen und Qualm hinter sich bringen konnten, waren sechzehn Kinder erstickt. Der Arzt erschoß sich zwei Monate später, das Verfahren wurde eingestellt, Maria Perez verließ den Gerichtssaal mit einem Lächeln.

Gladys hatte einen Artikel aus einer neueren Ausgabe eines Gesellschaftsmagazins bei sich. Da stand: »Ein Tag im Leben der Maria Perez. Jeden Morgen um halb elf führt Maria in der Nähe ihrer wundervollen Villa in Valle Arriba ihren zauberhaften Chihuahua Fifi aus...« Mehr brauchte Gladys eigentlich nicht zu wissen. Dieses Mal würde es so einfach sein, daß sie Gewissensbisse haben würde, das Honorar zu behalten. In solchen Fällen spendete sie das Geld dem Fond der Lateinamerikanischen Völker für bedrohte Tierarten, einer Wohltätigkeitsorganisation, die ihr am Herzen lag.

Gladys rieb sich das Gesicht mit der Mandelcreme ein, die die Fluggesellschaft zur Verfügung stellte, und betrachtete sich im Spiegel. Sie wußte, daß sie nicht hübsch war, aber niemand hätte behaupten können, daß sie nicht nett aussah. Und von Sally abgesehen, überlegte sie, könnte niemand sagen, daß sie kein angenehmes Leben führte, mit all diesen kostenlosen Reisen und ihrem reizenden Ehemann. Das ›Bitte-anschnallen‹-Schild leuchtete auf, und Gladys balancierte zu ihrem Sitz zurück, glücklich und lächelnd: Selbst ihre Arbeit, die so sehr zu ihr gehörte, beschnitt weder ihr Zusammensein mit Alec noch die Zeit für ihren Garten, noch ihre Besuche bei Sally oder ihre Einladungen.

Das Flugzeug landete mit der Nase zuerst, wie es in Südamerika oft geschieht, und kam humpelnd und rumpelnd und unter furchterregendem Kreischen und Schreien von Passagieren und Besatzung zum Stehen.

»Gott sei Dank steht es«, sagte Alec, nachdem sie quietschend zum Halten gekommen waren. »Geht es dir gut, mein Schatz?«

»Ja, bestens. Wie steht's mit dir?«

»Ach, es geht mir gut, aber ich bin verdammt froh, daß ich dieses Mal kein Tiffany dabei habe.«

Später fragte er: »Wo wohnen wir?«

»In einem Hotel namens Tamanaco. Im Prospekt wirkte es ein bißchen wie aus *Star Wars,* aber ich denke, es wird ganz lustig. Übrigens«, fügte sie beiläufig hinzu, »ich denke, ich mache morgen früh einen kleinen Einkaufsbummel.«

Alec drückte ihre Hand. »Du und deine Einkaufsbummel«, sagte er nachsichtig. »Wohin wir auch fahren, immer mußt du einen kleinen Einkaufsbummel machen.«

Am Schalter holten sie den bestellten Mietwagen ab, dann hatten sie eine Fahrt von mehr als fünfzig Kilometern vom Flughafen in Maiquetia bis in die Stadt vor sich. Gladys fuhr, wie immer, und sie schlingerten in ihrem gemieteten Mustang hin und her, als Gladys das Auto die Küstenstraße entlang bis zum Hotel geschickt durch den dichten Verkehr schlängelte und fädelte. Alec sah bei der Ankunft etwas fahl aus, seine Knöchel schmerzten, so fest hatte er den Sitz umklammert.

»Alles in Ordnung, Liebling?« fragte Gladys, als sie ihm aus dem Auto half.

»Ja«, sagte er zittrig. »Ich muß sagen, ich war ziemlich in Sorge, ob du mit diesen Verrückten zurechtkommen würdest, aber am Ende hatte ich mehr Angst, von den Klippen zu stürzen.«

»Ich würde nicht zulassen, daß dir etwas geschieht, Alec«, sagte Gladys beruhigend. »Und jetzt bin ich am Verhungern.«

Ein schönes Abendessen mit allem Drum und Dran gehörte für Gladys zu den großen Genüssen des Lebens. Sie nahm zwei- und dreimal Guasacaca, kämpfte sich durch die folgenden Gänge und hörte mit einer Karamelspeise auf, die klebrig süß war.

Alec sagte: »Ich verstehe nicht, wie du dieses eklige Zeug essen kannst.«

»Es ist wirklich ganz gut.«

Er zog ein Gesicht.

»Naja, du ißt Weinbergschnecken,« sagte sie.

»Aber ich mag Weinbergschnecken«, protestierte er.

Gladys sah ihn traurig an.

»Und außerdem«, fügte er rasch hinzu, »esse ich keine mehr, seit wir immer zusammen sind.«

Aber Gladys war das letzte bißchen Appetit vergangen, und sie hing ihren Gedanken nach. Sie hatte eine Ampulle Coramin in der Handtasche, ein starkes Kreislaufmittel, das sie mit einigen anderen Medikamenten zu einem kleinen Cocktail zusammengeschüttelt hatte, die Mixtur war sehr unangenehm. Intramuskulär gespritzt wirkte sie binnen Sekunden. Alec sah müde aus, daher gingen sie früh zu Bett.

Am folgenden Morgen holte Gladys den Leih-Mustang vom Hotelparkplatz und fuhr durch den dichten Großstadtverkehr hinauf nach Valle Arriba, dessen Millionärsvillen und Golfplatz eine angenehme Abwechslung zum Chaos der tiefergelegenen Stadt boten. Es war viertel nach zehn, als sie den Wagen parkte. Sie hatte an diesem Morgen größte Sorgfalt auf ihr Aussehen verwandt und war nach den Normen der Stadt elegant gekleidet. Sie wußte, daß in einer modebesessenen Stadt die gut Gekleideten eine Klasse für sich sind. Zwei Wagen rasten an ihr vorüber, jagten sich den steilen Hang hinunter. Sie beachtete sie nicht und bereitete eine 3-ccm-Spritze mit ihrer Mixtur vor. Es war zwanzig nach zehn. Sie steckte Zellophantüte und Nadelkappe in die Tasche, streifte ihre Handschuhe über und wartete. Um halb elf wartete sie noch, und um zwanzig vor elf wartete sie immer noch.

Erst um acht vor elf hörte sie das Klacken von Stöckelschuhen den Berg herunterkommen, die Schritte klangen hastig. Gladys war zweihundertfünfzig Meter von Maria Perez' Hauseingang entfernt und wartete hinter einem Felszacken, der direkt an die Straße grenzte. Das erste, was sie sah, war ein beigefarbener Chihuahua. Gladys kauerte in Höhe des Hundes und verpaßte ihm kaum mehr als einen Hauch Mace. Er wurde ohnmächtig. Dahinter kam Maria Perez, außer sich über den Kollaps ihres Hündchens. Gladys war zurückgetreten, nun trat sie vor.

»Permiso«, sagte sie und drängte vor, »ich bin Tierärztin«, und während sie sprach, stach sie die Nadel durch die türkisfarbene Seide von Maria Perez' Overall. Dann trat sie wieder zurück, knickte die Nadel um, steckte sie in die Tasche und ging zu ihrem Wagen. Es war fünf vor elf, Gladys saß am Steuer des Mustang und fuhr am CADA-Supermarkt vorbei, zurück in die Stadt.

Um die Mittagszeit, mit Einkäufen beladen, wollte Gladys etwas essen. Sie hatte beschlossen, in eine deutsche Teestube namens El Chicken zu gehen, eine Abkürzung für El Chicken Bar. Früher war sie ein Treffpunkt von Intellektuellen, Dichtern, Schauspielern, Idealisten und Müßiggängern gewesen. Als sie sich jetzt umschaute, sah sie niemand, den sie kannte oder auch nur vage wiedererkannt hätte. Aber der Kuchen war immer noch gut, und draußen, beidseits der Markisen, erstreckte sich der Boulevard Sabana Grande von offizieller Pracht am einen Ende zum Zentrum der Bandenkriminalität am anderen.

Gladys erinnerte sich an das Areal, wo das Banden-Caracas säuberlich auf die vier Ecken von Parallelstraßen verteilt war, die an einer Kreuzung wie Zacken einer Gabel zusammenliefen. Die oberste Ecke nannten sie Schweizer Bank. Finanzen, Drogen, Prostitution und Homosexuelle hatten je einen Abschnitt. Aber Gladys hatte keine Lust auf touristische Unternehmungen. Sie wollte lieber zu Alec zurückkehren, der vielleicht seine Besprechung beendet hatte und auf sie wartete.

Sie fuhr zum Tamanaco Hotel zurück und fand Alec im Bett liegend vor, wegen irgend etwas erregt.

»Was ist?« fragte sie und ließ ihre Einkäufe an der Zimmertür fallen.

»Es tut mir furchtbar leid, mein Schatz«, sagte er. »Es ist etwas dazwischengekommen, ich muß zu einer Konferenz nach Ägypten.«

»Du Armer.«

»Könntest du es über dich bringen, mich zu begleiten?« fragte er fast bettelnd. »So kurzfristig?«

»Aber natürlich, Alec. Du weißt, daß ich jetzt immer mit dir fahre.«

»Ägypten ist ein gräßlicher Ort für Geschäfte, nur Fliegen und Sonnenbrillen. Wir haben zwischen den Flügen einen Tag in London, aber wir können ebensogut direkt fliegen.«

»Ich denke, ich mache eine rasche Zwischenlandung und besuche Sally. Ich lasse sie nicht gern so lange allein«, sagte Gladys.

Wieder in Norfolk, saß Gladys im Krankenhaus, die Hand auf der Bettdecke ihrer Tochter. In ihrer Reisetasche steckte *El Nacional*, die sie bei ihrer Abreise in der Halle des Tamanaco mitgenommen hatte. Auf den mittleren Seiten standen die Nachrufe, schwarz umrandet. Vier galten Maria Perez, »die plötzlich und unerwartet unweit ihres Hauses in Valle Arriba einem Herzleiden erlag.« Sie hatte der besseren Gesellschaft angehört, jenen Kreisen, die man ›el high‹ nennt. Es war in allen Einzelheiten beschrieben. Gladys faltete die Zeitschrift zusammen und stopfte sie in ihre Reisetasche neben die Akte ihrer nächsten Option, einer Amerikanerin in mittleren Jahren, die auf einer rund um die Uhr bewachten Ranch in Wyoming lebte. Sie betrieb seit fünfzehn Jahren den mittlerweile größten Heroinhändlerring der westlichen USA. »Recherchen hatten ergeben«, daß sie in Kairo sein würde, um die Reinheit ihrer Ware zu prüfen. Hätte sich die neue Option, dachte Gladys, nur mit dem Eifer, den sie für Rauschgift aufbrachte, der Krebsforschung gewidmet, sie hätte inzwischen möglicherweise ein Heilmittel gefunden. Cynthia hatte gesagt: »Sie können sie nicht verfehlen, sie hat lavendelfarbenes Haar und trägt eine Schmetterlingsbrille«, und Gladys hatten diese Details amüsiert.

Sie wünschte, sie hätte die Zeit, zurückzufahren und nach dem Haus zu sehen. Jedenfalls konnte sie sich auf später freuen, Tee im roten Zimmer und ein Gang durch den Garten. Sally hatte sich nicht bewegt, würde und konnte sich nie bewegen. Aber Gladys lächelte sie an. Sie blieb eine halbe Stunde, sprach mit sich selbst und stand dann auf, um zu gehen. Sie trug den neuen Hut, den sie in Caracas gekauft hatte, stopfte ihn aber in ihre Einkaufstüte, bevor sie ging. Auf dem Weg zum Parkplatz sah sie überall zerfressene Blumenblätter. Simpson hatte gesagt, es sei ein schlechtes Jahr für Schnecken.

I'll be glad
when you're dead

Marlen Haushofer
I'll be glad when you're dead...

Trinkst du mit mir einen Schluck Kognak? Nein? Na, dann nimm dir selber, was du magst, das heißt, es ist ja außer Kognak gar nichts da, nur Sodawasser, und im Eisschrank vielleicht noch Milch. Weißt du, ich brauche ja sehr wenig, so allein, und da hat es keinen Sinn, Vorräte anzulegen, außerdem: Ich bin nicht auf Gäste eingerichtet.

Du wunderst dich, daß mir Kognak neuerdings schmeckt. Das tut er genausowenig wie früher, ich trink' ihn nur, weil er am raschesten wirkt und ich nicht viel davon brauche. Schau mich nicht so entsetzt an, alle Welt trinkt, und ihr findet gar nichts dabei, wenn ich aber trinke, ist jeder entrüstet. Wirklich sehr komisch. Wer bin ich denn? Ein Wundertier oder ein Heiligtum, warum soll gerade ich mich nicht benehmen wie alle anderen Leute auch? Wozu der vorwurfsvolle Blick? Sag dir, sie hat genauso das Recht zu trinken wie ich, Gerti, Willi oder die ganze übrige Bande. Um die Wahrheit zu sagen, das geht mir auf die Nerven.

Warum ich so gereizt bin? Das ist ja komisch, gereizt! Freilich, du kannst nichts dafür. Denk nur daran, wie oft ich früher bei dir gesessen bin und dich angehört habe, stundenlang, tagelang, und habe nicht einmal piep dazu gesagt, habe nur dagesessen und hab' mir wie ein braver Esel deine Lasten aufladen lassen.

Heute rede einmal ich. Und ich würde es nicht einmal heute tun, wenn die Gelegenheit nicht gar so günstig wäre. Morgen steigst du ins Flugzeug, und wer weiß, ob ich dich noch einmal im Leben sehe. Und obendrein ist mir alles egal; du kannst diese Geschichte der Stewardeß erzählen, den Leuten in Toronto, den kanadischen Pelzjägern und Holzfällern, wenn es die wirklich gibt, und dem großen Schneemann am Polarkreis. Na, na, sei nicht so entrüstet, machen wir uns doch nichts vor, du hast doch immer alles weitererzählt, was man dir anvertraut hat, du bist ja direkt berühmt dafür, wahrscheinlich wirst du diese Geschichte brieflich über halb Europa verbreiten. Vertrauen? Nie im Leben hab' ich zu dir oder einer anderen Freundin Vertrauen gehabt, ich hab' nur so getan, weil man uns immer eingeredet hat, Vertrauen wäre eine edle und notwendige Sache, dabei ist es einfach eine Dummheit, sonst gar nichts. Jedes Wort, das ich jemals gesagt habe, habt ihr weitergetragen, nicht aus Bosheit, einfach um euch hervorzutun. Es ist so angenehm, wenn man im Mittelpunkt steht, weil man die neuesten Neuigkeiten weiß.

Ich versteh' das sehr gut, es hat mich immer eine schreckliche Überwindung gekostet, eure Geheimnisse, die längst keine Geheimnisse mehr waren, zu hüten. Beinahe erstickt bin ich manchmal an meiner Verschwiegenheit.

Gib mir bitte die Flasche herüber, ja, wenn du keinen Kognak magst, mußt du Sodawasser trinken. Ob ich den ganzen Tag trinke? Aber nein, das könnte ich gar nicht aushalten, nur am Abend brauch' ich ein paar Gläschen, wirklich, nur zwei oder drei, manchmal vielleicht vier, und sogar die merkt man mir schon an. Tu nicht so, ich hab' ja einen Spiegel und Augen im Kopf. Um die Augen herum sieht man es übrigens zuerst, man wird dort ein bißchen aufgeschwemmt, siehst du, hier und hier und da. Aber ich bin nicht süchtig, ich könnte es mir jederzeit abgewöhnen, wenn ich wollte, aber ich will nicht, weißt du. Wer schaut mich schon unter den Augen an, es macht ja auch gar nichts, solange ich sicher weiß, daß ich nicht die Anlage hab', süchtig zu werden. Ja, da hast du recht, das wäre schlimm, ich weiß zwar nicht, was daran für mich so schlimm wäre, aber man ist eben allgemein der Ansicht, und für die meisten Leute wird das wohl stimmen.

Aber nein, ich bin gar nicht so unglücklich, sehr glücklich natürlich auch nicht, eben, weder das eine noch das andere, wer ist denn schon in unserem Alter besonders glücklich. Nein, ausgehen tu' ich sehr wenig, nein, in Konzerte auch nicht, ich kann ja Platten spielen. Eigentlich bin ich abends immer daheim. Weißt du, ich mag nicht in die leere Wohnung heimkommen, mitten in der Nacht, ich fürchte mich vor leeren Räumen, immer schon, nur war ich früher nie allein, oder fast nie.

Nein, Gäste hab' ich sehr selten. Ich bin nicht witzig genug, um sie anzulocken, das war ich ja nie, nur angenehm und harmonisch, wie du das immer genannt hast. Manche Leute haben das gemocht, aber es hat eigentlich nur gewirkt, wenn Karl dabei war. Er hat alles gehabt, was mir gefehlt hat, sogar Witze hat er sich ganz leicht gemerkt. Ja, zusammen waren wir ein Paar, das die Leute angezogen hat. Wir haben viele Freunde gehabt. Wo die jetzt sind, möchtest du wissen; alle noch in der Stadt, keiner ist verzogen oder gestorben. Nur, sie kommen nicht mehr zu mir, und wie ich höre, auch nicht zu Karl. Es ist immer schwierig für die Freunde geschiedener Paare, sie wissen nie, wem sie jetzt treu bleiben sollen, so ziehen sie sich eben ganz zurück. Eigentlich sehr vernünftig. Schau dich doch um, was könnten sie denn hier bei mir finden? Es ist die alte Wohnung, aber man kann sich nicht mehr wohl fühlen hier. Und Karl mit seiner Junggesellenbude! Jeden Abend sitzt er im Café und spielt Schach. Dabei verliert er fast immer. Woher ich das weiß? Nun, die Leute tragen mir natürlich zu, was er tut, er muß eine große Enttäuschugn für sie sein, denn außer seinem Schachspiel gibt es über ihn nichts zu berichten. Ich brauche gar nicht zu fragen, sie freuen sich, mir irgendeine Neuigkeit bieten zu können. Nur ist es gar keine Neuigkeit. Ich hab' nie angenommen, daß er jetzt anfangen wird, sich zu amüsieren. Er spielt Schach, und ich trinke Kognak.

Du mußt nicht dieses wehleidig taktvolle Gesicht machen. Es ist ja keine Schande, geschieden zu sein, zumindest nicht bei anderen, nur bei mir können sich die Leute nicht darüber beruhigen. Ich weiß auch, warum, weil sie nicht die leiseste Ahnung haben, wie es passiert ist. Und außerdem war ich immer eine Art Musterkind, ein Wesen ohne Fehl und Tadel, Liebling der alten Damen.

Sag jetzt nicht, daß du Karl ohnedies nie hast ausstehen können. Ich weiß genau, wie du auf ihn geflogen bist, einmal hast du sogar versucht, ihn mir abspenstig zu machen, damals, drei Monate vor meiner Hochzeit. Aber nein, ich war dir nie böse, ich hab' immer verstanden, daß auch andere Frauen ihn anziehend gefunden haben, viel weniger verstanden hab' ich, daß ihn das so kaltgelassen hat. Ich glaub', es wäre besser gewesen, er hätte sich auch einmal in eine andere verliebt. Aber fünfzehn Jahre lang hat er, soviel ich weiß, keine andere Frau angeschaut. Du meinst, das glauben alle Ehefrauen von ihren Männern, na, hast du je ein Wort über Karl gehört, und das müßtest du ja gehört haben, wie ich deine Freundinnen kenne. Siehst du, kein Wort, weil es wirklich nichts gegeben hat, worüber man hätte reden können. Und du wirst lachen, wir mögen uns noch immer.

Ja, warum, zum Teufel, sitz' ich wohl da und er hockt jeden Abend im Café und spielt Schach und meistens verliert er auch noch, was ich für eine Schande halte. Aber das nur nebenbei. Früher hat er nämlich wirklich nur sehr selten verloren, dabei war er damals gar nicht in Übung. Ich werde dir etwas sagen: Er verliert dauernd, weil er sich nicht konzentrieren kann und, genau wie ich, immerzu darüber nachdenkt.

Ich weiß schon, das möchtest du gern wissen, und wenn ich es dir erzähle, wirst du es sogar noch vom Mond aus verbreiten. Nur keine Entrüstung, bitte, ich erzähl' es dir ja trotzdem. Ich bitte dich gar nicht um Verschwiegenheit, man soll von den Menschen nicht verlangen, etwas zu lassen, was sie nicht lassen können. Nein, das ist von gar niemandem, nur von mir, soviel ich weiß. Manchmal fallen mir jetzt so weise Sprüche ein, weißt du, das muß vom Kognak kommen. Du kannst ja ein Rundschreiben verfassen: Die Ärmste sitzt bei Kerzenlicht und Kognak und denkt sich Aphorismen aus. Das wirst du, Gott behüte, nicht tun?

Jetzt dreh' ich aber den Strahler an, es wird kühl. Überhaupt ist es neuerdings viel kälter als früher. Ich hab' nie so viel gefroren wie in den letzten zwei Jahren. Ja, das ist auch ungefähr zwei Jahre her, das hat aber an sich nichts damit zu tun, ich bin seither einfach zu faul, um viel einzuheizen. Sonst besteht da gar kein Zusammenhang. Weißt du, daß die Ärzte sagen, wer in einem Jahr nicht über einen Verlust hinwegkommt, ist nicht ganz normal? Ich glaub', sie sagen es nur, um die Leute zum Vergessen anzueifern, jeder will ja unbedingt normal sein, obwohl ich nicht recht einsehen kann, warum. Worüber ich lachen muß? Über, du entschuldigst schon, über deinen gierigen Blick. Ich fang' ja schon an. Obwohl es außer uns niemand hört, möchte ich betonen, daß ich es nur erzähl', weil ich betrunken bin. Nicht sehr, gerade genug, um gewisse Hemmungen zu verlieren. Morgen wird es mir sehr leid tun, das weiß ich genau. Sei nicht schon wieder eingeschnappt, weißt du, wenn ich trinke, kann ich klarer denken; stimmt aber gar nicht, wie jedes Kind weiß, bildet man sich das nur ein. Für kurze Zeit kann ich's wirklich, aber es nützt auch nicht viel.

Vielleicht bin ich überhaupt zu dumm zum Denken. Du warst immer gescheiter als ich, fauler, aber intelligenter. Das hab' ich immer gewußt. Ich hab' dich nur nie beneidet, weil ich mir nicht erlaubt hab', neidisch zu sein. Neid ist ganz besonders abscheulich und verwerflich, haben sie mir immer gesagt, wie ich noch sooo winzig war, und ich Dummkopf hab' ihnen geglaubt. Überhaupt hab' ich ihnen jedes Wort geglaubt und bin ein so gutes, angenehmes Kind gewesen, na, du weißt es ja. Ich hab' ja auch keine Ursache gehabt, an ihren Worten zu zweifeln, immer ist alles gutgegangen. Später auch, mit Karl, er war immer zufrieden mit mir, und wir waren glücklich. Doch, bestimmt, er war auch glücklich. Na, entschuldige, das merkt man doch, wenn ein Mann nicht mehr glücklich ist, und schließlich, nicht wahr, hab' ich's ja auch gemerkt.

Das war knapp, nachdem du zum letztenmal bei uns warst, vor fünf Jahren, nein, vor vier Jahren. Damals haben wir roten Sekt getrunken, weil gerade nichts anderes im Haus war, am nächsten Tag war mir schlecht. Roten Sekt sollte man überhaupt niemals trinken, merk dir das, er ist Gift, reines Gift. Ja, wo war ich denn? Du bist also weggefahren, und ein paar Monate später hab' ich gemerkt, daß etwas nicht in Ordnung war. Ja, sofort hab' ich's gemerkt. Karl hat nämlich angefangen zu seufzen. Ja, zuerst hab' ich auch gelächelt, warum sollte ein Mann, der den ganzen Tag angestrengt arbeitet, am Abend nicht seufzen? Später hab' ich mich geärgert über diese Seufzerei. Er hat es nicht einmal gemerkt, ist nur still in seinem Sessel gesessen und hat geseufzt.

Was? Wie oft, ich hab' es nicht gezählt, findest du das so wichtig? Vielleicht durchschnittlich jeden Abend drei-, viermal. Das ist schon möglich, daß dein erster Mann mindestens zehnmal geseufzt hat und dein jetziger es auch tut, das gehört doch nicht zur Sache. Es ist eben ein Unterschied, wer seufzt. Und wenn Karl drei-, viermal geseufzt hat, so hat das mehr bedeutet, als wenn einer deiner Männer hundertmal seufzt.

Unsinn, was soll ich denn gegen deinen Mann haben? Ich kenn' ihn doch gar nicht. Von mir aus, sein Seufzen bedeutet auch irgend etwas. Soll ich jetzt weitererzählen oder nicht? Aber bitte, unterbrich mich nicht immer. Ja, geistesabwesend war er auch. Aber im übrigen ganz freundlich, wie immer, nur gelacht hat er seltener und fast nie mehr einen Witz erzählt, wenn er mit mir allein war.

Zuerst hab' ich an Überanstrengung gedacht, oder an eine Krankheit, die in ihm steckt, aber er hat nicht mehr gearbeitet als sonst, und die Krankheit ist nie zum Ausbruch gekommen. Schließlich hab' ich sogar an eine andere Frau gedacht, aber es hat überhaupt keinen Hinweis gegeben, und er ist ja jeden Abend zu Hause gesessen, bis auf mittwochs, wo er im Schachklub war, aber das hab' ich auch überprüft, dafür schäm' ich mich noch heute. Keine andere Frau, nicht die Spur davon.

Ich hab' angefangen zu grübeln und bin schweigsam geworden.

Es ist ihm gar nicht aufgefallen. Und dann hab' ich die Nerven verloren und hab' etwas sehr Dummes getan. Ich war immerhin schon fünfunddreißig, und wir haben kein Kind gehabt; bis dahin hat mir das nicht viel ausgemacht, ich war mit Karl so zufrieden, wirklich, mir hat nichts gefehlt. Aber dann hab' ich darüber nachgedacht. Ich sagte mir, wer weiß, vielleicht wünscht er sich einen Sohn und will nicht darüber reden. Männer sind ja manchmal so komisch. Was weiß ich schon, was in ihm vorgeht, wenn er so dasitzt und seufzt und in die Luft starrt? Bei einem Mann kann das alles bedeuten, von Hühneraugen bis zu Geldsachen und Gewissensbissen, warum nicht auch einen Sohn?

Ja, freilich hätte es auch ein Mädchen werden können. Das weiß ich doch, ich hab' halt an einen Sohn gedacht, weil Männer immer Söhne wollen. Das verstehst du nicht, wo sie doch ihr ganzes Leben lang mit den Söhnen streiten, ich versteh' es auch nicht, aber das hat ja mit meiner Geschichte nichts zu tun. Du bringst mich immer durcheinander, gib mir lieber noch einen Schluck, so, danke.

Also hab' ich einmal zart angeklopft wegen Kind und so, du verstehst schon. Du brauchst gar nicht so aufgeregt zu sein. Er war freundlich und lieb wie immer, aber sichtlich erstaunt: »Wenn du gern eins möchtest«, hat er gesagt, »warum eigentlich nicht?«

Ein Kind war's also nicht, und weißt du, damals ist mir klargeworden, daß er ganz ohne Hoffnung war. Das war sehr schrecklich, ich weiß nicht, warum, vielleicht weil eine Frau nie so ganz ohne Hoffnung sein kann wie ein Mann. Das verstehst du nicht? Das verstehst du sehr gut, du willst es nur nicht wissen, aber du kannst mir glauben, so ist es. Ein Mann verliert die Hoffnung sehr leicht, und dann macht ihm nichts mehr Freude. Na, ich hab' ihn doch nur anzuschauen brauchen, um das zu wissen, ich bin ja nicht blind.

Du meinst, man sollte die Männer nie so genau anschauen, dann kann einem so etwas nicht passieren? Da kannst du schon recht haben, aber was sollte ich denn tun, ich hab' ihn eben angeschaut! Ich hab' gedacht: Es ist meine Pflicht als Ehefrau. Und nachdem ich diese Entdeckung gemacht hab', was für eine? Na, daß er so hoffnungslos war, oder ist das vielleicht keine Entdeckung? Also, das war sehr arg. Stell dir doch vor, ein Mann, der gesund ist, erfolgreich und geliebt, glücklich verheiratet mit einer angenehmen, harmonischen Frau. Jedenfalls war mir genauso wie damals, als mir Jakob den Ziegelstein an den Kopf geworfen hat. Zuerst ein scharfer Schmerz und dann so ein leeres, schwindliges Gefühl, das zwei Wochen nicht vergangen ist.

Plötzlich war alles ganz unsicher, und ich hab' meine Unbefangenheit verloren. Das war wie ein Alptraum. Vor jedem Satz hab' ich ein paar Minuten nachgedacht. Du kannst dir vorstellen, wie diese Sätze dann ausgesehen haben, direkt blödsinnig. Ein wildfremder Mensch hätte merken müssen, was mit mir los war, ein wildfremder Mensch schon, aber Karl hat nichts gemerkt. Der ist in seinem roten Sessel gesessen, ja, in dem roten, in dem du jetzt sitzt, und hat jeden Abend drei-, viermal geseufzt. Es ist wohl ganz natürlich, daß man auf einen Menschen wütend wird, der einen so quält. Aber ich hab' das nicht gekonnt. Weinen, schreien oder auf den Tisch schlagen hätte ich sollen, aber ich kann es eben nicht. Ich weiß, das ist nicht normal, aber wenn ich es jemals gekonnt hab', müssen sie es mir so früh ausgetrieben haben, daß ich mich nicht erinnern kann. Im Ernst, ich glaub', ich könnte nicht einmal schreien, wenn mich einer erwürgen will. Das glaubst du nicht? Na, ich kann's dir ja nicht beweisen, und es ist auch ganz egal.

Ich bin dann nur so neben ihm gesessen, hab' gelesen oder gestrickt und mir den Kopf zerbrochen über den nächsten Satz. Jede Kleinigkeit war auf einmal ein Problem. Zum Beispiel der Abschiedskuß, den ich ihm jeden Tag gegeben hab'. Und am Abend hab' ich mich plötzlich nicht mehr vor ihm ausziehen können und bin ins Badezimmer gegangen. Aber er hat noch immer nichts gemerkt, oder doch? Ich werd' es nie wissen, er trinkt ja nicht, und beim Schachspielen wird er nichts ausplaudern.

Dann war ich so verzagt und hab' an Scheidung gedacht. Aber wie ihm das beibringen? Dann waren wieder Momente, wo ich mir gesagt hab', sei nicht hysterisch, was ist geschehen, gar nichts, dein Mann seufzt gelegentlich, denk an die Leute, die wirklich Kummer haben. Übrigens, hast du schon bemerkt, wie wenig Trost einem der Kummer anderer Leute bietet? Ich glaub', wir müssen Licht machen, die Stehlampe hinter dir, bitte. Langweilt dich die Geschichte? Du kannst ja auf keinen Fall nein sagen. Aber ich werd' mich kurz fassen. Weißt du, jetzt hört die anregende Wirkung auf, jetzt macht mich der Alkohol müde.

Ich überspringe die Zeit, in der sich gar nichts abgespielt hat, ungefähr ein Jahr. Schließlich hab' ich mich sogar ein wenig beruhigt, man gewöhnt sich ja an alles mögliche, warum nicht an ein paar Seufzer. Ich leide ungern, und so hab' ich halt langsam aufgehört zu leiden. Das findest du vernünftig? Ich hab' das von dir erwartet.

Bis dann im Winter die Sache mit dem Rascal passiert ist. Laß mir Zeit, du wirst es ja hören. Karl hat manchmal Jazzplatten gespielt. Ich hab' diese Musik nicht so gern, aber er war immer rücksichtsvoll und hat leise gespielt, und ich hab' gelesen und nicht hingehört. Es war ein Band Kurzgeschichten, ich hab' sie alle vergessen, nur den einen Satz daraus werd' ich mir immer merken: I'll be glad when you're dead, you rascal you.

Nein, natürlich ist das nichts Besonderes, du kennst eine Platte, auf der Armstrong das singt? Ja, ich kenn' sie auch, aber erst seit damals, denn gerade wie ich diesen Satz gelesen hab', hat Armstrong ihn gesungen. Ja, sehr komisch! Aber derartige Zufälle kommen vor. Ich hab' Karl das Buch gezeigt, und er hat gelacht, und ich war froh über den Gesprächsstoff, damit hat es ohnehin bei uns gehapert. Karl hat dann das Stück noch zweimal gespielt, und es war sehr lustig, weißt du, aber auf einmal ist mir seine Begeisterung auf die Nerven gegangen, und ich war froh, wie er endlich aufgehört hat. Das Buch hab' ich damals irgendwo hingesteckt, und es ist verschwunden. Nein, ich hab' tagelang gesucht, später, aber es ist wie vom Erdboden verschluckt. Du verstehst nicht, wie man sich über einen so dummen Zufall aufregen kann; weißt du, über einen Zufall reg' ich mich auch nicht auf, aber zu viele Zufälle, was zuviel ist, ist einfach zuviel.

Ungefähr zwei Wochen später waren wir bei Leuten eingeladen, die du nicht kennst, egal wer, nein, ich sag' dir doch, du kennst sie nicht, was hast du denn davon, wenn ich den Namen sage. Nette Leute, ein bißchen verrückt, aber lustig, die waren damals ganz versessen aufs Tischrücken. Nein, ich nehm' so was nicht ernst, aber diese Leute haben es ernstgenommen und alles ganz feierlich aufgezogen, und man hat sich nicht ausschließen können, warum auch, für mich war es ja nur ein Spiel. Zunächst war's der übliche Unsinn; der ständige Hausgeist hat sich gemeldet, ein Perser, und hat mit Mühe und Not ein paar Plattheiten von sich gegeben, dann wollten sie wissen, wo die Frau des Hauses ihren Schirm hatte stehenlassen, und der Perser hat behauptet, im Café Landsiedl, ich hab' nie erfahren, ob das gestimmt hat.

Es war ein furchtbares Gewackel von dem Tisch, und ich wär' nie auf das Café Landsiedl gekommen, aber sie waren schon so geübt, daß sie ganz schnell mitlesen konnten. Ja, ja, mitlesen ist nicht richtig, aber wie soll ich's denn sonst ausdrücken, übersetzen vielleicht, bitte stör mich jetzt nicht. Ich war überhaupt damals schon am Einschlafen, und die Augen sind mir zugefallen. Karl hat mit seinem kleinen Finger meinen kleinen Finger gestreichelt, und da war mein Schlaf weg und ich sehr glücklich. Das war das letzte Mal, daß ich glücklich war, daran hab' ich noch gar nie gedacht. Ich hab' gewußt: Alles wird wieder gut werden, wir waren so vertraut wie früher miteinander.

Was sagst du? Nein, ich bin nicht eingeschlafen, entschuldige, ich hab' nur an etwas gedacht. Ja, was soll ich dir denn noch sagen? Auf einmal fängt dieser verdammte Tisch an zu klopfen und hört gar nicht mehr auf. Natürlich haben sie mitgeschrieben, und etwas ziemlich Unverständliches ist herausgekommen. Aber wie sie's mir gezeigt haben, hab' ich sofort gewußt, was es war. Sie hatten nur nicht mit einem englischen Satz gerechnet. Ich hab' so getan, als wüßte ich auch nichts damit anzufangen, dann haben sie es Karl gegeben, und er hat es gelesen und ganz schnell zu mir geschaut und dann den Kopf geschüttelt. Aber an dem Blick hab' ich gemerkt, daß er genauso verstanden hat wie ich. Du bist ein gescheites Kind, genau das hat der Tisch geklopft und nicht einmal, sondern immer wieder, wie ein Rasender, er war gar nicht zu halten, man hat das Spiel abbrechen müssen; das heißt, dann war es ja auch kein Spiel mehr.

Vier Monate später waren wir geschieden. Wir haben nie über den Vorfall geredet, was hätte man schon dazu sagen können? Ich hab' die Scheidung eingereicht, und Karl hat die ganze Schuld auf sich genommen, obwohl mir das ganz einerlei war.

Ja, ich kann mir denken, daß du es reinen Wahnsinn findest. Aber was hätten wir denn tun sollen, zwei Menschen, die nie miteinander gestritten haben, nicht ein böses Wort in fünfzehn Jahren. Hätten wir jeden Abend beisammensitzen sollen mit diesem schrecklichen Verdacht? Vielleicht kann man wirklich über alles reden, aber Karl und ich, wir haben es nicht gekonnt. Verstehst du denn nicht, einen Tisch haben wir gebraucht, daß er es in die Welt stampft und brüllt.

Seither bin ich ganz voll Haß und könnte alle umbringen, die ein sanftes, gutartiges Kind aus mir gemacht haben. Nein, ich könnte sie nicht umbringen, ich kann ja überhaupt nichts tun, nicht einmal schreien könnte ich, wenn mich einer umbringen will. Wenn ich nur wüßte, wo das Buch steckt. Weißt du, manchmal bilde ich mir ein, es hat nie ein Buch gegeben, und ich habe das alles nur geträumt. Ich hab' nur geträumt, oder die Botschaft war nicht für uns bestimmt. Ich male mir aus, wie ich ins Café geh' und Karl heimhole, und am Abend sitzen wir zusammen, er seufzt manchmal und ich lese, und es ist wie im Himmel. Dazu, weißt du, brauch' ich den Kognak, sonst kann ich mir das nicht vorstellen.

Mach dich nicht lächerlich, du kannst da gar nichts unternehmen, niemand kann in dieser Sache etwas tun.

Ja, ich versteh', du mußt jetzt wirklich gehen; es wird zu spät für dich. Und laß die Tür nur ins Schloß fallen. Nein, ich hab' keine Angst, bestimmt nicht. Ein komisches Gefühl, wenn man sich vor gar nichts fürchtet. Weißt du noch, wie wir in der Schule immer von der Freiheit geschwärmt haben? Ich sag' dir, etwas Trostloseres als die Freiheit gibt es nicht.

Ingeborg Bachmann
Undine geht

Ihr Menschen! Ihr Ungeheuer!

Ihr Ungeheuer mit Namen Hans! Mit diesem Namen, den ich nie vergessen kann.

Immer wenn ich durch die Lichtung kam und die Zweige sich öffneten, wenn die Ruten mir das Wasser von den Armen schlugen, die Blätter mir die Tropfen von den Haaren leckten, traf ich auf einen, der Hans hieß.

Ja, diese Logik habe ich gelernt, daß einer Hans heißen muß, daß ihr alle so heißt, einer wie der andere, aber doch nur einer. Immer einer nur ist es, der diesen Namen trägt, den ich nicht vergessen kann, und wenn ich euch auch alle vergesse, ganz und gar vergesse, wie ich euch ganz geliebt habe. Und wenn eure Küsse und euer Samen von den vielen großen Wassern – Regen, Flüssen, Meeren – längst abgewaschen und fortgeschwemmt sind, dann ist doch der Name noch da, der sich fortpflanzt unter Wasser, weil ich nicht aufhören kann, ihn zu rufen, Hans, Hans …

Ihr Monstren mit den festen und unruhigen Händen, mit den kurzen blassen Nägeln, den zerschürften Nägeln mit schwarzen Rändern, den weißen Manschetten um die Handgelenke, den ausgefransten Pullovern, den uniformen grauen Anzügen, den groben Lederjacken und den losen Sommerhemden! Aber laßt mich genau sein, ihr Ungeheuer, und euch jetzt einmal verächtlich machen, denn ich werde nicht wiederkommen, euren Winken nicht mehr folgen, keiner Einladung zu einem Glas Wein, zu einer Reise, zu einem Theaterbesuch. Ich werde nie wiederkommen, nie wieder Ja sagen und Du und Ja. All diese Worte wird es nicht mehr geben, und ich sage euch vielleicht, warum. Denn ihr kennt doch die Fragen, und sie beginnen alle mit »Warum?«. Es gibt keine Fragen in meinem Leben. Ich liebe das Wasser, seine dichte Durchsichtigkeit, das Grün im Wasser und die sprachlosen Geschöpfe (und so sprachlos bin auch ich bald!), mein Haar unter ihnen, in ihm, dem gerechten Wasser, dem gleichgültigen Spiegel, der es mir verbietet, euch anders zu sehen. Die nasse Grenze zwischen mir und mir…

Ich habe keine Kinder von euch, weil ich keine Fragen gekannt habe, keine Forderung, keine Vorsicht, Absicht, keine Zukunft und nicht wußte, wie man Platz nimmt in einem anderen Leben. Ich habe keinen Unterhalt gebraucht, keine Beteuerung und Versicherung, nur Luft, Nachtluft, Küstenluft, Grenzluft, um immer wieder Atem holen zu können für neue Worte, neue Küsse, für ein unaufhörliches Geständnis: Ja. Ja. Wenn das Geständnis abgelegt war, war ich verurteilt zu lieben; wenn ich eines Tages freikam aus der Liebe, mußte ich zurück ins Wasser gehen, in dieses Element, in dem niemand sich ein Nest baut, sich ein Dach aufzieht über Balken, sich bedeckt mit einer Plane. Nirgendwo sein, nirgendwo bleiben. Tauchen, ruhen, sich ohne Aufwand von Kraft bewegen – und eines Tages sich besinnen, wieder auftauchen, durch eine Lichtung gehen, *ihn* sehen und »Hans« sagen. Mit dem Anfang beginnen.

»Guten Abend.«

»Guten Abend.«

»Wie weit ist es zu dir?

»Weit ist es, weit.

»Und weit ist es zu mir.«

Einen Fehler immer wiederholen, den einen machen, mit dem man ausgezeichnet ist. Und was hilft's dann, mit allen Wassern gewaschen zu sein, mit den Wassern der Donau und des Rheins, mit denen des Tiber und des Nils, den hellen Wassern der Eismeere, den tintigen Wassern der Hochsee und der zaubrischen Tümpel? Die heftigen Menschenfrauen schärfen ihre Zungen und blitzen mit den Augen, die sanften Menschenfrauen lassen still ein paar Tränen laufen, die tun auch ihr Werk. Aber die Männer schweigen dazu. Fahren ihren Frauen, ihren Kindern treulich übers Haar, schlagen die Zeitung auf, sehen die Rechnungen durch oder drehen das Radio laut auf und hören doch darüber den Muschelton, die Windfanfare, und dann noch einmal, später, wenn es dunkel ist in den Häusern, erheben sie sich heimlich, öffnen die Tür, lauschen den Gang hinunter, in den Garten, die Alleen hinunter, und nun hören sie es ganz deutlich: Den Schmerzton, den Ruf von weither, die geisterhafte Musik. Komm! Komm! Nur einmal komm!

Ihr Ungeheuer mit euren Frauen!

Hast du nicht gesagt: Es ist die Hölle, und warum ich bei ihr bleibe, das wird keiner verstehen. Hast du nicht gesagt: Meine Frau, ja, sie ist ein wunderbarer Mensch, ja, sie braucht mich, wüßte nicht, wie ohne mich leben –? Hast du's nicht gesagt! Und hast du nicht gelacht und im Übermut gesagt: Niemals schwer nehmen, nie dergleichen schwer nehmen. Hast du nicht gesagt: So soll es immer sein, und das andere soll nicht sein, ist ohne Gültigkeit! Ihr Ungeheuer mit euren Redensarten, die ihr die Redensarten der Frauen sucht, damit euch nichts fehlt, damit die Welt rund ist. Die ihr die Frauen zu euren Geliebten und Frauen macht, Eintagsfrauen, Wochenendfrauen, Lebenslangfrauen und euch zu ihren Männern machen laßt. (Das ist vielleicht ein Erwachen wert!) Ihr mit eurer Eifersucht auf eure Frauen, mit eurer hochmütigen Nachsicht und eurer Tyrannei, eurem Schutzsuchen bei euren Frauen, ihr mit eurem Wirtschaftsgeld und euren gemeinsamen Gutenachtgesprächen, diesen Stärkungen, dem Rechtbehalten gegen draußen, ihr mit euren hilflos gekonnten, hilflos zerstreuten Umarmungen. Das hat mich zum Staunen gebracht, daß ihr euren Frauen Geld gebt zum Einkaufen und für die Kleider und für die Sommerreise, da ladet ihr sie ein (ladet sie ein, zahlt, es versteht sich). Ihr kauft und laßt euch kaufen. Über euch muß ich lachen und staunen, Hans, Hans, über euch kleine Studenten und brave Arbeiter, die ihr euch Frauen nehmt zum Mitarbeiten, da arbeitet ihr beide, jeder wird klüger an einer anderen Fakultät, jeder kommt voran in einer anderen Fabrik, da strengt ihr euch an, legt das Geld zusammen und spannt euch vor die Zukunft. Ja, dazu nehmt ihr euch die Frauen auch, damit ihr die Zukunft erhärtet, damit sie Kinder kriegen, da werdet ihr mild, wenn sie furchtsam und glücklich herumgehen mit den Kindern in ihrem Leib. Oder ihr verbietet euren Frauen, Kinder zu haben, wollt ungestört sein und hastet ins Alter mit eurer gesparten Jugend. O das wäre ein großes Erwachen wert! Ihr Betrüger und ihr Betrogenen. Versucht das nicht mit mir. Mit mir nicht!

Ihr mit euren Musen und Tragtieren und euren gelehrten, verständigen Gefährtinnen, die ihr zum Reden zulaßt... Mein Gelächter hat lang die Wasser bewegt, ein gurgelndes Gelächter, das ihr manchmal nachgeahmt habt mit Schrecken in der Nacht. Denn gewußt habt ihr immer, daß es zum Lachen ist und zum Erschrecken und daß ihr euch genug seid und nie einverstanden wart. Darum ist es besser, nicht aufzustehen in der Nacht, nicht den Gang hinunterzugehen, nicht zu lauschen im Hof, nicht im Garten, denn es wäre nichts als das Eingeständnis, daß man noch mehr als durch alles andere verführbar ist durch einen Schmerzton, den Klang, die Lockung und ihn ersehnt, den großen Verrat. Nie wart ihr mit euch einverstanden. Nie mit euren Häusern, all dem Festgelegten. Über jeden Ziegel, der fortflog, über jeden Zusammenbruch, der sich ankündigte, wart ihr froh insgeheim. Gern habt ihr gespielt mit dem Gedanken an Fiasko, an Flucht, an Schande, an die Einsamkeit, die euch erlöst hätten von allem Bestehenden. Zu gern habt ihr in Gedanken damit gespielt. Wenn ich kam, wenn ein Windhauch mich ankündigte, dann sprangt ihr auf und wußtet, daß die Stunde nah war, die Schande, die Ausstoßung, das Verderben, das Unverständliche. Ruf zum Ende. Zum Ende. Ihr Ungeheuer, dafür habe ich euch geliebt, daß ihr wußtet, was der Ruf bedeutet, daß ihr euch rufen ließt, daß ihr nie einverstanden wart mit euch selber. Und ich, wann war ich je einverstanden? Wenn ihr allein wart, ganz allein, und wenn eure Gedanken nichts Nützliches dachten, nichts Brauchbares, wenn die Lampe das Zimmer versorgte, die Lichtung entstand, feucht und rauchig der Raum war, wenn ihr so dastandet, verloren, für immer verloren, aus Einsicht verloren, dann war es Zeit für mich. Ich konnte eintreten mit dem Blick, der auffordert: Denk! Sei! Sprich es aus! – Ich habe euch nie verstanden, während ihr euch von jedem Dritten verstanden wußtet. Ich habe gesagt: Ich verstehe dich nicht, verstehe nicht, kann nicht verstehen! Das währte eine herrliche und große Weile lang, daß ihr nicht verstanden wurdet und selbst nicht verstandet, nicht warum dies und das, warum Grenzen und Politik und Zeitungen und Banken und Börse und Handel und dies immerfort.

Denn ich habe die feine Politik verstanden, eure Ideen, eure Gesinnungen, Meinungen, die habe ich sehr wohl verstanden und noch etwas mehr. Eben darum verstand ich nicht. Ich habe die Konferenzen so vollkommen verstanden, eure Drohungen, Beweisführungen, Verschanzungen, daß sie nicht mehr zu verstehen waren. Und das war es ja, was euch bewegte, die Unverständlichkeit all dessen. Denn das war eure wirkliche große verborgene Idee von der Welt, und ich habe eure große Idee hervorgezaubert aus euch, eure unpraktische Idee, in der Zeit und Tod erschienen und flammten, alles niederbrannten, die Ordnung, von Verbrechen bemäntelt, die Nacht, zum Schlaf mißbraucht. Eure Frauen, krank von eurer Gegenwart, eure Kinder, von euch zur Zukunft verdammt, die haben euch nicht den Tod gelehrt, sondern nur beigebracht kleinweise. Aber ich habe euch mit einem Blick gelehrt, wenn alles vollkommen hell und rasend war – ich habe euch gesagt: Es ist der Tod darin. Und: Es ist die Zeit daran. Und zugleich: Geh, Tod! Und: Steh still, Zeit! Das habe ich euch gesagt. Und du hast geredet, mein Geliebter, mit einer verlangsamten Stimme, vollkommen wahr und gerettet, von allem dazwischen frei, hast deinen traurigen Geist hervorgekehrt, den traurigen, großen, der wie der Geist aller Männer ist und von der Art, die zu keinem Gebrauch bestimmt ist. Weil ich zu keinem Gebrauch bestimmt bin und ihr euch nicht zu einem Gebrauch bestimmt wußtet, war alles gut zwischen uns. Wir liebten einander. Wir waren vom gleichen Geist.

Ich habe einen Mann gekannt, der hieß Hans, und er war anders als alle anderen. Noch einen kannte ich, der war auch anders als alle anderen. Dann einen, der war ganz anders als alle anderen und er hieß Hans, ich liebte ihn. In der Lichtung traf ich ihn, und wir gingen so fort, ohne Richtung, im Donauland war es, er fuhr mit mir Riesenrad, im Schwarzwald war es, unter Platanen auf den großen Boulevards, er trank mit mir Pernod. Ich liebte ihn. Wir standen auf einem Nordbahnhof, und der Zug ging vor Mitternacht. Ich winkte nicht; ich machte mit der Hand ein Zeichen für Ende. Für das Ende, das kein Ende findet. Es war nie zu Ende. Man soll ruhig das Zeichen machen. Es ist kein trauriges Zeichen, es umflort die Bahnhöfe und Fernstraßen nicht, weniger als das täuschende Winken, mit dem so viel zu Ende geht. Geh, Tod, und steh still, Zeit. Keinen Zauber nutzen, keine Tränen, kein Händeverschlingen, keine Schwüre, Bitten. Nichts von alledem. Das Gebot ist: Sich verlassen, daß Augen den Augen genügen, daß ein Grün genügt, daß das Leichteste genügt. So dem Gesetz gehorchen und keinem Gefühl. So der Einsamkeit gehorchen. Einsamkeit, in die mir keiner folgt.

Verstehst du es wohl? Deine Einsamkeit werde ich nie teilen, weil da die meine ist, von länger her, noch lange hin. Ich bin nicht gemacht, um eure Sorgen zu teilen. Diese Sorgen nicht! Wie könnte ich sie je anerkennen, ohne mein Gesetz zu verraten? Wie könnte ich je an die Wichtigkeit eurer Verstrickungen glauben? Wie euch glauben, solange ich euch wirklich glaube, ganz und gar glaube, daß ihr mehr seid als eure schwachen, eitlen Äußerungen, eure schäbigen Handlungen, eure törichten Verdächtigungen. Ich habe immer geglaubt, daß ihr mehr seid, Ritter, Abgott, von einer Seele nicht weit, der allerköniglichsten Namen würdig. Wenn dir nichts mehr einfiel zu deinem Leben, dann hast du ganz wahr geredet, aber auch nur dann. Dann sind alle Wasser über die Ufer getreten, die Flüsse haben sich erhoben, die Seerosen sind gleich hundertweis erblüht und ertrunken, und das Meer war ein machtvoller Seufzer, es schlug, schlug und rannte und rollte gegen die Erde an, daß seine Lefzen trieften von weißem Schaum.

Verräter! Wenn euch nichts mehr half, dann half die Schmähung. Dann wußtet ihr plötzlich, was euch an mir verdächtig war, Wasser und Schleier und was sich nicht festlegen läßt. Dann war ich plötzlich eine Gefahr, die ihr noch rechtzeitig erkanntet, und verwünscht war ich und bereut war alles im Handumdrehen. Bereut habt ihr auf den Kirchenbänken, vor euren Frauen, euren Kindern, eurer Öffentlichkeit. Vor euren großen großen Instanzen wart ihr so tapfer, mich zu bereuen und all das zu befestigen, was in euch unsicher geworden war. Ihr wart in Sicherheit. Ihr habt die Altäre rasch aufgerichtet und mich zum Opfer gebracht. Hat mein Blut geschmeckt? Hat es ein wenig nach dem Blut der Hindin geschmeckt und nach dem Blut des weißen Wales? Nach deren Sprachlosigkeit?

Wohl euch! Ihr werdet viel geliebt, und es wird euch viel verziehen. Doch vergeßt nicht, daß ihr mich gerufen habt in die Welt, daß euch geträumt hat von mir, der anderen, dem anderen, von eurem Geist und nicht von eurer Gestalt, der Unbekannten, die auf euren Hochzeiten den Klageruf anstimmt, auf nassen Füßen kommt und von deren Kuß ihr zu sterben fürchtet, so wie ihr zu sterben wünscht und nie mehr sterbt: ordnungslos, hingerissen und von höchster Vernunft.

Warum sollt ich's nicht aussprechen, euch verächtlich machen, ehe ich gehe.

Ich gehe ja schon.

Denn ich habe euch noch einmal wiedergesehen, in einer Sprache reden gehört, die ihr mit mir nicht reden sollt. Mein Gedächtnis ist unmenschlich. An alles habe ich denken müssen, an jeden Verrat und jede Niedrigkeit. An denselben Orten habe ich euch wiedergesehen; da schienen mir Schandorte zu sein, wo einmal helle Orte waren. Was habt ihr getan! Still war ich, kein Wort habe ich gesagt. Ihr sollt es euch selber sagen. Eine Handvoll Wasser habe ich über die Orte gesprengt, damit sie grünen mögen wie Gräber. Damit sie zuletzt hell bleiben mögen.

Aber so kann ich nicht gehen. Drum laßt mich euch noch einmal Gutes nachsagen, damit nicht so geschieden wird. Damit nichts geschieden wird.

Gut war trotzdem euer Reden, euer Umherirren, euer Eifer und euer Verzicht auf die ganze Wahrheit, damit die halbe gesagt wird, damit Licht auf die eine Hälfte der Welt fällt, die ihr grade noch wahrnehmen könnt in eurem Eifer. So mutig wart ihr und mutig gegen die anderen – und feig natürlich auch und oft mutig, damit ihr nicht feige erschient. Wenn ihr das Unheil von dem Streit kommen saht, strittet ihr dennoch weiter und beharrtet auf eurem Wort, obwohl euch kein Gewinn davon wurde. Gegen ein Eigentum und für ein Eigentum habt ihr gestritten, für die Gewaltlosigkeit und für die Waffen, für das Neue und für das Alte, für die Flüsse und für die Flußregulierung, für den Schwur und gegen das Schwören. Und wißt doch, daß ihr gegen euer Schweigen eifert und eifert trotzdem weiter. Das ist vielleicht zu loben.

In euren schwerfälligen Körpern ist eure Zartheit zu loben. Etwas so besonders Zartes erscheint, wenn ihr einen Gefallen erweist, etwas Mildes tut. Viel zarter als alles Zarte von euren Frauen ist eure Zartheit, wenn ihr euer Wort gebt oder jemand anhört und versteht. Eure schweren Körper sitzen da, aber ihr seid ganz schwerelos, und eine Traurigkeit, ein Lächeln von euch können so sein, daß selbst der bodenlose Verdacht eurer Freunde einen Augenblick lang ohne Nahrung ist.

Zu loben sind eure Hände, wenn ihr zerbrechliche Dinge in die Hand nehmt, sie schont und zu erhalten wißt, und wenn ihr die Lasten tragt und das Schwere aus einem Weg räumt. Und gut ist es, wenn ihr die Körper der Menschen und der Tiere behandelt und ganz vorsichtig einen Schmerz aus der Welt schafft. So Begrenztes kommt von euren Händen, aber manches Gute, das für euch einstehen wird.

Zu bewundern ist auch, wenn ihr euch über Motoren und Maschinen beugt, sie macht und versteht und erklärt, bis vor lauter Erklärungen wieder ein Geheimnis daraus geworden ist. Hast du nicht gesagt, es sei dieses Prinzip und jene Kraft? War das nicht gut und schön gesagt? Nie wird jemand wieder so sprechen können von den Strömen und Kräften, den Magneten und Mechaniken und von den Kernen aller Dinge.

Nie wird jemand wieder so sprechen von den Elementen, vom Universum und allen Gestirnen.

Nie hat jemand so von der Erde gesprochen, von ihrer Gestalt, ihren Zeitaltern. In deinen Reden war alles so deutlich: die Kristalle, die Vulkane und Aschen, das Eis und die Innenglut.

So hat niemand von den Menschen gesprochen, von den Bedingungen, unter denen sie lieben, von ihren Hörigkeiten, Gütern, Ideen, von den Menschen auf dieser Erde, auf einer früheren und einer künftigen Erde. Es war recht, so zu sprechen und so viel zu bedenken.

Nie war so viel Zauber über den Gegenständen, wie wenn du geredet hast, und nie waren Worte so überlegen. Auch aufbegehren konnte die Sprache durch dich, irre werden oder mächtig werden. Alles hast du mit den Worten und Sätzen gemacht, hast dich verständigt mit ihnen oder hast sie gewandelt, hast etwas neu benannt; und die Gegenstände, die weder die geraden noch die ungeraden Worte verstehen, bewegten sich beinahe davon.

Ach, so gut spielen konnte niemand, ihr Ungeheuer! Alle Spiele habt ihr erfunden, Zahlenspiele und Wortspiele, Traumspiele und Liebesspiele.

Nie hat jemand so von sich selber gesprochen. Beinahe wahr. Beinahe mörderisch wahr. Übers Wasser gebeugt, beinah aufgegeben. Die Welt ist schon finster, und ich kann die Muschelkette nicht anlegen. Keine Lichtung wird sein. Du anders als die anderen. Ich bin unter Wasser. Bin unter Wasser.

Und nun geht einer oben und haßt Wasser und haßt Grün und versteht nicht, wird nie verstehen. Wie ich nie verstanden habe.

Beinahe verstummt,
beinahe noch
den Ruf
hörend.

Komm. Nur einmal.
Komm.

Angeles Mastretta

Neben dir will ich nicht begraben werden

Hundertdrei Jahre war Rebeca Paz y Puente alt geworden, ehe sie zum ersten Mal im Leben krank wurde, aber dieses eine Mal sah von Anfang an so aus, als sollte es auch ihr letztes werden.

Von den dreizehn Kindern, die sie zwischen ihrem achtzehnten und dreißigsten Lebensjahr geboren hatte, waren nur fünf noch am Leben. Ihren Mann hatte sie schon vor einem knappen halben Jahrhundert zu Grabe getragen, und an ihrem Bett saßen jetzt abwechselnd immer ein paar von ihren insgesamt zweiundsiebzig Enkeln. Schon sechs Monate war sie nun so schwer krank, daß es jeden Abend hieß, sie werde den nächsten Morgen nicht mehr erleben, jeden Morgen, sie werde spätestens vier Uhr nachmittags sterben, und jeden Nachmittag, es sei ein Wunder, wenn sie noch bis Mitternacht durchhielte. Von der rüstigen alten Dame mit dem blühenden Lächeln war nur noch ein hautumspanntes bleiches Gerippe übriggeblieben. Sie war schön gewesen, in der Juárez-Zeit die Schönste der Schönen, aber daran konnte sich, da alle ihre Altersgenossen schon vor der Revolution gegen Porfirio Díaz gestorben waren, inzwischen kein Mensch mehr erinnern. Nur noch sie selber wußte, wie selbst ihre Erscheinung liberalen Geist ausgestrahlt hatte, wenn sie während der französischen Belagerung Nacht für Nacht aus dem Haus gelaufen war und bis zur Kapitulation der Stadt todesmutig ihre Pistole abgefeuert hatte.

Jetzt machte sie zehn Atemzüge in der Minute und war schon seit Wochen geistesabwesend. Irgendeine Kraft aber war noch in ihr und hielt sie am Leben, dank deren sie dem Tod immer noch ausweichen konnte, als sei er ein schlimmerer Zustand als ihr jetziges Leben.

Ihre Kinder sprachen sie gelegentlich noch an, sie gingen dazu ganz dicht an ihr Ohr, neigten sich zu ihrem mageren, immer kleiner gewordenen Schädel, um den der weiße Haarwald dafür um so mächtiger wurde.

»Warum gönnst du dir nicht endlich Ruhe?« fragten sie erschöpft und mitfühlend.

»Was willst du noch? Worauf wartest du?«

Sie erhielten keine Antwort. Die Greisin blickte unverwandt auf die bleigefaßten bunten Scheiben des hohen Balkonfensters am Fußende ihres Bettes und lächelte, als ob sie fürchte, mit Worten nur zu verletzen.

Unter ihren Enkelkindern war eine junge Frau, die sich jeden Abend zu ihr setzte und ihr wie im Selbstgespräch erzählte, was sie bedrückte.

»Du kannst mich nicht mehr hören, Großmutter. Eigentlich das Beste, was du tun kannst. Es gibt schließlich nur Unangenehmes zu hören, da ist taub sein schon besser. Oder hörst du doch noch? Manchmal bin ich mir fast sicher, daß du mir zuhörst. Habe ich dir schon erzählt, daß er weg ist? Habe ich. Aber für mich ändert sich dadurch gar nichts, weil ich ihn ja doch mit mir herumschleppe. Stimmt es, daß du deinen Liebsten im Krieg verloren hast? Mir wäre auch lieber, meiner würde umgebracht, als daß er mich jetzt langsam umbringt. Anstatt ihn zu hassen, könnte ich dann stolz darauf sein, an der Seite eines furchtlosen Kämpfers gelebt zu haben. Dein Liebster war doch ein furchtloser Kämpfer, oder, Großmutter? Wie hast du es nur fertiggebracht, nachdem du ihn verloren hast, noch so lange zu leben? Wie konntest du weiterleben, nachdem dein Liebster umgebracht wurde und mein Großvater dich da weggeprügelt hat, wo er verblutete? Zu der Heirat mit Großvater bist du doch gezwungen worden, oder? Wieso habe ich mich eigentlich nicht schon früher einmal getraut, dich danach zu fragen? Du warst immer so wortgewandt und so schön! Jetzt nützt es nichts mehr, jetzt erfahre ich nie mehr, ob es stimmt, was über dich gemunkelt wurde – daß du deine ganze Familie verlassen hast und einem General der Juárez-Truppen hinterher bist. Und ob er kurz vor dem Ende der Belagerung von der Hand der Franzosen oder von der deines Mannes gestorben ist.«

Die alte Frau antwortete nicht. Sie hatte mit dem Atmen genug zu tun und atmete in langen, unregelmäßigen Zügen.

Zweimal war der Bischof schon zur Beichte geholt worden und viermal zur letzten Ölung, doch inzwischen sahen ihre Kinder und Kindeskinder ihrem Todeskampf schon so lange zu, daß sie sich daran gewöhnt hatten, neben einer Sterbenden zu leben.

»Es geht ihr schon besser«, behauptete ihre Enkeltochter. Der Gedanke, daß ihre Großmutter sterben könne, war für sie entsetzlich. Sie würde eine treue Zuhörerin verlieren, und wer nicht geliebt wird, kann nur mit jemandes Hilfe geheilt werden, der bereitwillig zuhört.

»Ach Großmutter«, sagte sie eines Abends. »Ich verdorre. Meine Augen sind trocken, mein Mund ist trocken, und unten bin ich auch trocken. Wenn das so weitergeht, sterbe ich lieber.«

»Dummchen«, fiel die alte Frau sich da in ihr eigenes einjähriges Schweigen. »Du weißt ja nicht, was du redest.« Ihre Stimme hörte sich so brüchig an, als ob sie schon aus einer anderen Welt komme.

»Weißt du denn, was Sterben ist, Großmutter? Doch, du weißt es, oder?«

Statt zu antworten, versackte Doña Rebeca in einem Sturzbach des Geschnaufs und Geröchels.

»Warum kämpfst du dich so ab, Großmutter? Warum kannst du nicht sterben? Soll ich dir dein Medaillon bringen? Möchtest du dein Testament ändern? Was hast du noch zu erledigen?«

Die alte Frau winkte die junge mühsam zu sich heran, und ihre Enkeltochter hielt das Ohr an die sich schwach bewegenden Lippen.

»Was hast du?« fragte sie die Kranke und streichelte sie. Die blieb so liegen und spürte der Hand nach, die über ihre Haare, ihre Wangen, ihre Schultern hinstrich.

Endlich sagte sie mit ihrer gesprungenen Stimme:

»Ich will nicht neben dem da begraben werden.«

Eine halbe Stunde später versprachen die versammelten Kinder Doña Rebeca Paz y Puente, sie gemäß ihrem Wunsch mit ausreichend Platz um sich in einem Einzelgrab zu bestatten.

»Ich bin dir etwas schuldig«, sagte sie zu ihrer Enkeltochter, bevor sie zum letzten Mal daran ging zu sterben.

Schon am Tag darauf mußte sie wohl ihre Beziehungen zu den Himmlischen haben spielen lassen, denn der Mann ihrer Enkeltochter kam wieder nach Hause. Er ließ sich ein ganzes Defilee von Rosensträußen vorantragen und erging sich in einer Litanei von Entschuldigungen, Trauergesängen, Liebesschwüren und Bitten um Verzeihung.

Er hatte geglaubt, und so war es ihm von allen Seiten berichtet worden, er werde eine gebrochene Gestalt vorfinden, seine Frau habe tiefe Ringe unter den Augen, ihr Busen sei schlaff vom Heulen, sie blicke aus Fischaugen und sei vor Kummer so mager wie ein Straßenköter geworden. Statt dessen begegnete er einer zwar schlanken, aber schimmernden Erscheinung, deren Augen zwar traurig, aber um ein vielfaches lebendiger als vorher waren und die um den Mund ein an Zauberei grenzendes Lächeln hatte. Und diese selbstsichere Frau trat ihm souverän entgegen, sah ihn so an, wie es eine Mutter von vier Kindern eigentlich nicht konnte, und sagte:

»Mußt du ausgerechnet zu einem Begräbnis erscheinen? Du kannst deine Blumen mitnehmen und gleich wieder gehen. Neben dir will ich nicht begraben werden.«

Renate Rubinstein

Montag. Scheiße. Mann weg

Montag. Scheiße. Mann weg. Koffer gepackt, verschwunden. Er mußte allerdings noch hinzufügen, daß er zehn Jahre unglücklich gewesen sei. Und das, nachdem er mindestens zweimal in der Woche behauptet hatte, was für eine ideale Verbindung wir seien. Ohne etwas Grausamkeit geht es offenbar nicht. Platzen soll er. Schlimmer als in den letzten Monaten kann es nie werden. Die Ehe macht Verbrecher aus uns allen. Aber wer hätte das vor einem halben Jahr gedacht? Ich nicht. Er auch nicht. Um uns herum stürzten die Ehen ein, als hätte der Orkan Lolita jetzt auch unser Land erreicht, aber wir schauten voller Mitleid und Stolz zu: uns konnte das nicht passieren. Warum eigentlich nicht? Wer bleibt schon elf Jahre verliebt? Nun ja, darum geht es schließlich nicht, oder? Nein, aber man braucht sich nur zu verlieben, und darüber geht nichts hinaus. Bei mir übrigens auch nicht. Hinterher hätte man es erwarten können. Plötzlich fehlt es überhaupt nicht an Gründen. Aber ich wünschte, daß irgend jemand dies einem vorher gesagt hätte. Genauso wie Umzug, Krankenhaus, Sterben – niemand sagt einem vorher, was das bedeutet. Oder vielleicht tun sie es doch, aber wie ein Idiot denkt man weiter, daß es einem anders ergehen wird. Nicht daß ich mich nicht zur Sicherheit mit einer tüchtigen Portion Pessimismus gewappnet hätte. Und was habe ich davon? Einen Dreck. Das Leben ist so rücksichtslos, daß man ebensogut Optimist sein kann: das macht außerdem mehr Spaß. Dennoch: zusammen oft glücklich gewesen zu sein – verdammt noch mal. Was für eine Gemeinheit.

Dienstag. Mein Gott, was bin ich angeschmiert. Fühle mich angeschmiert und wurde angeschmiert. Betrug aus Rücksicht. Natürlich – man stelle sich vor, daß es einmal aus weniger uneigennützigen Motiven passieren sollte... Bin immer eine Verfechterin der Rücksicht gewesen, aber wenn man selbst das Opfer wird, sieht die Sache doch anders aus. Von den achtundsiebzig Einladungen, mich für voll zu nehmen, wurden sechsundsiebzig dazu benutzt, es aus ›Rücksicht‹ doch lieber nicht zu tun. Und die restlichen zwei wurden wieder rückgängig gemacht, waren ein

Irrtum, ein Impuls, längst schon vorbei, eine Frage der Betrunkenheit. Wütend. Man gibt jemandem keine Chance, zu zeigen, womit er fertig werden kann, indem man davon ausgeht, daß er es sowieso nicht kann. Nicht mit der Wahrheit fertig werden kann. (Hätte ich vielleicht auch nicht gekonnt. Kann sein, daß ich selbst durch unterhäutige Signale es so wollte. Alles in einer solchen Situation ist ein doppelter Mist.) Die Folge: sechzig Zigaretten am Tag, zwei Schlaftabletten pro Nacht.

Zum Psychiater geradelt. Die Gefahren im Straßenverkehr halten zumindest die Sinne zusammen. Psychiater nett. Sagt, daß wir jetzt wenigstens auf nutzlose ›Beziehungstherapie‹ verzichten könnten. Meine Erfahrung nach fangen die Leute immer erst damit an, wenn es zu spät ist. (Siehe *Games People Play.* Marital game Nr. 6. Look How Hard I've Tried.) Als mein Vater abgeholt wurde (1940), begann ich an Gott zu glauben, nachdem der Mann weg, an Psychiater.

Haus abends verdammt dunkel. Nicht daß in den letzten Monaten täglich Feste stattgefunden hätten, aber doch seltsam, daß man nicht eine Zimmertür aufmachen kann, hinter der jemand sitzt. Nicht einmal jemand, der mit seinen Gedanken bei einem fremden Fräulein ist oder rasch den Hörer auflegt. Kam mir so unerträglich vor.

»Wenn das Leben keinen Sinn hat, lege ich keinen Wert mehr darauf, sagt man. Aber diese Drohung ändert nichts.« Aus dem Kopf zitiert. Steht in *Das Unbehagen in der Kultur*, nicht mehr zu Hause, offenbar in diesen Koffern mitgenommen. Genialer Mann, Freud. Wußte immer schon, daß man nicht all seine Eier in einen Korb legen soll. Glaubte übrigens von mir selbst, daß ich das auch nicht täte. Aber wie man sieht...

Grace Paley
Wollen

Ich sah meinen Ex-Mann auf der Straße. Ich saß auf den Stufen der neuen Bibliothek.

Hallo, mein Leben, sagte ich. Wir sind mal siebenundzwanzig Jahre verheiratet gewesen, drum hielt ich das für gerechtfertigt.

Er sagte: Was? Was für ein Leben? Meins nicht.

Ich sagte: Okay. Ich streite nicht, wenn es um ausgesprochene Meinungsverschiedenheiten geht. Ich stand auf und ging in die Bibliothek, um zu fragen, wieviel ich denen schuldete.

Die Bibliothekarin sagte, runde 32 Dollar, und die schulden Sie seit achtzehn Jahren. Ich leugnete dies kein bißchen. Denn ich verstehe nicht, wie Zeit vergeht. Ich habe diese Bücher gehabt. Ich hab' oft an sie gedacht. Die Bibliothek liegt nur zwei Blocks entfernt.

Mein Ex-Mann kam mir nach an den Rückgabe-Schalter. Er unterbrach die Bibliothekarin, die mehr zu sagen hatte. In verschiedenster Hinsicht, sagte er, wenn ich so zurückblicke, schreibe ich die Auflösung unserer Ehe der Tatsache zu, daß du die Bertrams nie zum Abendessen eingeladen hast.

Gut möglich, sagte ich. Aber wirklich, falls du dich erinnerst, war erst mal mein Vater an besagtem Freitag krank, danach kamen die Kinder auf die Welt, dann hatte ich meine Dienstagabendtreffen, dann fing der Krieg an. Dann kannten wir sie offenbar nicht mehr. Aber du hast recht. Ich hätte sie zum Abendessen einladen sollen.

Ich gab der Bibliothekarin einen Scheck über 32 Dollar. Sie schenkte mir, auf der Stelle, ihr Vertrauen, warf meine Vergangenheit hinter sich, tilgte mein Schuldenregister, was eben die meisten der übrigen städtischen und/oder Staatsämter *nicht* tun.

Ich lieh die beiden Edith Whartons aus, die ich gerade abgegeben hatte, denn ich hatte sie vor langer Zeit gelesen, und jetzt sind sie angebrachter denn je. Es waren *The House of Mirth* und *The Children*, worin es darum geht, wie das Leben in den Vereinigten Staaten sich in New York in siebenundzwanzig Jahren vor fünfzig Jahren gewandelt hat.

In angenehmer Erinnerung ist mir das Frühstück geblieben,

sagte mein Ex-Mann. Ich war überrascht. Außer Kaffee gab's nichts. Dann fiel mir ein, daß in der Rückwand des Küchenschranks ein Loch war, das sich in die Wohnung nebenan auftat. Drüben aßen die immer süß gepökelten Räucherspeck. Der sorgte für ein erhebendes Frühstücksgefühl, doch waren wir nie vollgestopft und schlapp.

Das war die Zeit, als wir arm waren, sagte ich.

Wann waren wir je reich? fragte er.

Oho, so im Laufe der Zeit, als unsere Aufgaben größer wurden, litten wir keine Not. Du hast dich hinlänglich um die Finanzen gekümmert, erinnerte ich ihn. Die Kinder gingen jedes Jahr vier Wochen zelten, und das in anständigen Ponchos mit Schlafsäcken und Stiefeln, genau wie alle anderen. Sie sahen sehr hübsch aus. Im Winter war unsere Wohnung warm, und wir hatten schöne rote Kissen und so.

Ich wollte ein Segelboot, sagte er. Aber du wolltest gar nichts.

Sei nicht verbittert, sagte ich. Es ist nie zu spät.

Nein, sagte er, mit einem gehörigen Schuß Bitterkeit. Ich werd' an ein Segelboot kommen. Tatsache ist, daß ich Geld in ein acht Meter langes Schiff mit Doppeltakelung gesteckt habe. Verdien' nicht schlecht dieses Jahr und kann besseren Zeiten entgegensehen. Nur für dich, für dich ist's zu spät. Du wirst immer nichts wollen.

Er hatte all die siebenundzwanzig Jahre die Angewohnheit, knappe Bemerkungen zu machen, die sich wie eine Rohrspirale den Weg durch das Ohr, den Hals runter vorarbeiten konnten, halbwegs bis ans Herz. Worauf er zu verschwinden pflegte und mich am Werkzeug erstickend zurückließ. Ich will damit sagen, ich setzte mich auf die Bibliotheksstufen, und er ging weg.

Ich las in *The House of Mirth* herum, verlor jedoch das Interesse. Ich fühlte mich maßlos angegriffen. Nun, es stimmt, ich bin knapp an Bitten und unbedingt Erforderlichem. Doch ich will *etwas*.

Ich will, zum Beispiel, ein anderer Mensch sein. Ich will die Frau sein, die diese beiden Bücher in zwei Wochen zurückbringt. Ich will die tatkräftige Bürgerin sein, die das Schulsystem ändert und die den Staatshaushalt über die Mißstände in diesem reizenden städtischen Zentrum informiert.

Ich *hatte* meinen Kindern versprochen, den Krieg zu beenden, bevor sie erwachsen würden.

Ich wollte, ich wäre für immer mit einer Person verheiratet gewesen, meinem Ex-Mann oder meinem jetzigen. Beide haben reichlich Charakter für ein ganzes Leben, das, stellt sich heraus, in Wirklichkeit nicht so lange dauert. Man würde die Vorzüge von keinem der beiden ausschöpfen und auch nicht unter die Räder ihrer Vernünftigkeit geraten, in einem kurzen Leben.

Eben heute morgen schaute ich aus dem Fenster, um die Straße eine Weile lang zu beobachten, und sah, daß die Ahornbäumchen, die die Stadt ein paar Jahre bevor die Kinder zur Welt kamen, traumhafterweise gepflanzt hatte, an diesem Tag auf den Höhepunkt ihres Lebens gelangt waren.

Nun denn. Ich beschloß, die beiden Bücher in die Bibliothek zurückzubringen. Was beweist, daß ich, wenn ein Mensch oder ein Vorkommnis auftaucht, um mich aufzurütteln oder zu prüfen, *fähig* bin, entsprechend zu handeln, wenngleich ich bekannter bin für meine geselligen Bemerkungen.

River of no return

Isabel Allende
Tosca

Ihr Vater setzte sie ans Klavier, als sie fünf Jahre alt war, und mit zehn gab Maurizia Rugieri, in rosa Organza und Lackschuhen, im Club Garibaldi ihr erstes Konzert vor einem wohlwollenden Publikum, das in der Mehrheit aus Mitgliedern der italienischen Kolonie bestand. Am Schluß legten sie ihr Blumensträuße zu Füßen, und der Clubvorsitzende überreichte ihr eine Gedenkplatte und eine Porzellanpuppe mit Schleifen und Spitzen.

»Wir grüßen dich, Maurizia Rugieri, als ein frühreifes Genie, ein Wunderkind wie Mozart. Die großen Konzertpodien der Welt erwarten dich«, sagte er vollmundig.

Das Kind wartete, bis der Beifall sich gelegt hatte, und seine Stimme übertönte das stolze Schluchzen seiner Mutter, als es dann mit unerwartetem Hochmut nur zwei Sätze sprach.

»Dies ist das letzte Mal, daß ich Klavier gespielt habe. Ich will Sängerin werden«, verkündete es und ging aus dem Saal, die Puppe an einem Bein nachschleifend.

Als ihr Vater sich von der Schande erholt hatte, steckte er sie in eine Gesangsschule zu einem strengen Lehrer, der ihr für jede falsche Note auf die Finger schlug, was aber die Begeisterung des Kindes für die Oper nicht dämpfen konnte. Als sie jedoch aus dem Kleinmädchenalter herausgewachsen war, erkannte man, daß sie ein Vogelstimmchen hatte, kaum ausreichend, um ein Baby in den Schlaf zu singen, und also mußte sie ihre anspruchsvollen Vorstellungen, ein Opernsopran zu werden, gegen ein banaleres Los eintauchen. Mit neunzehn Jahren heiratete sie Ezio Longo, einen italienischen Einwanderer der ersten Generation, Architekt ohne Diplom und Baumeister von Beruf, der sich vorgenommen hatte, auf Zement und Stahl ein Imperium zu gründen, und mit fünfunddreißig Jahren hatte er es schon recht gut gefestigt.

Ezio Longo verliebte sich in Maurizia Rugieri mit derselben Entschlossenheit, mit der er die Hauptstadt mit seinen Bauten übersäte. Er war kleingewachsen, hatte einen soliden Knochenbau, einen Nacken wie ein Zugochse und ein energisches, etwas brutales Gesicht mit kräftigen Lippen und schwarzen Augen. Seine Arbeit nötigte ihn, derbe Kleidung zu tragen, und vom vielen Aufenthalt in der Sonne war seine Haut tiefbraun gebrannt und von Falten durchzogen wie gegerbtes Leder. Er war von gutmütigem, großzügigem Charakter, lachte gern und liebte Volksmusik und reichliches Essen ohne viel Umstände. Unter diesem ein wenig gewöhnlichen Äußeren steckte eine empfindsame Seele und eine Zartheit, die er in Worten oder Gesten nicht auszudrücken verstand. Wenn er Maurizia ansah, füllten sich bisweilen seine Augen mit Tränen und die Brust mit einer beklemmenden Zärtlichkeit, die er, schrecklich beschämt, mit einem Klaps zu tarnen suchte. Es war ihm unmöglich, seine Gefühle auszudrücken, und er glaubte, wenn er sie mit Geschenken überhäufte und mit stoischer Geduld ihre häufig wechselnden Launen und ihre eingebildeten Leiden ertrug, würde das die Mängel in seinem Liebhaberrepertoire ausgleichen. Das drängende Verlangen, das sie in ihm erregte, erneuerte sich jeden Tag mit der Glut ihrer ersten Begegnungen, er umarmte sie erbittert und suchte den Abgrund, der zwischen ihnen klaffte, zu überwinden, aber all seine Leidenschaft zersplitterte an Maurizias Zimperlichkeit, deren Phantasie ständig in romantischen Romanen und Verdi und Puccini schwelgte. Ezio schlief ein, von den Anstrengungen des Tages besiegt, und hatte Alpträume von schiefen Wänden und sich windenden Treppen, und wenn er am Morgen erwachte, setzte er sich im Bett auf und betrachtete seine schlafende Frau mit so gespannter Aufmerksamkeit, daß er lernte, ihre Träume zu erraten. Er hätte sein Leben dafür hingegeben, daß sie seine Gefühle mit gleicher Stärke erwiderte.

Er baute ihr ein riesiges, von Säulen getragenes Haus, in dem der Stilmischmasch und der Überfluß an Verzierungen den Orientierungssinn verwirrten und in dem vier Dienstboten rastlos tätig waren, allein schon um Bronzefiguren zu polieren, die Fußböden zu wienern, die Kristallgehänge der Kronleuchter zu putzen, die Möbel mit den vergoldeten Füßen abzustauben und die aus Spanien importierten falschen Perser zu klopfen. Das Haus hatte im Garten ein kleines Amphitheater mit Lautsprechern und Scheinwerfern, in dem Maurizia für ihre Gäste zu singen pflegte. Ezio hätte nicht einmal in seiner Sterbestunde zugegeben, daß er außerstande war, jene schwankenden Spatzentriller schön zu finden, nicht nur, um die Lücken in seiner Bildung nicht preiszugeben, sondern vor allem aus Achtung vor den künstlerischen Neigungen seiner Frau.

Er war ein optimistischer Mensch und seiner selbst sicher, aber als Maurizia ihm weinend mitteilte, sie sei schwanger, überkam ihn eine unbezähmbar Angst, er hatte ein Gefühl, als würde sein Herz wie eine Melone gespalten, als könnte es für soviel Glück in dieser grauen Welt keinen Raum geben. Ihm schoß durch den Sinn, daß eine Katastrophe sein unsicheres Paradies zerstören könnte, und er machte sich bereit, es gegen jede Einmischung zu verteidigen.

Die Katastrophe war ein Medizinstudent, dem Maurizia in der Straßenbahn begegnete. Inzwischen war das Kind geboren, ein Geschöpf so vital wie sein Vater, das gegen allen Schaden gefeit schien, eingeschlossen den bösen Blick, und die Mutter hatte wieder ihre schlanke Figur. Der Student setzte sich neben Maurizia auf der Fahrt ins Stadtzentrum, ein schmaler, blasser Junge mit dem Profil einer römischen Statue. Er las die Partitur der *Tosca* und pfiff leise zwischen den Zähnen die Arie aus dem letzten Akt. Ihr war, als verewigte sich die ganze Mittagssonne in ihren Wangen, und ein voreiliger Schweiß netzte ihren Büstenhalter. Sie konnte nicht anders, sie mußte die Worte des unglücklichen Mario Cavaradossi mitsingen, mit denen er die Morgendämmerung grüßt, ehe das Erschießungskommando seinem Leben ein Ende setzt. So, zwischen zwei Notenlinien einer Partitur, begann die Romanze. Der junge Mann hieß Leonardo Gómez und war genauso ein begeisterter Anhänger des Belcanto wie Maurizia.

Während der folgenden Monate schaffte der Student sein Arztdiplom, und sie durchlebte eine nach der andern alle Tragödien der Oper und einige der Weltliteratur, sie starb nacheinander durch Don José, die Tuberkulose, eine ägyptische Gruft, durch Dolch und Gift, sie liebte in italienischen, französischen und deutschen Arien, sie war Aida, Carmen und Lucia de Lammermoor, und jedesmal war Leonardo Gómez der Gegenstand ihrer unsterblichen Leidenschaft. In Wirklichkeit verband die beiden eine keusche Liebe, die sie sehnlichst zu vollziehen wünschte und die er in seinem Innern bekämpfte aus Achtung vor der verheirateten Frau. Sie trafen sich an öffentlichen Orten, und manchmal schlangen sie in der dunklen Ecke eines Parkes die Hände ineinander, sie steckten sich Zettelchen zu, mit Tosca oder Mario unterschrieben, und Ezio nannte sie natürlich Scarpia. Ezio aber war so dankbar für den Sohn, seine schöne Frau und den Wohlstand, die der Himmel ihm gewährt hatte, und so von Arbeit in Anspruch genommen, um seiner Familie alle nur mögliche Sicherheit bieten zu können, daß er, hätte ihm ein Nachbar nicht den Klatsch über Maurizia erzählt, die allzu oft Straßenbahn fuhr, vielleicht nie erfahren hätte, was da hinter seinem Rücken vor sich ging.

Ezio Longo war immer auf die Möglichkeit vorbereitet, mit einem geschäftlichen Verlust oder einer Krankheit fertig werden zu müssen oder gar mit einem Unfall seines Sohnes, wie er ihn sich manchmal voll abergläubischen Entsetzens ausmalte, aber nie wäre ihm eingefallen, daß ein halbgares Studentlein ihm dreist seine Frau abspenstig machen würde. Als er es hörte, war er drauf und dran, kräftig darüber zu lachen, denn von allen Ärgernissen schien ihm dies am leichtesten zu klären, aber nach diesem ersten Impuls übermannte ihn eine blinde Wut, und die Galle stieg ihm hoch. Er folgte Maurizia zu einer verschwiegenen kleinen Konditorei, wo er sie mit ihrem Anbeter schokoladetrinkend erwischte. Er bat nicht lange um Erklärungen. Er packte seinen Nebenbuhler unter den Armen, hob ihn hoch und schmiß ihn gegen die Wand, unter dem Klirren von zerbrechendem Porzellan und dem Gekreisch der Gäste. Dann nahm er seine Frau beim Arm und führte sie zum Wagen, einem der letzten importierten Daimlers, bevor der Zweite Weltkrieg die geschäftlichen Verbindungen mit Deutschland zerschlug. Er schloß sie im Haus ein und stellte zwei Maurer aus seiner Firma zur Bewachung an die Tür.

Maurizia verbrachte zwei Tage weinend im Bett, ohne zu sprechen und ohne zu essen. Inzwischen hatte Ezio Longo Zeit gehabt, nachzudenken, und seine Wut hatte sich in dumpfe Enttäuschung gewandelt, die ihm die Verlassenheit seiner Kinderjahre, die Armut seiner Jugend, die Einsamkeit seines Daseins ins Gedächtnis brachte und den ganzen unstillbaren Hunger nach Zärtlichkeit, der ihn begleitet hatte, bis er Maurizia kennenlernte und glaubte, eine Göttin erobert zu haben. Am dritten Tag hielt er es nicht länger aus und trat in das Zimmer seiner Frau. »Um unseres Sohnes willen, Maurizia, du mußt dir diesen Unfug aus dem Kopf schlagen. Ich weiß, ich bin nicht sehr romantisch, aber wenn du mir hilfst, kann ich mich ändern. Ich bin nicht der Mann, der sich Hörner gefallen läßt, und ich liebe dich zu sehr, um dich gehen zu lassen. Wenn du mir nur die Möglichkeit gibst, werde ich dich glücklich machen, das schwöre ich dir.«

Statt einer Antwort drehte sie sich zur Wand und verlängerte ihr Fasten um zwei weitere Tage. Ihr Mann ging erneut zu ihr.

»Ich würde wirklich gern wissen, was zum Teufel dir fehlt auf dieser Welt, vielleicht kann ich es dir ja verschaffen«, sagte er besiegt.

»Leonardo fehlt mir. Ohne ihn sterbe ich.«

»Na schön, du kannst mit diesem Bubi davongehen, wenn du willst, aber unseren Sohn wirst du nie wiedersehen.«

Sie packte ihre Koffer, kleidete sich in Musselin, setzte einen Hut mit Schleier auf und telefonierte nach einem Taxi. Ehe sie ging, küßte sie schluchzend das Kind und flüsterte ihm ins Ohr, daß sie bald zurückkehren werde, um es zu holen. Ezio, der in einer Woche sechs Kilo und die Hälfte seiner Haare verloren hatte, nahm ihr das Kind aus den Armen.

Maurizia fuhr in die Pension, in der ihr Anbeter wohnte, und sah sich dort vor die Tatsache gestellt, daß er zwei Tage zuvor abgereist war, um als Arzt im Lager einer Erdölgesellschaft zu arbeiten, in einer jener heißen Provinzen, deren Namen an Indios und Schlangen erinnern. Es kostete sie einiges, sich klarzumachen, daß er ohne Abschied fortgefahren war, aber sie schob es auf die Mißhandlung in der Konditorei und bedachte, daß Leonardo schließlich ein Dichter war und daß die Brutalität ihres Mannes ihn ganz natürlich hatte aus der Fassung bringen müssen. Sie nahm ein Zimmer im Hotel und schickte in den folgenden Tagen Telegramme an alle nur denkbaren Stellen. Tatsächlich gelang es ihr auch, Leonardo ausfindig zu machen, und sie teilte ihm mit, daß sie seinetwegen auf ihr einziges Kind verzichtet, ihrem Mann, der Gesellschaft und selbst Gott getrotzt habe und daß ihr Entschluß, ihm auf seinem Lebensweg zu folgen, bis daß der Tod sie scheide, absolut unwiderruflich sei.

Die Reise war eine beschwerliche Expedition erst mit dem Zug, dann per Bus und an einigen Stellen auf dem Flußweg. Maurizia war alleine nie über einen Radius von dreißig Querstraßen rund um ihr Haus hinausgekommen, aber weder die Großartigkeit der Landschaft noch die riesigen Entfernungen konnten sie einschüchtern. Unterwegs verlor sie zwei Koffer, und ihr Musselinkleid war nur noch ein gelb eingestaubter Lumpen, aber sie kam doch endlich an der Flußmündung an, wo Leonardo sie erwarten sollte. Als sie aus dem Bus stieg, sah sie eine Piroge am Ufer und rannte darauf zu, daß ihr langes Haar sich aus dem verrutschten Hut löste und mit den Fetzen des Schleiers um die Wette flog. Aber statt ihres Mario standen da ein Neger mit einem Tropenhelm und zwei melancholische Indios mit Paddeln in den Händen. Zum Umkehren war es zu spät. Sie nahm die Erklärung an, daß Doktor Gómez einen Notfall gehabt habe, und stieg mit den Resten ihres ramponierten Gepäcks in das Boot, wobei sie inbrünstig betete, daß diese drei Männer doch bitte keine Banditen oder Kannibalen sein möchten. Zum Glück waren sie beides nicht und brachten sie auf dem Wasser durch eine weit gedehnte rauhe und wilde Gegend heil und gesund an den Ort, wo ihr Anbeter sie erwartete.

Dieser Ort bestand eigentlich aus zwei Orten, der eine wurde von langgestreckten Gemeinschaftsbaracken gebildet, in denen die Arbeiter wohnten, der andere, wo die Angestellten lebten, bestand aus den Büros der Gesellschaft, fünfundzwanzig vorgefertigten, aus den Vereinigten Staaten eingeflogenen Häuschen, einem albernen Golfplatz und einem Schwimmbecken mit grünem Wasser, das jeden Morgen voller riesiger Kröten war, das Ganze umgeben von einem Drahtzaun mit einem Tor, vor dem zwei Posten Wache hielten. Es war ein Lager von Männern auf der Durchreise, hier drehte sich das ganze Dasein um den schwarzen Schlamm, der aus der Tiefe der Erde heraufstieg wie das unaufhörliche Erbrechen eines Drachen. In jener Abgeschiedenheit gab es sonst keine Frauen außer ein paar geduldiger Gefährtinnen der Arbeiter; die Gringos und die Vorarbeiter fuhren alle drei Monate nach Hause, um ihre Familien zu besuchen. Die Ankunft der Gattin von Doktor Gómez, wie sie Maurizia nannten, brachte den gewohnten Trott für ein paar Tage durcheinander, bis sie sich daran gewöhnt hatten, sie mit ihren Schleiern, ihrem Sonnenschirm und ihren Ballschuhen vorübergehen zu sehen wie eine Gestalt, die einer ganz anderen Geschichte entsprungen war.

Maurizia ließ nicht zu, daß die Rauheit dieser Männer oder die tagtägliche Hitze sie kleinkriegten, sie hatte sich vorgenommen, ihr Schicksal mit Größe zu tragen, und fast gelang ihr das auch. Sie machte aus Leonardo Gómez den Helden ihres eigenen Melodrams, schmückte ihn mit utopischen Tugenden und übertrieb die Bedeutung ihrer Liebe bis zum Schwachsinn, ohne sich mit der Überlegung aufzuhalten, ob sie bei ihrem Geliebten auf Widerhall stieß, ohne zu wissen, ob er bei dieser zügellosen Leidenschaftsgaloppade mit ihr Schritt hielt. Wenn Leonardo erkennen ließ, daß er weit zurücklag, schrieb sie das seiner Schüchternheit und seiner schwachen Gesundheit zu, die sich in dem teuflischen

Klima verschlechtert habe. Er wirkte allerdings tatsächlich so zerbrechlich, daß sie endgültig von all ihren alten Leiden genas, um sich seiner Pflege zu widmen. Sie begleitete ihn in das primitive Krankenhaus und lernte die Obliegenheiten einer Krankenschwester, um ihm zu helfen. Sich um Opfer der Malaria zu kümmern und schreckliche Wunden von Unfällen an den Bohrlöchern zu versorgen erschien ihr besser, als in ihrem Haus eingeschlossen zu sein, unter einem Ventilator zu sitzen und zum hundertsten Mal dieselben überholten Zeitschriften und romantischen Novellen zu lesen. Zwischen Spritzen und Verbänden konnte sie sich selbst als Kriegsheldin sehen, eine dieser tapferen Frauen aus den Filmen, die es manchmal im Club des Lagers gab. Sie weigerte sich mit selbstmörderischer Entschlossenheit, die schäbige Wirklichkeit wahrzunehmen, und war hartnäckig darauf bedacht, jeden Augenblick mit Worten zu verschönern, da alles andere nun einmal unmöglich war. Sie sprach von Leonardo Gómez, den sie beharrlich Mario nannte, wie von einem Heiligen, der sich dem Dienst an der Menschheit geweiht hat, und machte es sich zur Aufgabe, aller Welt zu beweisen, daß sie beide die Helden einer außergewöhnlichen Liebe seien, was jeden Angestellten der Gesellschaft entmutigte, der sich vielleicht für die einzige weiße Frau am Ort hätte entflammen können. Die barbarischen Bedingungen im Lager nannte sie »Berührung mit der Natur« und nahm die Übel einfach nicht zur Kenntnis: die Moskitos, das giftige Geziefer, die Leguane, die höllischen Tage, die stickigen Nächte, die Tatsache, daß sie sich allein nicht vors Tor wagen durfte. Ihre Einsamkeit, ihren Überdruß, ihren natürlichen Wunsch, durch die Straßen einer Stadt zu spazieren, sich modisch zu kleiden, ihre Freundinnen zu besuchen und ins Theater zu gehen, bezeichnete sie als »leichte Nostalgie«. Das einzige, was sie nicht mit einem anderen Namen versehen konnte, war der animalische Schmerz, unter dem sie sich krümmte, wenn sie an ihr Kind dachte, und deshalb hielt sie es für besser, es nie zu erwähnen.

Leonardo Gómez arbeitete länger als zehn Jahre in dem Lager, bis ihn das Fieber und das Klima zerrieben hatten. Er hatte so lange in dem schützenden Umkreis der Ölgesellschaft gelebt, daß er keine Lust verspürte, sich an eine vielleicht feindseligere Umgebung zu gewöhnen, andererseits erinnerte er sich noch an Ezio Longos Wut, mit der er ihn an die Wand gedonnert hatte, und daher erwog er nicht einmal die Möglichkeit, in die Hauptstadt zurückzukehren. Er suchte nach einem Posten in irgendeinem vergessenen Winkel, wo er in Frieden weiterleben könnte, und so kam er eines Tages, es war Anfang der fünfziger Jahre, mit seiner Frau, seinem medizinischen Instrumentarium und seinen Opernschallplatten in Agua Santa an.

Maurizia entstieg dem Bus ganz nach der Mode gekleidet, in einem engen Kleid mit großen Tupfen und mit einem riesigen schwarzen Strohhut, Dinge, die sie sich über einen Katalog aus New York hatte schicken lassen, etwas, was man hierorts gar nicht kannte. Auf jeden Fall wurden sie mit der Gastfreundschaft der kleinen Dörfer aufgenommen, und in weniger als vierundzwanzig Stunden kannten alle die Legende von der großen Liebe der beiden Neuankömmlinge. Sie nannten sie Tosca und Mario, ohne die geringste Ahnung zu haben, wer diese Personen waren, aber Maurizia unternahm es, sie aufzuklären. Sie gab ihre Schwesterntätigkeit bei Leonardo auf, stellte einen Kirchenchor zusammen und bot den Leuten die ersten Gesangskonzerte in der Geschichte des Dorfes. Stumm vor Staunen sahen die Einwohner von Agua Santa zu, wie sie sich auf einer in der Schule behelfsmäßig aufgeschlagenen Bühne in Madame Butterfly verwandelte, aufgeputzt mit einem wunderlichen Morgenrock, ein paar Stricknadeln im hochfrisierten Haar, einer Plastikblume hinterm Ohr und das Gesicht mit weißer Kreide bemalt, und mit ihrem Vogelstimmchen zu trillern begann. Keiner verstand auch nur ein Wort von dem Gesang, aber als sie niederkniete und ein Küchenmesser zückte, das sie sich in den Bauch zu stechen drohte, schrie das Publikum auf vor Entsetzen, und ein Zuschauer sprang auf die Bühne, um sie davon abzubringen, wand ihr die Waffe aus den Händen und zwang sie, aufzustehen. Anschließend entspann sich eine langee Diskussion über die Gründe für den tragischen Entschluß der japanischen Dame, und alle waren sich einig, daß der nordamerikanische Marineoffizier, der sie verlassen hatte, ein gewissenloser Schurke war, er war es nicht wert, daß sie seinetwegen starb, denn das Leben ist lang, und es gibt viele Männer auf dieser Erde. Die Aufführung endete in lärmendem Vergnügen, als sich spontan eine kleine Musikkapelle zusammenfand und die Leute zu tanzen begannen. Diesem denkwürdigen Abend folgten andere gleichartige: Gesang, Tod, Erklärung der Opernhandlung durch die Sopranistin, öffentliche Diskussion und abschließendes Fest.

Doktor Mario und Señora Tosca waren zwei hochgeachtete Mitglieder der Gemeinde, er kümmerte sich um die Gesundheit der Leute, sie um das kulturelle Leben, wozu auch die Wandel in der Mode gehörten. Sie wohnten in einem kühlen, angenehmen Haus, dessen eine Hälfte von der Arztpraxis eingenommen wurde. Im Patio hielten sie einen blau-gelben Ara, der über ihren Köpfen flog, wenn sie durch den Ort spazierten. Jeder wußte, wohin der Doktor und seine Frau gingen, denn der Vogel begleitete sie stets und schwebte mit seinen breiten zweifarbigen Schwingen schweigend zwei Meter über ihnen. So lebten sie viele Jahre in Agua Santa, bewundert von den Leuten, die sie ein Beispiel für vollkommene Liebe nannten.

Während eines seiner Malariaanfälle verirrte sich der Doktor auf den Wegen des Fiebers und fand nicht mehr zurück. Sein Tod erschütterte das Dorf, die Leute fürchteten, seine Frau könnte einen verhängnisvollen Schritt tun wie die vielen, die sie singend dargestellt hatte, und deshalb wechselten sie sich in den folgenden Wochen Tag und Nacht dabei ab, ihr Gesellschaft zu leisten. Maurizia kleidete sich von Kopf bis Fuß in Trauer, malte alle Möbel schwarz an und schleppte ihren Schmerz mit sich herum wie einen hartnäckigen Schatten, bis sich zwei tiefe Falten neben ihrem Mund bildeten, aber sie beabsichtigte nicht, ihrem Leben ein Ende zu machen. Vielleicht empfand sie in der Vertrautheit ihres Zimmers, wenn sie allein im Bett lag, eine tiefe Erleichterung, weil sie nicht länger den schweren Karren ihrer Träume ziehen mußte, weil es nicht mehr nötig war, die Person am Leben zu erhalten, die sie erfunden hatte, um sich selbst darzustellen, weil sie nicht länger seiltänzerische Kunststückchen vollbringen mußte, um die Schwächen eines Mannes zu übertünchen, der nie auf der Höhe ihrer Illusionen gewesen war. Aber die Gewohnheit, Theater zu spielen, war zu tief in ihr verwurzelt. Mit derselben unendlichen Geduld, mit der sie sich früher das Bild der romantischen Heldin geschaffen hatte, erdichtete sie jetzt die Legende von ihrer Untröstlichkeit. Sie blieb in Agua Santa, immer in Schwarz gekleidet, obwohl es schon seit einiger Zeit nicht mehr üblich war, so lange Trauer zu tragen, und weigerte sich, wieder zu singen, trotz der inständigen Bitten ihrer Freundinnen, die glaubten, die Oper könne ihr Trost geben. Das Dorf schloß einen engen Kreis um sie, wie eine feste Umarmung, um ihr das Leben erträglich zu machen und ihr bei den Erinnerungen beizustehen.

Mit der Hilfe aller wuchs das Bild des Doktor Gómez in der Vorstellung des Dorfes ins Heroische. Nach zwei Jahren veranstalteten sie eine Sammlung, um eine Bronzebüste anfertigen zu lassen, die sie auf einem Postament gegenüber dem steinernen Standbild des Befreiers auf dem Platz aufstellten.

In eben diesem Jahr wurde die Autobahn gebaut, die an Agua Santa vorbeiführte und das Aussehen und den Geist des Dorfes für immer veränderte. Zu Anfang widersetzten sich die Leute dem Projekt, weil sie glaubten, nun würden die armen Häftlinge aus dem Gefängnis Santa Maria wieder herangeholt und gezwungen, mit Fesseln an den Füßen Bäume zu fällen und Steine zu klopfen wie damals, so erzählten die Großväter, als zu Zeiten des Wohltäters die Landstraße gebaut worden war. Aber bald kamen die Ingenieure aus der Stadt und erklärten ihnen, diesmal würden moderne Maschinen die Arbeit machen und keine Häftlinge. Ihnen folgten die Landvermesser und danach die Arbeitertrupps mit orangefarbenen Helmen und Jacken, die im Dunkeln leuchteten. Die Maschinen stellten sich als Ungeheuer heraus, groß wie Dinosaurier, schätzte die Lehrerin der Schule, und auf ihren Flanken stand der Name der Firma: »Ezio Longo und Sohn«. Am selben Tag kamen auch Vater und Sohn in Agua Santa an, um die Arbeiten zu überwachen und die Löhne zu zahlen.

Als Maurizia die Maschinen und die Schilder ihres ehemaligen Mannes sah, versteckte sie sich in ihrem Haus hinter verschlossenen Fenstern in der unsinnigen Hoffnung, so für ihre Vergangenheit unerreichbar zu sein. Aber achtundzwanzig lange Jahre hatte sie die Erinnerung an den fernen Sohn ertragen wie einen in ihre Körpermitte eingerammten Schmerz, und als sie erfuhr, daß die Chefs der Baugesellschaft selbst in Agua Santa waren und im Wirtshaus zu Mittag aßen, konnte sie nicht länger gegen ihren Mutterinstinkt ankämpfen. Sie betrachtete sich im Spiegel. Sie war eine Frau von einundfünfzig Jahren, alt geworden unter der Tropensonne und der Anstrengung, ein Trugbild des Glücks vorzutäuschen, aber ihre Falten hielten noch den Adel des Stolzes fest. Sie bürstete sich das Haar und steckte es zu einem hohen Knoten auf, ohne zu versuchen, die weißen Strähnen zu verbergen, zog ihr bestes schwarzes Kleid an und legte das Perlenhalsband von ihrer Hochzeit um, das sie durch alle Abenteuer gerettet hatte, und mit einer Geste schüchterner Koketterie tuschte sie die Wimpern ein bißchen und tupfte ein wenig Rot auf Wangen und Lippen. Sie ging aus dem Haus und spannte gegen die Sonne den Regenschirm von Leonardo Gómez auf. Der Schweiß lief ihr den Rücken hinunter, aber sie zitterte nicht.

Zu dieser Stunde waren die Rolläden des Wirtshauses geschlossen, um die Mittagshitze draußenzuhalten, und so brauchte Maurizia eine Weile, bis sich die Augen an das Halbdunkel gewöhnten und sie an einem der Tische im Hintergrund Ezio Longo und den jungen Mann erkannte, der ihr Sohn sein mußte. Ihr Ehemann hatte sich viel weniger verändert als sie, vielleicht weil er schon immer ein Mensch ohne Alter gewesen war. Derselbe Löwennacken, derselbe solide Knochenbau, dieselben ein wenig grobschlächtigen Züge und die tiefliegenden Augen, aber nun gemildert durch einen Fächer von fröhlichen Fältchen, wie sie ein heiteres Gemüt hervorbringt. Über seinen Teller gebeugt, kaute er hingegeben und hörte seinem Sohn zu. Maurizia beobachtete sie von weitem. Ihr Sohn war jetzt nahe an die dreißig. Obwohl er von ihr die langen Beine und die zarte Haut geerbt hatte, waren die Bewegungen die seines Vaters, er aß mit dem gleichen Behagen, schlug auf den Tisch, um seinen Worten Nachdruck zu geben, lachte herzhaft, ein vitaler, energischer Mann mit einem entschiedenen Sinn für seine eigene Kraft, ausgezeichnet befähigt für den Kampf. Maurizia betrachtete Ezio Longo mit neuen Augen und erkannte zum erstenmal seine starke Männlichkeit. Sie tat ein paar Schritte nach vorn, bewegt, mit stockendem Atem, sie sah sich selbst wie aus einer anderen Dimension, als stünde sie auf einer Bühne und stellte den dramatischsten Augenblick des langen Theaterstücks dar, das ihr Leben gewesen war, die Namen von Mann und Sohn auf den Lippen und in voller Bereitschaft, Vergebung zu erlangen für all die vielen Jahre des Fernseins. In diesen wenigen Minuten sah sie das minutiöse Räderwerk der Falle, in der sie drei Jahrzehnte der Selbsttäuschung zugebracht hatte. Sie begriff, daß der wahre Held des Stückes Ezio Longo war, und hätte gern geglaubt, er habe all diese Jahre hindurch nicht aufgehört, sich nach ihr zu sehnen und auf sie zu warten, mit der beständigen, leidenschaftlichen Liebe, die Leonardo Gómez ihr nie hatte geben können, weil sie seinem Wesen fremd war.

In diesem Augenblick, als sie mit einem einzigen weiteren Schritt aus dem Dunkel getreten und sichtbar geworden wäre, beugte sich der junge Mann vor, umfaßte das Handgelenk seines Vaters und sagte mit einem sympathischen Zwinkern ein paar

Worte. Die beiden brachen in schallendes Gelächter aus, klopften sich auf die Schultern, zerstrubbelten sich gegenseitig das Haar, und das alles mit einer männlichen Zärtlichkeit und einer festen Kameradschaftlichkeit, aus der Maurizia und der Rest der Welt ausgeschlossen waren. Sie schwankte einen unendlichen Augenblick auf der Grenze zwischen Traum und Wirklichkeit, und dann wandte sie sich um, trat aus dem Wirtshaus, öffnete ihren schwarzen Regenschirm und kehrte in ihr Haus zurück, und der Ara flog über ihrem Kopf wie ein wunderlicher Erzengel aus dem Kirchenkalender.

Wer bin ich?

Else Lasker-Schüler

Wenn mein Herz gesund wär

Kinematographisches

Wen mein Herz gesund wär, spräng ich zuerst aus dem Fenster; dann ging ich in den Kientopp und käm nie wieder heraus. Es ist mir genau so, als ob ich das große Los gewonnen hab' und noch nicht ausbezahlt bin, oder auf einer Pferdelotterie einen Gaul gewonnen hab' und keinen Stall »umsonst« auftreiben kann. Das Leben ist doch eigentlich ein Wendeltreppendrama, immer so rund herauf und wieder hinunter, immer um sich selbst wie bei den Sternen. Ich bin in freudiger Verzweiflung, in verzweifelter Freudigkeit; am liebsten machte ich einen Todessprung oder einen Jux. Meine Freundin Laurentia zecht wie ein Fuchs, sie studiert die Sprache der alten Herren, ich meine Griechisch und Lateinisch, und macht gute Fortschritte. Aber was geht mich das alles an; ich will nichts wissen, nichts. Wenn es nur nicht klopfen würde!

Das Gehirn wird rein aufgewühlt, es klopft nicht allein unten jeden Freitag und Sonnabend, jedes Stäubchen wird aufgewirbelt, es klopft auch an den anderen Wochentagen, denn ich wohne zwischen Haus und Haus und muß die Brutalität aller Höfe ertragen. Ich sitze immer bei geschlossenen Fenstern und werde gar nichts von dem Sommer haben; ausgehen kann ich nicht, ich schreibe Geistergeschichten; ich habe Schulden. Dabei zieht's, wenn ich die Türen rechts und links und hinter mir auflasse. Ich trage seit dieser Wohnung ein Katzenfell; wenn ich abends wo eingeladen bin, überkommt mich eine furchtbare Angst, ich könnte anfangen zu miauen. Ich hab' gar keine Lust zum Leben mehr, wenn noch die Menschen gerne meine Lyrik lesen wollten; wer sie gern liest, der soll mir doch mal einen netten Brief schreiben. Ich muß nämlich wegen meiner Krankheit in Kleesalz baden, damit man nicht über mich ausrutscht. Ich habe dann immer so eine Langeweile in der Badewanne, und lese gerne schmeichelhafte Briefe an mich. Was einen schlechte Kritiken ärgern! Man hat doch sofort jemand gern, der einem schöne Worte schreibt. Es *gibt* sympathische Geschöpfe auf der Welt. Ich kann nur Weißgesichter nicht leiden, ich habe einen Argwohn gegen Licht. Darum nehme ich mir auch nur schwarze Mägde und Diener. Ich habe zwei Neger und zwei Indianerinnen; Tecofis Vaterhäuptling kommt manchmal nach Berlin und tritt dort mit seiner Truppe im Chât noir auf. Tecofi fragt mich, wenn sein Vater nach Berlin kommt, ob er bei mir in der Badewanne schlafen könne. Ich hab' nichts dagegen. Mein Somalineger ist königlicher Abstammung, sein Vater besitzt bei Teneriffa Hammelherden. Manchmal schickt er mir ein paar abgezogene Hammel, die kommen als Hautgoutragout hier an. Oßmann, mein jüngerer Neger, sieht aus wie ein sinnender Gorilla im Pflanzenkübel. Böse Spezies, herrlich zu schauen, aber man muß ihn in Ruhe lassen; seit kurzem pfeif' ich auch nicht mehr, wenn er jemandem den Kopf abbeißen soll, er ist zu schade, zu wertvoll, um zu gehorchen, selbst mir. Meine beiden Indianerinnen sind emsige Mädchen, sie sind angestellt von mir, die Fäden meiner Logik zu suchen, die Logik meiner Unterhaltung zu finden. Manchmal suchen sie die ganze Nacht, ich fürchte, sie werden sich einmal in einem Augenblick an meinem Leitfaden aufhängen. Das muß man in Kauf nehmen, dunkle Leute sind schlechte Spürhunde, sie können nichts finden in der Nacht ihrer Haut. Halloh, was tät' ich, wenn mein Herz gesund wär? Ich glaube nicht, daß mein Herz aus Fleisch und Blut ist, rissig sind seine Wände; es hat weniger Augenblickswert als Ewigkeitswert, darum bin ich vollständig unbrauchbar für den Vorbeipassierenden, ich bin nur interessant für den Forscher. Immer klingelt es in den effektvollsten Stellen. »Hier 45,24 wer dort?« »Pharao & Fils, Theaterdirektion, sind Sie Else Lasker-Schüler?« »Leider.« »Frohlocken Sie nicht, verzweifeln Sie nicht, meine Dame, ich frage Sie an, ganz ergebenst, würden Sie ein Engagement am Wintergarten annehmen, monatlich mit einer Gage von 10 000 Mark? Das macht im Jahr rund 100 000 Mark.« »Sie spaßen wohl, Herr, es ist doch nicht üblich, am Varieté länger als einen Monat die Artisten zu beschäftigen.« »Aber uns liegt daran, meine Gnädigste, Sie an unser Varieté zu fesseln.« »Es handelt sich wohl um meine arabische Szene, Herr Dr. Pharao?« »Ganz recht! Da Sie hoch zu Kamel über Theben sitzen.« »Herr, ich kenne Sie, so einen ungeschminkten Baß gibt es nicht am Varieté.« Schluß! Mein Brief: Herzallerliebster in Adrianopel! Er fragte mich nämlich an, ob ich ihn noch liebe, bittet mich, ihn nicht zu belügen. Ich werde ihm doch keinen Stoff zur Lyrik geben, (er ist Dichter), »ich *liebe* ihn also! Basta!« Könnte ich doch auch ein bißchen nach der Türkei, zumal meine Vorfahren alle in Sänften getragen wurden. Das Gehen wird mir darum schwer. Wo bei Euch die Sohlen schon erkaltet sind, sind sie bei mir noch Glut. Wenn mein Herz gesund wär, was tät' ich dann? Einen Augenblick, bitte! Ich würde mich pudelnackt ausziehen und mich in ein Süßwasser werfen, wo die sanften Fische leben, aber Schuppen kann ich nicht leiden. Oder ich ging nach dem Südpol und wärmte mich mal ganz tüchtig ein. Was soll ich *noch* machen? Ich blieb *gerade* am Wendekreis stehen, *zum Trotz*. Den Sternbildern würde ich Schnurrbärte malen. Ist es nicht himmelschade, daß mein Herz nicht gesund ist? Vom Mond kommen die Herzkrankheiten, namentlich die Neurosen. Alle Krankheiten kommen von oben. Hier unten ist es ganz nett. Darum stürzen auch so viele Aviatiker vom Himmel herab; das Fahrzeug platzt ja gar nicht, die Fallsucht kriegen sie alle, je höher sie die Bazillen der Gestirne einsaugen. Wie die Aviatiker aussehen? Wie die Vögel, ihre Nasen sind Schnäbel und die Köpfe strecken sie in die Höhe. Ein neues Menschengeschlecht. Ich hab' kein Geld, aber darum kann ich mich doch nicht von der Welt abschließen, zumal ich ganz allein umsonst in den Himmel gehen kann. Außerdem bot man mir die Regierung in Theben an; ich regiere sogar schon pro forma. Die Leute in Berlin sagen, ich habe eine fixe Idee. Das heißt, im Grunde eine Beschäftigung. Ich bin der Prinz von Theben. Nur Kaiser Nikita kann mir nachfühlen, was Regieren heißt. Ich habe wie er ein bunt' Volk. Nachts liege ich auf dem Dach, und bei Tage sitze ich unter meiner Palme und regiere. Ich bin für alles verantwortlich; mein Volk schielt noch vor Ungewißheit, es meint, ich mache Ulk, aber auch der Ulk ist mir bitterer Ernst. Ich bevorzuge nichts – nur einige Menschen. Bin ungerecht, weil ich Geschmack habe, künstlerischen Sinn habe; meine Rede ans Volk bedient sich nicht des Punktes, weil ich mich nicht binden will. Ich bin am tolerantesten gegen mich, ich bin gnädig gegen mich, ich bin einig mit mir, aus Diplomatie, weil sich mein Volk an mich halten muß. Ich denke nur viel, sehr arg, unmittelbar, ich lasse alle meine Gedanken ganz nahe an mich herankommen, damit sie das Fürchten verlernen. Wenn ich nur nicht schon in der Frühe von so vielen muselmännischen Barbieren gestört würde, die mich tätowieren wollen, von abendländischen Malern, die mich porträtieren wollen. Nachts werde ich immer im Schlummer auf meinem Dach gestört von meinen

Paschas, die vor Begeisterung meines Regierungsantritts nicht ruhen können. Sie haben immer in der Audienz, die ich ihnen erteilte, eine Frage unaufgeworfen vergessen, die sie treibt. Seitdem ich als regierender Prinz in Theben gewählt bin, bewegen sich viele Ehrgeizige in derselben Tracht und Gebärde in den Straßen der Stadt, die mir zu gleichen trachten. Meine Epigonen! Denn regieren ist auch eine Kunst, eine Eigenschaft, wie die Malerei, die Dichtkunst und die Musik. Die Epigonie aber ist eine Tätigkeit, darum bringt die Epigonie was ein, wie die Arbeit. Ich arbeite nie, ich hasse den Schreibtisch – zwar hab' ich selbst einen – aber er ist nie ganz gewesen. Heute nacht, da meine Neger schlafen, erbrachen die Paschas gewaltsam die Pforte, die zu meinem Dache führt, wegen der Freimarken. Ich wurde in der Nacht noch im Profil (Seite steht mir besser wie en face), im Turban und Regierungsmantel photographiert in allen Farben; auf allen Postämtern meiner Stadt verbreitet man Mich Allerhöchst.

Kim Chernin
Die-da

Wenn du Kim Chernin auf ihrem Weg in Devoras Zimmer begegnet wärst, hätte sie dir nicht ihre Philosophie über das Leben, den Sex und den Körper vorgetragen. Und doch grübelte sie über *Die-da* nach, ein Wesen, das sie zum Teil selber war, wie sie wußte, und das sie haßte. Ich habe *Die-da* bisher noch nicht erwähnt. Ich fand es schon irritierend genug, daß eine Kim Chernin von jetzt über eine Kim Chernin von damals schreibt. *Die-da* sind jedoch nicht länger zu umgehen.

Binnen kurzem wird Kim Chernin für lange Zeit einschlafen. Während dieser Abwesenheit können wir uns ebensogut mit den verachteten *Die-da* beschäftigen, die Kim Chernin manchmal *Die-da*, die Willfährigen, nannte, wobei das »die« ein Ensemble darstellte aus Vater und Mutter, dem ersten Lehrer, dem Polizisten an der Ecke, dem Mann im Park, den Jungen aus der Nachbarschaft, die mit vereintem Gesinge spätabends die Gegend unsicher machten. Alle zusammengenommen bildeten sie ein Geschöpf, das ganz entschieden nicht Kim Chernin war. Gemeinsam hatten sie *Die-da*, ein Geschöpf, das sie nach ihrem eigenen Bild geformt hatten, von jenem Lust-Körper, den Kim Chernin ihrer Meinung nach rechtmäßig besitzen sollte, und ebenso von seinen Empfindungen losgetrennt. Deshalb wollte Kim Chernin *Die-da* unbedingt vernichten.

Vernichten ist ein starkes Wort. Vielleicht sollte ich lieber sagen, Kim Chernin wollte *Die-da* gerne aus dem körperlosen, willfährigen Zustand erlösen, in dem *Die-da* existierten. Wo ich sage, daß Kim Chernin nur Joghurt und hartgekochte Eier aß, hätte Kim Chernin gesagt, daß es *Die-da* waren, die ans Hungern glaubten.

Kim Chernin wollte *Die-da* vernichten. Sie wollte *Die-da's* Leidenschaft für eiskalte Duschen direkt nach dem Aufstehen mit der Wurzel ausreißen, sie verachtete *Die-da's* asketische Neigungen und *Die-da's* Leidenschaft für die Überwindung des Fleisches. Wenn Kim Chernin eine Rebellin war, so war sie es wegen *Die-da,* Kim Chernin rebellierte gegen *Die-da.*

Wieso rebellieren? *Die-da* waren immerhin auch ein Teil von Kim Chernin. Ihre einzige authentische Regung in diesem ständigen Krieg zwischen Kim Chernin und *Die-da* war, wie Kim Chernin sagte, erotischer Natur. Diese Regung, so behauptete Kim Chernin gerne, habe ihr niemand eingeimpft, sie zumindest war etwas, was weder Mutter noch Polizist noch Vater bei ihr vorzufinden wünschten. Keiner von ihnen wollte, daß sie Wachtürme liebte. In dem Maße, wie Kim Chernin Verlangen spürte, war sie nicht *Die-da*, war sie sie selbst.

Die-da wohnten in einem Hohlraum hinter den Augen, in einem Kopf, der, aufgrund seiner Loslösung vom Körper, einen Begriff von sich selbst hatte. Es war für Kim Chernin nicht einfach, das Verhältnis von *Die-da* zum Körper zu beschreiben. Ließ sich behaupten, daß *Die-da* den Körper vergessen hatten? Ihn in ein Phantomglied verwandelt hatten? Ihn nur, wenn es paßte, oder in Notfällen hervorholten? (Es hatte den Anschein, daß jemand, der den Körper völlig verlassen hatte, für tot erklärt werden konnte. *Die-da* fürchteten den Tod.)

Die Feindschaft zwischen Kim Chernin und *Die-da* entspann sich fast täglich an jener Empfindungsfläche, die Haut heißt. Kim Chernin lauerte darauf, jeden kleinsten Nadelstich von Empfindung anzuheizen, *Die-da* gierten danach, sie zu ersticken. *Die-da* mochten vielleicht in der Nahrungsschlacht gewinnen. Gegen den Sex und seine Kapricen, gegen das Verlangen und seinen Hunger waren *Die-da* machtlos.

Kim Chernins Strategie sah so aus: Indem sie jeder sich bietenden Versuchung nachgab, irgendwann spätabends mit Simon in dem Schuppen unten im Bananenhain (vielleicht), würden ihr nach und nach lauter kleine Schläge gegen *Die-da* gelingen. Wenn Kim Chernin zersplitterte, so war es genau das, was sie sich wünschte. *Die-da* waren es, die schließlich untergehen würden. Nicht mehr lange, und die originale Kim Chernin der reinen Empfindung würde geboren werden, und zwar genau an dem Ort, wo *Die-da* zerfielen.

Die-da hatten eine Psychoanalyse begonnen, um sich über Kim Chernin zu beschweren. Ihnen gefiel die Art nicht, wie Kim Chernin in einem Café von Berkeley mit einem Fremden über dionysische Ekstase sprach. Sie waren schockiert, als Kim Chernin in die Tilden-Berge ging und Bananenschalen rauchte oder als sie an dem verbotenen Waldufer des Anza-Sees, wo es keine Rettungsschwimmer gab, baden ging und nackt und feucht unter Eukalyptusbäumen lag und Strategien gegen *Die-da* erprobte.

Der Analytiker erklärte *Die-da,* die Männer würden Kim Chernin ausnutzen. Er sagte, sie bedienten ihren Narzißmus, um sich ihres Körpers zu bemächtigen. *Die-da* bewunderten diese Formulierung, die Kim Chernin eine Stufe tiefer beförderte, weil sie sich jedem Mann anbot, der sie schön fand. (*Die-da* wußten, daß Kim Chernin nicht schön war, ihre Brüste waren zu groß, und sie hatte keine langen Finger, sie zog Männer an, weil sie eine Nutte war.)

Kim Chernin erwartete nicht, daß der Analytiker ihr Radikalprogramm zur Befreiung des Verlangens begriff. Wahrscheinlich hatte er keine Ahnung, daß Frauen ein ganz eigenes Verlangen besitzen, eine einzigartige Lust, die ihren ganzen Körper erfaßt, und der läßt sich in nichts mit einem männlichen Körper vergleichen, ist ihm nicht im entferntesten ähnlich. Wie sollte der Analytiker es auch wissen, da selbst die meisten Frauen es nicht wußten.

Im Laufe der viereinhalb Psychoanalysejahre konstruierten *Die-da* Kim Chernins sexuelle Geschichte, während sie selber diese Geschichte still für sich anders las. *Die-da* waren beeindruckt von der Entdeckung, daß das kleine Mädchen, das sie beide einmal gewesen waren, in einem Park der Bronx spazierengegangen und einem nackten Mann begegnet war, der ihr Geld gab, damit sie seinen Penis anfaßte. Kim Chernin sah in dieser Geschichte, ebenso wie in der mit den Jungen im Keller ihres Mietshauses, in dem sie mit ihrer Familie im fünften Stock wohnte, nur weitere Beispiele für die Verschwörung, der ihr Körper von Geburt an ausgesetzt war.

Jedesmal, wenn sie eine Stelle berührte, die Lust schenkte, und dafür gemaßregelt wurde, kam ihr ein Stück ihres Körpers abhanden. Die Empfindlichkeit ihrer Fingerspitzen verschwand als erstes, ihre Finger (die gerne jeden Winkel ausforschten) verschwanden bald darauf. Die Augen wurden ihr genommen, als ihr die Tür vor der Nase zugeschlagen wurde, weil sie neugierig war, was ihr Vater da in seiner Hose hatte und was eine Beule machte. Danach umgab diese Beule ein Geheimnis, das für alle späteren Geheimnisse stand. Die Beule war scheu, manchmal war sie sichtbar, dann wieder abgeflacht und versteckt, sie war, wie es schien, in drei deutlich unterschiedene Teile geteilt, ebenso wie auch Gott, der zur Erkenntnis auffordert, den Anblick des Objekts allen Begehrens jedoch verweigert. Schon in frühem Alter verlor sie ihre Hände, als sie die Brust ihrer Mutter (den wahren Grund allen Seins, schon vor den Göttern da) anfassen wollten. Inzwischen war das Anfassen verboten; niemand sagte, wieso, aber die Hände wurden geschlagen.

Damals, als drei oder vier Nachbarjungen sie unter dem Vorwand, mit ihr spielen zu wollen, in jenen Keller gelockt hatten, war sie auf eine Matratze geschubst worden. Sie war da noch nicht mal fünf Jahre alt. Was dann geschah, was dann geschah, ließ sich nur rekonstruieren. Die Erinnerung setzte aus nach der Erinnerung an die Bemerkung eines Jungen, der sagte: »Guckt mal, was für starke Beine sie hat.« Vielleicht wurde sie ohnmächtig. Ihr Körper erinnerte sich an Tritte. Wenn sie abends zu Bett ging, waren da, seit damals Nacht für Nacht, Phantombeine, die traten und um sich schlugen. Innen, an einer unendlich empfindlichen Stelle oben zwischen den Beinen, ein Stoßen und Brennen. Obwohl weder *Die-da* noch Kim Chernin sich erinnern konnten, was da in dem Keller vor sich gegangen war, sagte der Körper: »Vergewaltigung.«

Die-da waren nur allzu froh, diesen Körper loszusein, der die Demütigung ertragen hatte, daß ein Mädchen in ihm aufwuchs. Nach *Die-da's* Ansicht war Verhungern das angemessene Schicksal für diesen Körper, der die Selbstkasteiung nun in Eigenregie zu übernehmen hatte und hoffentlich rechtzeitig seine so begehrten Empfindungen brandmarken, disziplinieren und endlich ausmerzen würde. Nach Kim Chernins Ansicht war der wahre Sinn des Lebens der Körper, doch der Junge oder das Mädchen, die in ihm groß wurden, schlugen und demütigten ihn und entfremdeten ihn allem: der Bedeutung, die ein gezacktes grünes Blatt haben kann, dem Vergnügen des Mundes an den Sachen, die man hineinsteckte, dem Sehnen des Körpers. Für Kim Chernin war der Körper mit versteckten Naturgottheiten bevölkert, die alle danach hungerten, erweckt zu werden. Dieser Weg, der Weg zurück zum Körper, war es, den Kim Chernin gehen wollte. Sie wollte ihn sich von jenen zurückholen, die gemaßregelt, geschlagen, Türen geknallt und gestoßen hatten.

Die-da hatten eine Psychoanalyse gemacht, um Kim Chernin loszuwerden. Statt dessen erstarkte die wilde Kim Chernin in dem Maße, wie *Die-da* allmählich auseinanderfielen. Die Abspaltung von Kim Chernin, die der Psychoanalytiker vermutlich für unerwünscht hielt, machte es ihr möglich, die allmähliche Stück-um-Stück-Vernichtung von *Die-da* zu überleben. Als Kim Chernin in dem Gesellschaftsraum an ihrem Stuhl festklebte, war das ein Augenblick, in dem *Die-da* den Zugriff auf den Phantomkörper verloren.

Doch der Phantomkörper war der einzige Körper, den Kim Chernin besaß, und wenn der neue Körper erst im Entstehen begriffen war – wiederholte Episoden mit Sex und Gefühl halfen dabei –, wo sollte Kim Chernin sich dann unterbringen, wenn Die-da und der Phantomkörper sich auflösten? Wo sollte Kim Chernin sich unterbringen? Eine Frage, die sich nicht stellen läßt, kann auch nicht beantwortet werden. Schlimmer noch, Kim Chernin gab sich nicht mit der philosophischen Erörterung ihrer Lage zufrieden. Sie wollte so lange durchhalten (wie? wo? eine Person ohne Körper?), bis der Lust-Körper, der ihr von Geburt an zustand, soweit ausgereift war, daß er ihr eine Heimat bieten konnte.

Verständlicherweise würde sich ein Mensch in dieser Lage an den Kollektivkörper einer kleinen Farm schmiegen wollen, in die Arme eines Mannes, der nur darauf wartete, sie zu nehmen. Dieser Mensch würde sehr lange schlafen wollen, denn der Schlaf besitzt seinen eigenen Körper. Ich glaube, es waren *Die-da,* die sie nachts wach hielten, weil sie wußten, daß der Körper im Schlaf zu sich selbst zurückkehrt, ursprüngliche Freuden erlebt, unschuldig wird.

Meret Oppenheim

Selbstportrait seit 50 000 v. Chr. bis X

Meine Füße stehen auf von vielen Schritten abgerundeten Steinen in einer Tropfsteinhöhle. Ich lasse mir das Bärenfleisch schmecken. Mein Bauch ist von einer warmen Meeresströmung umflossen, ich stehe in den Lagunen, mein Blick fällt auf die rötlichen Mauern einer Stadt. Brustkorb und Arme stecken in einem Panzer aus dicht übereinandergenähten Lederschuppen. In den Händen halte ich eine Schildkröte aus weißem Marmor. In meinem Kopf sind die Gedanken eingeschlossen wie in einem Bienenkorb. Später schreibe ich sie nieder. Die Schrift ist verbrannt, als die Bibliothek von Alexandrien brannte. Die schwarze Schlange mit dem weißen Kopf steht im Museum in Paris. Dann verbrennt auch sie. Alle Gedanken, die je gedacht wurden, rollen um die Erde in der großen Geistkugel. Die Erde zerspringt, die Geistkugel platzt, die Gedanken zerstreuen sich im Universum, wo sie auf andern Sternen weiterleben.

Dubravka Ugrešić
Refugee

»Woher kommen Sie?« Mit dieser Frage will der junge flämische Fotograf mein verkrampftes Gesicht entspannen.

»Aus Zagreb«, sage ich.

»Und wo ist das?« erkundigt sich obenhin und kaugummimahlend der junge Flame.

In der Tat, wo ist das? In Kroatien. In einem Land, das noch nicht existiert. Und wo ist das? In Jugoslawien. Einem Land, das nicht mehr existiert. Wenn ein Land nicht existiert, dann ist auch das, was sich in ihm ereignet, nicht existent. Es gibt keinen Tod, die zerstörten Städte sind nicht zerstört, es gibt keine Opfer, Flüchtlinge haben ihre Häuser nicht verlassen, die tobenden Generale der jugoslawischen Armee existieren auch nicht. Alles ist still wie auf einem zurückgedrehten und angehaltenen Filmbild. In Holland bin ich zu Hause, ich bin ein – Fliegender Holländer.

Ich weiß nicht mehr, wer ich bin, wo ich bin, zu wem ich gehöre, sagte Mama vor ein paar Tagen. An diesem Tag waren wir zum fünftenmal in den Keller, unseren improvisierten Schutzraum, gerannt. Getreu den Anweisungen der Zivilverteidigung hatten wir unsere Personalausweise bei uns, damit wir im Fall einer Bombardierung nicht anonyme Leichen wären, sondern ordentlich identifiziert werden könnten.

Als meine Nachbarinnen hörten, daß ich nach Amsterdam fahren würde, sagten sie: Erzählen Sie diesem Van den Broek, was hier los ist…

Dabei saßen wir alle im Keller unseres Wohnhauses. Die strickenden und stickenden Nachbarinnen flochten ihre gezerrten Nerven in die beruhigenden Woll- und Baumwollfäden.

»Mach ich«, erklärte ich.

Sie sahen mich mit Blicken ohne jeden Zweifel an. Jetzt – wo ich durch Amsterdams Straßen spaziere – weiß ich, daß alle angefangenen Pullover, Strickjacken, Tischdecken fertiggestellt sind und daß im finsteren Keller meines Hauses hastig neue gestrickt und gestickt werden…

Im Foyer des Hotels »Ambassade« an der Heerengracht (in der die Spiegelbilder der Häuser zittern wie Obstgelee) beantworte ich die Fragen einer Journalistin.

»In Kroatien wurden bis heute mehr als dreihundert geschützte Kulturdenkmale vernichtet. Dubrovnik zu bombardieren ist ein ebenso schweres Verbrechen, wie Venedig zu bombardieren, zum Beispiel...«

»Venedig bombardieren?« Die Journalistin ist aufrichtig bestürzt. »Entsetzlich...«

Im Artis, dem Zoo von Amsterdam, betrachte ich die ruhigen Reptilien. Im Kopf, im Off, eine in der Zagreber Presse vor der Abreise gelesene Notiz. Eine Gruppe meiner Landsleute richtet einen offenen Brief an Pavarotti anläßlich seines Benefizkonzerts für die Galapagos-Schildkröten. Oder so ähnlich. Herr Pavarotti, heißt es im Brief meiner Landsleute, die Kroaten sind ebenso bedroht. Die Kroaten sind Galapagos-Schildkröten.

»Das hätten sie nicht tun sollen«, kommentiert mein Bekannter. »Pathetik ist kontraproduktiv.«

Ich stimme ihm zu. Der Tod ist kontraproduktiv. Die jugoslawischen Zeitungen sind voller offener Briefe. Offene Briefe an Milan Kundera, an Peter Handke, an György Konrád... Offene Briefe sind ein Kriegsgenre, ein Genre der letzten Verzweiflung, gedacht zur öffentlichen Denunziation eines anderen, im Ergebnis – eine Denunziation der eigenen Empfindungen. Der offene Brief ist ein äußerst unnatürliches und unangebrachtes Genre, er wird niemals von denen gelesen, an die er gerichtet ist, er ist eine Form der öffentlichen Selbsterniedrigung dessen, der ihn verfaßt. Die Literatur ist in Kriegstagen auf zwei Genres reduziert: den offenen Brief und das Tagebuch.

Alles wird zur Geschmacklosigkeit, Deplaziertheit, zum schlechten Witz, zu Nabokovs unübersetzbarem russischen Wort *poschlost,* zum Recycling der *poschlost.*

Aus dem bombardierten Vukovar sind mehrere Flüchtlingsströme aufgebrochen. Eine Frau gelangte irgendwie zu Verwandten nach Zagreb, die, wie der Zufall es wollte, in der Vukovarer Straße wohnten. Dem Tod in Vukovar entronnen, ging die Frau am nächsten Tag auf die Straße und wurde von einer verirrten Granate getroffen. Ihr Tod ist ein schlechter Witz. Todesfälle werden in Jugoslawien nicht mehr gezählt. Das Leben wird ausverkauft, Serben und Kroaten kommen gleichermaßen billig um.

Ich rufe Mama in Zagreb an. Sie weint.

»Mach dir keine Sorgen«, schluchzt sie. »Wir weinen alle. Wir haben keine Nerven mehr.«

Im »Bodega Keyzer Café« trinke ich Kaffee und notiere auf einem Zettel Gegensatzpaare. Organisiert – desorganisiert; Demokratie – Demokratieersatz durch demokratische Symbole; Zivilisation – Primitivismus; Legitimität – Illegitimität; rationales Bewußtsein – mythisches Bewußtsein; Zukunftsgerichtetheit – nekrophile Vergangenheitsbesessenheit; Vorausschau – Unfähigkeit zur Vorausschau; Kriterien- und Wertesystem – Systemlosigkeit; individuelles Bewußtsein – kollektives Bewußtsein; Bürger – Nationalität... Die linke Rubrik ordne ich unter Westeuropa, die rechte unter Osteuropa.

Und plötzlich sehe ich dieses Osteuropa. Es sitzt an meinem Tisch, wir sehen einander wie im Spiegel, ich bemerke ungepflegten Teint, billige Schminke, einen herablassenden und dreisten Gesichtsausdruck. Es wischt sich den Mund mit der Hand, spricht zu laut, gestikuliert, hebt die Brauen, ich sehe in den Augen Verzweiflung und List zugleich, ich sehe das panische Bedürfnis, aus einem Bürger zweiter Klasse ein Jemand zu werden. Meine Schwester, mein trauriges Osteuropa.

Im Café »Hoppe« stellt man mich einer Jugoslawin mit englischem Familiennamen vor, zu dem sie durch eine einfache eheliche Transaktion gekommen ist. Ich wittere, sie ist »eine von uns«, von der Art, die ich sofort erkenne. Sie hat ein Buch geschrieben, eine *personal story*, es hat sie in Kuwait erwischt, und da es schon so war, hat sie eben ein Buch geschrieben... Mein Leben vor Kuwait, mein Leben nach Kuwait – schwätzt meine Landsmännin. Fünfundzwanzigtausend Auflage in Amerika, zwanzigtausend in Deutschland, zwanzig in England, zwanzig in den Niederlanden... Nur die Franzosen wollen nicht ran, die Schweine... Ein Film ist auch in Vorbereitung, sagt sie, nach meiner personal story. Sie liebt offenbar das Wort personal...

»Warum schreiben Sie nicht über Jugoslawien? Das ist auch eine Art Kuwait«, sage ich.

»Das ist nicht meine personal story«, sagt sie. »Außerdem ist es nicht medienwirksam, nicht *marketable*...«

Ich verstehe sie. Kuwait ist ihr plötzlich erlangtes ID, sie gibt es nicht aus der Hand, solange es etwas wert ist. Auch das Unglück braucht gutes Design, Etikett und Markt. Hätte Yves Saint-Laurent die Schrecken des Krieges in Kroatien entworfen, sie wären jemandem aufgefallen. So aber ist die Masse der Todes- und Unglücksfälle »da unten« auf dem Balkan keine Marktgröße. Und damit auch keine moralische und keine emotionale...

In der *Volkskrant* lese ich den Titel »Nieuw offensief federaal leger tegen Kroatië«. Die Sprache verstehe ich nicht, aber die Botschaft. Wie der thessalische Königssohn Erysichthon, den Demeter mit ständigem Heißhunger bestrafte, wird die Bundesarmee zuerst Kroatien vertilgen und dann in Ermangelung weiterer Nahrung den Rest von »Titoland«, das Ei, aus dem sie gebrütet wurde. Am Ende wird sie, nachdem sie die eigenen Kinder gefressen hat, bei der Selbstvertilgung unter schrecklichen Qualen sterben. Das Land, das in seinem ideologischen Paket bis vor kurzem eine glückliche Zukunft proklamierte, verwirklicht jetzt diese Zukunft: ein Land der Bettler und Invaliden.

Während auf dem Balkan auf vollen Touren Lügen, Tod und Vernichtung produziert werden, erzeugen gleich hier in der Nachbarschaft die Länder Schutzfilter der Gleichgültigkeit. Ich begreife, daß wir, wir dort unten, der Scheißhaufen Europas sind, das lästige Problem, die debile Verwandte. Ich kann begreifen, daß Europa nur rotwangige, gesunde und kompatible Familienmitglieder haben möchte, aber ist das alles nicht trotzdem schrecklich – sage ich erbittert.

»Quälen Sie sich doch nicht so«, sagt mein Amsterdamer Kollege. »Mein Gott, Sie sind doch nicht Ihr Land?!«

»Leider doch«, sage ich schnell und weiß nicht, ob ich wegen dieser Tatsache – die so einfach ist wie das Bier im Glas vor mir – weinen oder lachen soll.

Die Angestellte der US-Botschaft in Amsterdam fertigt den jungen Mann und das Mädchen in der Schlange vor mir schnippisch ab.

»Besorgen Sie sich in Zagreb ein Visum«, sagt sie.

»Aber das Konsulat dort ist geschlossen«, antworten sie.

»Davon ist uns nichts bekannt«, sagt die Angestellte und setzt damit einen Punkt unter die ganze Angelegenheit.

Ich bekomme mein Visum sofort. Ich werde an einer amerikanischen Universität Vorlesungen halten. Bitte sehr, natürlich, *good luck*...

Ich schäme mich. Ich bin ein privilegierter Flüchtling.

Ich spaziere durch Amsterdams Straßen. Auf der Leidesplein verharre ich neben einer Gruppe, die gegen *fast food* demonstriert. So stehe ich da als Ex-Jugoslawin, die nicht mehr weiß, wer sie ist, wo sie ist, zu wem sie gehört, kaufe ein *Fast-food-Brötchen,* nicke dem dunkelhäutigen Verkäufer zu, sage, *es gibt kein food ohne fast food.* Er lächelt, er ist einer der »Meinigen«, Dritte Welt, ich erkenne ihn an seinem herablassend-dreisten Gesichtsausdruck. So stehe ich mitten in der warmen Menge, unter dem Arm das eben gekaufte *Tagebuch der Laura Palmer,* im Kopf die Bilder aus der Heimat, die Lynchs *soap-noir* gleichen... Nur daß es echtes Blut ist, das dort fließt. Ein junger Mann neben mir trägt eine Tafel mit der Aufschrift STOP FAST FOOD.

Ich nehme den Filzstift aus der Handtasche, schreibe auf die Einbandinnenseite von Lauras Tagebuch – das einzige Papier, das mir zur Verfügung steht – meine Botschaft. STOP THE WAR IN CROATIA. Im vollen Bewußtsein der eigenen Unwichtigkeit, der *fatalen Strategien* der Welt hebe ich das Buch hoch. Vermischt mit der warmen Menge, sende ich mein Signal aus. Mein Blick fällt auf die Leuchtreklame auf der anderen Straßenseite. Die Reklame zwinkert mir zu und scheint zu sagen: Ich werde morgen darüber nachdenken. *I'll think about it tomorrow*, flüstert meine Schwester, mein schönes Westeuropa.

Clarice Lispector

Leben pur

Denn in Rio de Janeiro gab es ein Haus mit einem Kamin. Als sie merkte, daß es nicht nur kalt war, sondern der Regen auf die Bäume fiel, konnte sie nicht glauben, daß ihr so viel gegeben wurde. Der Einklang der Welt mit dem, von dem sie nicht einmal wußte, daß sie es brauchte, als herrsche Hungersnot. Es regnete und regnete. Das brennende Feuer zwinkerte ihr und dem Mann zu. Er, der Mann, beschäftigt mit dem, was sie ihm nicht einmal dankte; er schürte das Kaminfeuer, übernahm seine ihm von Geburts wegen zufallende Pflicht. Und ihr – der stets unruhigen, emsig Dinge erledigenden und Neuigkeiten ausprobierenden –, ihr fiel es nicht im Traum ein, das Feuer zu schüren: dies war nicht ihre Rolle, hatte sie doch ihren Mann dafür. Wenn sie auch keine zarte Mimose war, so mochte er doch seinen Auftrag erfüllen. Das Äußerste, was sie tat, war, ihn hin und wieder anzutreiben: »Dieser Scheit da«, sagte sie zu ihm, »brennt noch nicht.« Und bevor sie mit dem Satz, der es ihm erklärte, zu Ende war, hatte er auch schon, durch und durch ihr Mann, den Scheit gesehen und bearbeitete ihn mit dem Feuerhaken. Doch nicht auf ihr Kommando hin, die sie eines Mannes Frau war und ihren Stand gefährdete, gäbe sie ihm Befehle. Seine andere Hand, die freie, war in ihrer Reichweite. Sie wußte es, doch sie nahm sie nicht. Sie wollte seine Hand, wußte, daß sie sie wollte und nahm sie nicht. Sie hatte genau das, was sie brauchte: sie konnte es haben.

Ach, und zu sagen, daß all das zu Ende gehen würde, von sich aus nicht von Dauer sein konnte. Nein, nicht auf das Feuer bezog sie sich, sie dachte an das, was sie empfand. Was sie empfand, war nie von Dauer, was sie empfand, ging stets zu Ende und war vielleicht zum letzten Mal. Daher stürzte sie sich begierig auf den Augenblick, verzehrte sein Feuer, während draußen das Feuer sanft brannte, glühte, aufloderte. Dann, wissend, daß alles zu Ende geht, nahm sie des Mannes freie Hand in die ihren, während sie selber sanft brannte, glühte, aufloderte.

Hertha Kraeftner

Wenn ich mich getötet haben werde

Wenn ich mich getötet haben werde, können die anderen voraussichtlich eine Menge Mutmaßungen, Verdachte, Motive und Interpretationen angeben. Am häufigsten wird man wohl davon sprechen, daß die unangenehmen Situationen, in die die meisten Menschen geraten, nur neurotischen oder gar psychopathischen Persönlichkeiten unerträglich werden. Ferner wird die Annahme berechtigt sein, daß ein hysterischer Selbstmordversuch unabsichtlich ein unglückliches Ende nahm. Noch weiter werden jene gehen, die – da sie sowohl meine Lebenshaltung als auch meine Schreibweise als traurige kennen – meine Tat als Konsequenz einer Psychose werten werden; die Melancholie endet sehr oft mit Selbstmord; das ist vielen bekannt.

Neben diesen Deutungen, die sich alle auf die Annahme einer krankhaften Veranlagung stützen, wird es jene geben, die ein schockhaftes Erlebnis als Ursache angeben. Ihnen zufolge könnte der Tod eines Nahestehenden, eine Untreue des Geliebten, der Bruch eines langjährigen Verhältnisses, Streit in der Familie oder dergleichen mehr die Veranlassung zur Tat gewesen sein. Niemand wird etwas Genaues wissen, aber alle werden von der Richtigkeit ihrer Annahme überzeugt sein.

Die dritte Kategorie der Beurteilenden aber wird meinen Tod als völlig ursachlos empfinden, denn ihre Argumente heißen: Dieses Mädchen stand am Anfang ihres Lebens, sie war weder gefährlich krank noch häßlich oder verunstaltet; sie war gescheit und gebildet, ihr Professor nannte sie fähig und namhafte Literaten fanden sie begabt. Sie hatte bereits schriftstellerische Erfolge. Wo immer sie hinkam, war sie den Leuten sympathisch, sie konnte sich ihren Mitmenschen anpassen. Sie hatte einen Freund, der sie liebte, wenn sie aber neben ihm nicht glücklich war, so hatte sie Gelegenheit genug, einen anderen zu wählen. Sie hatte eine sorgende Familie und bekam nicht nur, was sie brauchte, sondern auch was sie sich wünschte. Hatte dieses Mädchen also Grund, sich zu töten? Nein, antworten die Philister.

Das dürften im großen und ganzen die Linien sein, innerhalb derer – natürlich mit einigen Abweichungen – die Interpretationen sich bewegen werden. Aber ich bin überzeugt, daß es keinen geben wird, dessen Trauer um mich so groß ist, daß die Frage nach dem Motiv in seinem Herzen keinen Platz findet.

Was die Auswirkungen meines Selbstmordes auf fremde Gemüter betrifft, so werden ihn die meisten bedauern und einige darüber trauern. Sollte jemand in Verzweiflung geraten, so ist der sichere Trost gegeben, daß er früher oder später – eher früher – darüber hinwegkommt. Ich bin sicher, daß man oft – vor allem unter den Kommentatoren erster Kategorie – den Satz hören wird: Das Kranke muß absterben, das ist ein biologisches Gesetz. Ob wohl unter den vielen Leuten, die mich kennen, sich einer den stillen Vorwurf machen wird, daß man mir hätte helfen können? Er wird bald einsehen, daß er sich den Vorwurf ersparen kann, denn es war schließlich nicht seine Schuld, daß ich meine gefährdete Situation nicht deutlich genug zeigte.

Wenn es möglich wäre, mich nach meinem Tod um die Ursache zu fragen, so müßte ich antworten, daß ich durchaus geneigt sei, mich einer der oben dargestellten Theorien anzuschließen, sofern sie nur überzeugend genug vorgebracht wird. Die wirkliche Ursache, warum der Tod einen trifft, zu wissen, ist niemals möglich; wirklich und ausschlaggebend ist nur, daß der Tod auch nach Teheran kommt.

Es ist die Hölle auf Erden

Tove Ditlevsen

Es ist die Hölle auf Erden

Es ist die Hölle auf Erden. Mich friert, ich zittere, ich schwitze, ich weine und rufe seinen Namen in das leere Zimmer. Jabbe kommt und sitzt bei mir. Sie weint verzweifelt. Er hat sich eingeschlossen, sagt sie, ich habe Angst vor ihm. Ich soll das Essen vor seine Tür stellen, er holt es sich herein, wenn ich gegangen bin. Können Sie nicht einen anderen Arzt anrufen? Sie sind so furchtbar krank, und ich kann nichts tun. Wenn Ihre Freunde kommen, bittet er mich, sie nicht hereinzulassen. Nicht einmal seine eigene Mutter will er sehen. Vielleicht, sage ich, fängt er an, verrückt zu werden. Ich weiß, daß er das schon einmal war. Plötzlich muß ich mich übergeben, Jabbe holt eine Schüssel und trocknet mein Gesicht mit einem Waschlappen ab. Ich bitte sie, Geert Jörgensens Nummer im Telefonbuch nachzuschlagen und sie auf einen Zettel zu schreiben. Sie tut es, und ich lege den Zettel unter mein Kopfkissen. Jetzt kann ich nicht einmal mehr mit Chloral schlafen. Wenn ich die Augen schließe, sehe ich fürchterliche Bilder auf der Innenseite der Lider. Ein kleines Mädchen geht durch eine dunkle Straße, und plötzlich taucht hinter ihr ein Mann auf. Er hat eine schwarze Kapuze über den Kopf gezogen, und in der Hand hat er ein langes Messer. Er macht einen Sprung vorwärts und sticht ihr das Messer in den Rücken. Sie schreit mit mir um die Wette, und ich öffne die Augen wieder. Carl kommt leise herein. Hast du wieder einmal einen schlechten Traum gehabt? sagt er, bückt sich und sammelt Fusseln vom Boden. Wir haben kein Pethidin mehr, ich habe sicher vergessen, die letzte Rechnung zu bezahlen, aber du kriegst noch eine Dosis Chloral. Er schüttet es in das Meßglas, und ich flehe ihn an, mir die doppelte Dosis zu geben. Ach was, sagt er und tut, was ich verlange, das kann dir jedenfalls nicht schaden. Es geht mir ein wenig besser, und er streichelt meine Hand, die nur halb so groß ist wie seine. Das ist eine Frage der Ernährung, sagt er mit einfältigem Lachen, wenn du zwanzig Pfund zunimmst, ist das wieder im Lot. Er bleibt noch etwas sitzen und starrt ins Leere. Dann singt er mit falschen Tönen: Wir ficken unsere Mädchen, wenn es uns gefällt. Das stammt aus dem Studentenheim, erklärt er. Als ich da wohnte, war ich Vegetarier. Ich stelle mir oft vor, du bist meine Schwester, murmelt er und bückt sich wieder zum Fußboden. Blutschande kommt häufiger vor, als man glaubt. Dann versucht er, sich zu mir ins Bett zu legen, und zum erstenmal habe ich Angst vor ihm. Nein, sage ich und schiebe ihn mit einer kraftlosen Bewegung weg. Laß mich in Ruhe, ich will schlafen. Als er gegangen ist, werde ich auf einmal hellwach. Er ist verrückt, sage ich vor mich hin, und ich muß bald sterben. Ich versuche, die beiden Gedanken festzuhalten, die wie senkrechte Schnüre in meinem Gehirn stehen, aber sie schwanken wie Tang in bewegtem Wasser. Aus Furcht vor den Bildern wage ich nicht, die Augen zu schließen. Ob es wohl Tag ist oder Nacht? Ich stütze mich mit dem Ellbogen hoch und lasse mich mit Mühe aus dem Bett gleiten. Ich merke, daß ich nicht aufrecht stehen kann. So krieche ich auf allen vieren über den Fußboden und richte mich am Schreibtischstuhl auf. Die Anstrengung ist so groß, daß ich die Arme auf die Schreibmaschinentasten legen und den Kopf einen Augenblick darauf ausruhen muß. Mein Atem zischt durch die Stille. Ich muß handeln, bevor das Chloral aufhört zu wirken. Den Zettel mit Geert Jörgensens Telefonnummer halte ich fest in der Hand. Ich schalte die Schreibtischlampe an, wähle die Nummer und warte auf Antwort. Hallo, sagt eine ruhige Stimme, hier ist Geert Jörgensen. Ich sage meinen Namen. Ach Sie sind es, ruft er aus, um diese Zeit! Ist etwas nicht in Ordnung? Ich bin krank, sage ich, er tut Wasser in die Spritze. Was für eine Spritze? Pethidin, sage ich und bin nicht imstande, es weiter zu erklären. Gibt er Ihnen Pethidin? sagt er scharf, wie lange geht das schon? Ich weiß nicht, flüstere ich, ich glaube, ein paar Jahre, aber jetzt wagt er es nicht mehr. Ich sterbe fast. Helfen Sie mir. Er fragt, ob ich am nächsten Tag zu ihm kommen könne, und ich sage nein. Dann will er mit Carl sprechen, und ich rufe seinen Namen, so laut ich kann, während ich den Hörer auf den Tisch lege. Er erscheint in der Tür in seinem gestreiften Pyjama. Was ist los? fragt er schläfrig. Geert Jörgensen, sage ich, er will dich sprechen. Ach so, sagt er leise und reibt sich das unrasierte Kinn, dann ist meine Karriere erledigt. Er sagt das ohne Vorwurf, und im Augenblick verstehe ich auch nicht, was er meint. Hallo, sagt er ins Telefon und ist dann lange still, weil der andere spricht. Man kann im ganzen Zimmer hören, daß er erregt und zornig ist. Ja, sagt Carl bloß, ja, morgen um zwei. Das ist mir recht. Ja, das kann ich morgen erklären. Als er den Hörer aufgelegt hat, lächelt er mir kränklich zu. Willst du eine Spritze haben, sagt er sanft, diesmal werde ich genug nehmen. Das müssen wir wirklich feiern. Er holt die Spritze, und die alte Süße und Seligkeit wie vor langer Zeit geht in mein Blut. Bist du mir böse? sage ich und wickle sein Haar um meine Finger. Nein, sagt er, jeder ist sich selbst der Nächste. Dann sieht er sich im Zimmer um, er betrachtet jedes Möbelstück einzeln, als ob er sich für alle Zeit dieses Zimmer und seine Einrichtung einprägen wolle. Erinnerst du dich, sagt er langsam, wie froh wir an dem Tag waren, als wir in das Haus einzogen? Ja, sage ich benommen, aber das können wir doch wieder werden. Es war auch blöde, daß ich ihn angerufen habe. Nein, sagt er, das war deine Rettung. Du kommst ins Krankenhaus, und alles ist vorbei. Was wird mit den Kindern, fällt mir ein. Die haben ja Jabbe, sagt er, die verläßt sie schon nicht. Und was wird mit dir, frage ich, wo ist deine Rettung? Ich bin fertig, sagt er ruhig, aber daran mußt du nicht denken. Jetzt muß jeder für sich retten, was zu retten ist.

Leonora Carrington

Ich bin nicht mehr das entzückende junge Mädchen, das einmal verliebt durch Paris gegangen ist

den 23. August 1943

Es ist jetzt genau drei Jahre her, daß ich in die Klinik von Dr. Moralès in Santander (Spanien) eingeliefert wurde, weil Dr. Pardo in Madrid und der britische Konsul mich für unheilbar geisteskrank hielten. Da ich das Glück hatte, Ihnen, einem so klarsehenden Mann, zu begegnen, habe ich mich vor einer Woche darangemacht, die Fäden zusammenzufügen, die mich zum Überschreiten der ersten Grenze der Erkenntnis hätten bringen können. Ich muß diese Erfahrung noch einmal durchleben, denn ich glaube, Ihnen dadurch von Nutzen zu sein, und glaube überdies, daß Sie mir bei der Reise auf die andere Seite dieser Grenze helfen werden, indem Sie mir meinen klaren Verstand erhalten und zulassen, daß ich die Maske, die mich gegen die Feindlichkeit des Konformismus schützen wird, nach Belieben aufsetze und abnehme.

Bevor ich auf die Inhalte dieser Erfahrung zu sprechen komme, möchte ich noch sagen, daß das von der Gesellschaft über mich verhängte Urteil mir wahrscheinlich, ja, mit Sicherheit, zum Guten gereicht hat. Denn ich wußte nicht, wie wichtig es ist, gesund zu sein, das heißt, wie absolut notwendig es ist, daß der Körper keine Probleme aufgibt, damit es, wenn der Geist sich befreit, nicht zum totalen Zusammenbruch kommt. Noch wichtiger ist die Notwendigkeit, daß andere um mich sind, daß wir von unserem Wissen einander mitteilen, um das Ganze zu schaffen. Ich war zu dieser Zeit mit Ihrer Philosophie nicht vertraut genug, um dies verstehen zu können. *Es war noch nicht an der Zeit, zu verstehen.* Es war nur der Embryo von Erkenntnis, und diese embryonale Erkenntnis will ich hier mit der größten Treue und Genauigkeit darzustellen versuchen.

Ich beginne deshalb zu dem Zeitpunkt, als Max zum zweiten Mal in ein Konzentrationslager gebracht wurde, in Handschellen, an der Seite einen Gendarmen mit einem Gewehr (Mai 1940). Ich wohnte in Saint-Martin d'Ardèche. Nachdem ich stundenlang unten im Dorf geweint hatte, war ich wieder zu meinem Haus hinaufgestiegen und hatte mich während vierundzwanzig Stunden, die nur durch einen kurzen Schlaf unterbrochen wurden, immer wieder übergeben. Ich hatte das Erbrechen bewußt herbeigeführt, indem ich das Wasser von Orangenblüten trank. Damals hoffte ich, durch die heftigen Krämpfe, die meinen Magen gleich einem Erdbeben zerrissen, mich von meinem Schmerz ablenken zu können. Jetzt weiß ich, daß dies nur ein Aspekt des Erbrechens war: Ich hatte die Ungerechtigkeit der Gesellschaft kennengelernt, wollte mich zunächst reinigen und so ihre brutale Dummheit hinter mir lassen. Mein Magen war der Sitz dieser Gesellschaft, aber auch der Ort, in dem sich die Elemente der Erde mit mir vereinigten. Er war, um Ihr Bild zu gebrauchen, der *Spiegel* der Erde, dessen Bild dieselbe Realität hat wie das Abgebildete. Dieser Spiegel – mein Magen – mußte von dicken Schmutzschichten gesäubert werden (den allgemeingültigen Formeln), damit er wieder ein klares und getreues Spiegelbild der Erde abgeben konnte, und wenn ich Erde sage, so meine ich selbstverständlich die Erden, Gestirne und Sonnen des Himmels und die der Erde, wie auch die Gestirne, Sonnen und Erden des Sonnensystems der Mikroben.

Während dreier Wochen aß ich nur ganz wenig und mied vor allem Fleisch; ich trank Wein und andere alkoholische Getränke und ernährte mich von Kartoffeln und Salat, etwa zwei Kartoffeln pro Tag. Ich schlief, glaube ich, ziemlich gut. Ich arbeitete in meinem Weinberg und brachte die Bauern zum Staunen über meine Arbeitskraft. Der Johannistag rückte näher, die Weinstöcke begannen zu blühen und mußten häufig gespritzt werden. Ich arbeitete auch in meinem Kartoffelfeld, und je mehr ich dabei schwitzte, desto zufriedener war ich, denn auf diese Weise reinigte ich mich. Ich nahm Sonnenbäder und war körperlich so kräftig wie niemals vor oder nach dieser Zeit.

Draußen ereignete sich manches: der Zusammenbruch Belgiens, der Einmarsch der Deutschen in Frankreich. Das alles interessierte mich recht wenig, und ich fühlte in mir keinerlei Angst. Das Dorf war voller Belgier, die in großer Zahl eintrafen, und einmal drangen Soldaten bei mir ein, beschuldigten mich der Spionage und drohten, mich auf der Stelle zu erschießen, weil jemand in der Nacht mit einer Laterne in der Nähe meines Hauses Schnecken gesucht hatte. Dies machte auf mich wirklich wenig Eindruck, denn ich WUSSTE, daß ich nicht sterben würde.

Nachdem ich drei Wochen allein verbracht hatte, traf auf der Flucht aus Paris Catherine Yarrow ein, die in England lange Jahre meine Freundin gewesen war, zusammen mit Michel Lucas, einem Ungarn. Eine Woche verstrich, und ich glaubte, daß sie an mir nichts Ungewöhnliches feststellten. Eines Tages allerdings redete Catherine, die seit langer Zeit in den Händen von Psychoanalytikern war, mir ein, mein Verhalten verrate den unbewußten Wunsch, mich zum zweiten Mal von meinem »Vater« zu befreien: von Max, den ich aus meinem Gedächtnis streichen müsse, um mir einen neuen Liebhaber suchen zu können. Ich glaube, sie irrte sich mit der Behauptung, daß ich mich quälte. Ich glaube, sie interpretierte mich fragmentarisch, was schlechter ist, als überhaupt keine Interpretation zu liefern. Dennoch erinnerte sie mich auf diese Weise daran, daß ich Wünsche und Begierden hatte. Ich unternahm daraufhin heftige Anstrengungen, zwei junge Männer zu verführen – ohne Erfolg allerdings. Sie wollten nichts von mir wissen. Ich blieb also jämmerlich keusch.

Die Deutschen rückten rasch näher. Catherine ängstigte sich und beschwor mich, mit ihr fortzugehen; sie sagte, sie würde bleiben, sofern ich nicht mitginge. Ich war einverstanden. Ich war vor allem einverstanden, weil Spanien in meiner damaligen Entwicklung für mich ein Land der Entdeckungen darstellte. Ich war einverstanden, weil ich beabsichtigte, in Madrid den Paß von Max visieren zu lassen, denn ich fühlte mich noch immer an Max gebunden. Das Dokument, das sein Bild trug, wurde für mich zu einem Wesen, dem ich zu verdanken hatte, daß meine Kräfte nicht nachließen. Ich war einverstanden, denn Catherines Argumente hatten mich einigermaßen betroffen gemacht. Was sie mir gesagt hatte, gärte in mir und setzte eine Angst frei, die von Stunde zu Stunde wuchs. Für Catherine bedeuteten die Deutschen Vergewaltigung. Davor fürchtete ich mich nicht, ich maß dem keinerlei Wichtigkeit bei. Was in mir Panik entfesselte, war die Vorstellung von automatischen Wesen ohne Verstand und ohne Fleisch und Blut.

Michel und ich beschlossen, nach Bourg-Saint-Andéol zu gehen und uns eine Reiseerlaubnis zu beschaffen. Die Gendarmen zeigten sich vollkommen gleichgültig und uninteressiert. Sie lehnten es ab, uns das Papier auszustellen, verschanzten sich hinter einem »da können wir nichts machen« und rauchten dabei ihre Zigaretten. Wir waren ohne Möglichkeit fortzugehen, gleichwohl wußte ich, daß unsere Abreise am nächsten Tag stattfinden würde. Wir sprachen auch beim Notar vor, wo ich dem Besitzer des Hôtel des Touristes von Saint-Martin mein Haus samt aller meiner Habe als Geschenk überschrieb. Ich kehrte nach Hause zurück und verbrachte die ganze Nacht damit, minutiös auszuwählen, was ich mitnehmen wollte. Alle diese Dinge fanden in meinem Koffer Platz, in dessen Leder oberhalb des Schilds mit meinem Namen eine kleine Kupferplakette eingelassen war, auf der geschrieben stand:

REVELATION*

Am Morgen des folgenden Tages gab die Schullehrerin uns Papiere, die die Stempelmarke der Bürgermeisterei trugen. Catherine machte das Auto reisefertig. Alle Kräfte meines Willens waren auf die Abreise gerichtet. Ich trieb meine Freunde zur Eile an. Ich drängte Catherine zum Auto; sie übernahm das Steuer. Ich setzte mich zwischen sie und Michel. Das Auto fuhr los. Ich vertraute darauf, daß wir am Ziel unserer Reise anlangen würden, doch ich hatte eine schreckliche, beklemmende Angst vor Schwierigkeiten, die mir als unausweichlich erschienen. Zunächst verlief die Fahrt ohne Zwischenfall, bis der Wagen, zwanzig Kilometer hinter Saint-Martin, mit blockierten Bremsen stehenblieb. Ich hörte Catherine sagen: »Die Bremsen sind blockiert.« »Blokkiert!« Auch ich war in meinem Inneren blockiert, durch Kräfte, die meinem bewußten Willen nicht zugänglich waren, und ich war überzeugt, daß die Macht meiner Angst sich auf den Mechanismus des Autos übertragen und ihn gelähmt hatte. Dies war das erste Mal, daß ich mich mit der Welt außerhalb meines Körpers identifizierte. Ich war das Auto. Meinetwegen war der Wagen blockiert, weil ich selbst auf dem Weg zwischen Saint-Martin und Spanien blockiert war. Die Macht, die ich auszuüben vermochte, erschreckte mich. In diesem Augenblick befand ich mich ausschließlich in meinem eigenen Sonnensystem und war nicht in der Lage, das der anderen, dessen Bedeutung ich mittlerweile verstehe, wahrzunehmen.

Wir waren die ganze Nacht hindurch gefahren. Vor uns auf der Straße sah ich Lastwagen, aus denen hinten Beine und Arme herabhingen, aber ich war mir nicht sicher und äußerte schüchtern:

* Offenbarung

»Seht mal, da sind Lastwagen vor uns« – um zu erfahren, was meine Freunde antworten würden. Als sie sagten: »Die Straße ist breit genug, wir können sie überholen«, fühlte ich mich bestätigt; ich wußte jedoch nicht, ob sie auch sahen, was diese Lastwagen enthielten. Ich fürchtete, mich ihnen verdächtig zu machen, und war von einem Gefühl tiefer Scham gelähmt. Reihen von Särgen säumten die Straße, doch mir fiel nicht ein, wie ich die Aufmerksamkeit auf diesen beklemmenden Umstand lenken konnte. Ich fürchtete mich sehr: *Es stank nach Tod.* Offenbar waren dies die Leichen der von den Deutschen getöteten Menschen. Später habe ich erfahren, daß in Perpignan ein großer Soldatenfriedhof war.

Als wir um sieben Uhr am Morgen in Perpignan ankamen, gab es keine Hotelzimmer mehr. Meine Freunde hatten mich in einem Café zurückgelassen; von diesem Moment an konnte ich keine Ruhe mehr finden. Ich war davon überzeugt, für sie verantwortlich zu sein. Ich hielt es für nutzlos, sich wegen des Grenzübertritts an höhere Instanzen zu wenden, und fragte Schuhputzer, Kellner und Passanten um Rat, Menschen, die mir große Macht zu haben schienen.

Zwei Kilometer vor der Grenze zu Andorra trafen wir mit zwei Andorranern zusammen, die uns hinüberbringen sollten; wir mußten dafür den Wagen zurücklassen. Catherine und Michel schärften mir ein, daß nicht gesprochen werden dürfe. Ich fügte mich und versetzte mich freiwillig in einen Komazustand.

Als wir dann in Andorra waren, konnte ich nicht mehr gerade gehen. Ich lief wie eine Krabbe und verlor die Kontrolle über meine Bewegungen: die Notwendigkeit, eine Treppe hinaufzusteigen, führte zu einer neuen Blockade.

In Andorra – diesem öden und vergessenen Land – wurden wir als erste Flüchtlinge im Hôtel de France von einem kleinen Hausmädchen empfangen, das alle Verantwortung in dem merkwürdig leeren Haus trug.

Die ersten Schritte auf andorranischem Boden waren für mich die ersten Schritte eines Akrobaten auf dem Hochseil. In der Nacht schrien meine Nerven wie aufgebrachte Papageien zum Geräusch eines Flusses, der unentwegt über Felsen rauschte: einem hypnotisierenden monotonen Lärm.

Am Tag versuchten wir, Ausflüge in die Berge zu unternehmen, doch wenn ich nur einen flachen Hang hinaufsteigen sollte, war ich sogleich wieder wie Catherines »Fiat« blockiert und gezwungen, wieder umzukehren. Ich war blockiert in meiner unbeschreiblichen Angst, blockiert in den Bewegungen meines Körpers.

Da begriff ich, daß durch diese Angst mein Geist, wenn Sie so wollen, dabei war, sich auf schmerzhafte Weise mit meinem Körper zu vereinigen; alle Äußerungen meines Geistes wirkten jetzt unmittelbar auf meinen Körper, auf die Materie, ein. Später sollte sich dieser Einfluß auch auf andere Gegenstände erstrecken. Ich machte mich nun ernstlich daran, dieses befremdende Verhalten zu ergründen. Mein Körper gehorchte nicht mehr den Formeln, die in meinem Geist Gültigkeit hatten, den Formeln der alten beschränkten Vernunft; mein Wille vermochte nicht mehr, meinen Bewegungsapparat in Gang zu bringen, und weil er so ohnmächtig war, mußte ich zuerst die Angst loswerden, die mich lähmte, und dann versuchen, zwischen den Bergen, meinem Geist und meinem Körper eine Übereinstimmung herzustellen. Um mich in dieser neuen Welt bewegen zu können, nahm ich mein Erbe an britischer Diplomatie zu Hilfe, ließ meine Willenskraft beiseite und versuchte mit Zartgefühl, das Einverständnis zwischen den Bergen, meinem Körper und meinem Geist zuwege zu bringen.

Eines Tages ging ich allein ins Gebirge. Zunächst vermochte ich nicht zu steigen; daraufhin legte ich mich bäuchlings auf den Hang – wobei ich das Gefühl hatte, ganz und gar von der Erde aufgesogen zu werden. Als ich die ersten Schritte bergauf machte, hatte ich die körperliche Empfindung, unter ungeheuren Anstrengungen durch einen schlammzähen Stoff zu gehen. Doch nach und nach wurde dies merklich leichter, und nach einigen Tagen bereitete es mir keinerlei Schwierigkeiten mehr, mit der Behendigkeit einer Ziege zu springen und senkrechte Mauern zu erklettern. Ich tat mir nur selten weh und verstand nun sogleich, daß es die Möglichkeit eines sehr nützlichen Einverständnisses gab; ich hatte sie bis dahin nur nie ergriffen. Am Ende erreichte ich, daß ich keinen Fehltritt mehr machte und mich in den Felsen bewegte, wie es mir gefiel.

Natürlich mußte all dies in den Augen der Spießer als etwas Befremdliches und Verrücktes erscheinen: Eine wohlerzogene junge Dame aus England, die auf den Felsen herumsprang und sich auf derart unsinnige Weise die Zeit vertrieb – das mußte auf der Stelle zu Vermutungen hinsichtlich meines Geisteszustands führen. Ich dachte kaum über den Eindruck nach, den meine Erlebnisse auf die Menschen meiner Umgebung hinterlassen mußten, und schließlich waren sie es, die gewannen.

Nachdem ich mein Einvernehmen mit den Bergen hergestellt hatte und mich mit Leichtigkeit selbst in der unzugänglichsten Umgebung bewegte, nahm ich mir vor, Einvernehmen auch zwischen mir und den Tieren herzustellen: Pferden, Ziegen, Vögeln. Es war die Haut, durch die ich mich mit ihnen verständigte, in einer Berührungssprache, die zu beschreiben mir sehr schwer fällt, seit meine Sinne nicht mehr mit der gleichen Schärfe wahrnehmen wie damals. Tatsache ist, daß ich mich Tieren im Freien näherte, dort, wo andere Menschen sie sogleich zur Flucht veranlaßt hätten. Während einer Wanderung mit Michel und Catherine zum Beispiel lief ich voraus zu einer Gruppe von Pferden und gesellte mich zu ihnen. Ich tauschte mit ihnen Zärtlichkeiten aus, bis Catherine und Michel herzukamen und die Pferde flüchteten.

Dies alles ereignete sich in den Monaten Juni und Juli. In dieser Zeit kamen immer mehr Flüchtlinge an. Michel telegraphierte meinem Vater wiederholt wegen der Einreisevisa für Spanien. Ein Priester brachte uns schließlich ein geheimnisvolles und sehr schmutziges Papierstück, das von irgendeinem Repräsentanten der I.C.I. (Imperial Chemicals) kam und uns die Weiterreise ermöglichen sollte. Wir hatten bereits zweimal versucht, die spanische Grenze zu passieren; beim dritten Mal konnten Catherine und ich mit dem kleinen Papierstück des Priesters bis Seo de Urgel durchfahren. Leider gelang es nicht auch Michel, über die Grenze zu kommen; zu zweit brachen wir darum im »Fiat« nach Barcelona auf.

Ich war erschüttert von dieser Einreise nach Spanien. Ich hielt das Land für mein Königreich; die rote Erde war das getrocknete Blut der Revolution. Die dichte Gegenwart der Toten in dieser aufgewühlten Landschaft erstickte mich. Als wir am Abend in Barcelona anlangten, war ich sehr erregt und überzeugt, daß wir so schnell wie möglich Madrid erreichen müßten. Ich schlug deshalb Catherine vor, den »Fiat« in Barcelona zurückzulassen; am folgenden Tag nahmen wir den Zug nach Madrid.

Der Umstand, daß ich eine Sprache sprechen mußte, die ich nicht kannte, spielte für mich eine sehr wichtige Rolle. Ich war nicht durch eine bestimmte Vorstellung von dem, was die Wörter bezeichneten, gehemmt und verstand ihre moderne Bedeutung nur zur Hälfte. Dies erlaubte mir, den gängigsten Ausdrücken einen hermetischen Sinn zu verleihen.

In Madrid angekommen, stiegen wir in der Nähe des Bahnhofs im Hotel International ab, das wir wenig später verließen, um uns im Hotel de Roma niederzulassen. Am ersten Abend im Hotel International aßen wir auf dem Dach zu Abend; auf einem Dach zu sein entsprach für mich einer tiefen Notwendigkeit, denn ich befand mich in einem euphorischen Zustand. In den politischen Wirren und der schrecklichen Hitze gelangte ich zu der Überzeugung, daß Madrid der Magen der Welt und mir die Aufgabe übertragen worden war, diesen Verdauungsapparat zu heilen. Ich glaubte, die Angst, die sich in mir angesammelt hatte, werde sich schließlich auflösen, und daraus erklärte ich mir die Heftigkeit meiner Empfindungen. Ich hielt mich für fähig, diese schreckliche Last auf mich zu nehmen und so eine Lösung für die Probleme der Welt herbeizuführen. Die Ruhr, die ich in der Folge hatte, war nichts anderes als die *Krankheit* von Madrid, die sich in meinen Eingeweiden manifestierte.

Einige Tage später lernte ich im Hotel Roma einen holländischen Juden kennen, Van Ghent, einen Naziagenten. Einer seiner Söhne arbeitete für den englischen Konzern »Imperial Chemicals«. Van Ghent zeigte mir seinen von Hakenkreuzen verseuchten Paß. Mehr und mehr legte ich Wert darauf, mich von sozialen Zwängen zu befreien; zu diesem Zweck verschenkte ich meine Papiere – ich weiß nicht mehr an wen – und versuchte, den Paß von Max Van Ghent zu schenken, der ihn zurückwies.

Diese Szene spielte sich auf meinem Zimmer ab: Der Blick dieses Mannes war für mich körperlich so schmerzhaft, als ob man mir mit Nadeln in die Augen gestochen hätte. Ich erinnere mich, ihm auf seine Ablehnung hin geantwortet zu haben: »Ah! Ich verstehe, ich soll ihn selber umbringen.«

Es genügte mir nicht, meine Papiere zu verschenken, vielmehr fühlte ich mich verpflichtet, mich aller Dinge zu entledigen. Eines Abends saß ich neben Van Ghent auf der Terrasse eines Cafés. Ich betrachtete die Madrider, die vorübergingen, und fühlte, daß sie vom Blick dieses Mannes besessen waren. In diesem Augenblick machte er mich darauf aufmerksam, daß ich eine kleine Brosche, die ich unmittelbar zuvor als Erinnerung an das Leiden von Madrid gekauft hatte, nicht mehr an meiner Bluse trug, und setzte hinzu:

»Schauen Sie in Ihre Handtasche; Sie werden sie dort finden.« Tatsächlich war das kleine Andenken darin. Dies war für mich ein neuerlicher Beweis für Van Ghents finstere Macht. Ich stand empört auf und ging in das Innere des Cafés, entschlossen, den gesamten Inhalt meiner Handtasche unter den Offizieren, die sich dort aufhielten, zu verteilen. Keiner von ihnen wollte etwas annehmen. All dies ging anscheinend in sehr kurzer Zeit vor sich, und plötzlich fand ich mich mit zwei Offizieren allein. Van Ghent war verschwunden. Die zwei Männer standen auf und stießen mich in ein Auto. Wenige Augenblicke später stand ich vor einem Haus, dessen Fenster mit schmiedeeisernen spanischen Balkons geschmückt waren. Der eine der Männer verließ mich, und der andere führte mich in einen mit geschmacklosen Chinoiserien dekorierten Raum, warf mich auf das Bett, nachdem er mir die Kleider zerrissen hatte, und versuchte, mich zu vergewaltigen. Ich wehrte mich so heftig und mit solcher Kraft, daß er von mir abließ und ich aufstehen konnte. Während ich vor dem Spiegel meine Kleider zu ordnen versuchte, sah ich, wie er meine Handtasche öffnete und ihren Inhalt an sich nahm. Dies erschien mir als etwas vollkommen Normales; ebenso normal kam mir vor, daß er eine ganze Flasche Eau de Cologne über meinen Kopf leerte. Danach brachte er mich im Taxi zu meinem Hotel zurück. Von dort rief ich – es war vielleicht drei Uhr morgens – den schlafenden Van Ghent an. Es erschien mir als vollkommen klar, daß allein der Anblick dieses Offizieres ihn dazu bringen würde, die Bedeutung der Brüderlichkeit zu verstehen und seine Einstellung gegenüber dem Volk zu ändern. Er beschimpfte mich wütend und legte auf. Mittlerweile hatte der Nachtportier den Mann aus dem Hotel geworfen. Ich ging in mein Zimmer hinauf und fand dort auf meinem Bett Wäsche, die Catherine gehörte und die die Wäscherin aus Versehen dort hingelegt hatte. Ich glaubte, daß Van Ghent in Anerkennung meiner Macht hatte Abbitte leisen wollen und mir deshalb dieses Geschenk schickte. Ich hielt es für unabdingbar, die Nachthemden auf der Stelle anzuprobieren. So verbrachte ich die übrige Nacht damit, kalte Bäder zu nehmen und die Hemden eines nach dem anderen anzuziehen; das eine war aus blaßgrüner Seide, das andere rosa.

Ich glaubte noch immer fest, daß es Van Ghent war, der Madrid, seine Bevölkerung und den Verkehr in der Stadt hypnotisierte, daß er die Menschen in *Zombies* verwandelte und die Angst wie Bonbons unter den Leuten austeilte, um sie alle zu seinen Sklaven zu machen.

Eines Abends, nachdem ich auf den Straßen eine ungeheure Menge von Zeitungen zerrissen hatte – ich hielt sie für ein weiteres Mittel, mit dem Van Ghent die Stadt hypnotisierte –, stand ich vor dem Eingang des Hotels und sah mit Entsetzen, daß auf der Alameda-Straße Gestalten an mir vorübergingen, die ganz aus Holz zu sein schienen; ich stürzte auf das Dach des Hotels und weinte, während ich auf die gefesselte Stadt zu meinen Füßen schaute, die ich befreien sollte. Ich ging zu Catherine hinunter und flehte sie an, mein Gesicht zu betrachten. Ich sagte ihr: »Siehst Du nicht, daß es das genaue Abbild der Welt ist?« Sie wollte mich nicht anhören und jagte mich fort. Als ich daraufhin in das Vestibül des Hotels hinunterging, fand ich inmitten anderer Personen Van Ghent und seinen Sohn vor, die mir vorwarfen, ich sei verrückt, lege ein obszönes Verhalten an den Tag und so weiter. Zweifellos hatte meine Heldentat mit den Zeitungen am Nachmittag sie erschreckt. Darauf rannte ich hinaus in den Park und spielte dort eine Weile auf dem Rasen – zum großen Erstaunen der Vorübergehenden. Ein Offizier der »Falange« brachte mich zum Hotel zurück, wo ich die Nacht damit verbrachte, mich immer wieder in kaltem Wasser zu baden.

Van Ghent war mein Vater, mein Feind und der Feind der Menschheit; ich war die einzige, die ihn besiegen konnte, und um ihn zu besiegen, mußte ich ihn verstehen lernen. Er schenkte mir Zigaretten – die in Madrid ziemlich rar waren –, und eines Morgens, als ich besonders erregt war, kam mir der Gedanke, daß mein Zustand nicht allein auf natürliche Ursachen zurückzuführen und seine Zigaretten mit Drogen versetzt seien. Aus dieser Überlegung folgte logisch zwingend, daß ich die Behörden über die schreckliche Herrschaft, die Van Ghent ausübte, informieren und Maßnahmen zur Befreiung von Madrid ergreifen mußte. Eine Verständigung zwischen Spanien und England erschien mir als die beste Lösung. Ich begab mich deshalb in die englische Botschaft und sprach mit dem Konsul. Ich versuchte, ihn davon zu überzeugen, daß der Weltkrieg geführt werde, weil eine Gruppe von Leuten die Menschen hypnotisiere: Hitler und Co., deren Repräsentant in Spanien Van Ghent sei, und daß es genüge, sich dieser hypnotischen Kräfte bewußt zu werden, um sie zu besiegen, um den Krieg zu beenden und die Welt zu befreien, die ebenso blockiert sei wie ich und Catherines »Fiat«. Statt sich in Labyrinthen der Politik und der Ökonomie zu verlieren, müsse man an diese metaphysische Kraft glauben und sie auf alle Menschen verteilen, die dadurch ihre Befreiung finden würden. Der brave britische Bürger stellte sogleich fest, daß ich verrückt war, und telefonierte mit einem Arzt namens Martinez Alonzo, der sich völlig seiner Meinung anschloß, als er die Darstellung meiner politischen Theorien hörte.

Meine Bewegungsfreiheit endete mit diesem Tag. Ich wurde in meinem Hotelzimmer im Ritz eingeschlossen. Dort fühlte ich mich vollkommen zufrieden: Ich wusch meine Kleider und stellte aus Badetüchern verschiedene Zeremoniengewänder zusammen, um mich so auf meinen Besuch bei Franco vorzubereiten, der als erster aus seiner hypnotischen Trance befreit werden sollte. Einmal befreit, würde Franco sich mit England verständigen, England mit Deutschland und so weiter. Unterdessen gab mir Martinez Alonzo, der überhaupt nicht wußte, was er von meinem Fall halten sollte, reichlich Bromwasser und beschwor mich, ich solle nicht nackt bleiben, wenn die Kellner mir zu essen brachten. Er war verwirrt und völlig vor den Kopf geschlagen von meinen politischen Theorien, und nach vierzehntägigem Martyrium zog er sich an einen Strand in Portugal zurück. Er überließ mich der Fürsorge eines befreundeten Arztes, Alberto N.... Alberto war ein schöner Mann; ich beeilte mich, ihn zu verführen, denn ich sagte mir: »Siehe da, mein Bruder, der mich von den Vätern befreien kommt.« Seit Max fort war, hatte ich noch nicht wieder die körperliche Liebe erlebt, und ich hatte große Lust darauf. Leider war auch Alberto ein Dummkopf und wahrscheinlich zudem ein gemeiner Hund. Ich glaube aber wirklich, daß ich ihm gefiel, um so mehr, als er die Macht von Papa Carrington und seinen Millionen kannte, die in Madrid durch die I.C.I. repräsentiert wurden. Alberto führte mich aus, und ich genoß von neuem eine Art provisorischer Freiheit, die übrigens nicht lange währte.

Täglich ging ich zu Mr. Gilliland, dem Chef der I.C.I. in Madrid. Er wurde meiner Besuche bald müde, zumal ich sie dazu nutzte, ihn über die politischen Verhältnisse aufzuklären. Außerdem bezeichnete ich ihn, ebenso wie Papa Carrington und Van Ghent, als widerliches kleines Würstchen, und dies ihm selbst gegenüber, seiner Frau und seinem Hausmädchen gegenüber, gegenüber den Kellnern im Hotel und gegenüber jedem, der mir nur zuhören wollte. Er ließ Dr. Pardo kommen und ermunterte mich, ihn über die Probleme der Welt aufzuklären. Ich ging in diese erbärmliche Falle und fand mich daraufhin als Gefangene in einer chirurgischen Klinik, in der es von Nonnen wimmelte. Auch dies dauerte nicht lange; die Nonnen wurden nicht mit mir fertig. Es war unmöglich, mich einzuschließen; Schlösser und Fenster waren für mich keine Hindernisse, ich strich in meinem Zimmer umher und richtete meine Blicke auf das Dach, das mir als der einzige Ort erschien, an dem ich bleiben konnte. Nach zwei oder drei Tagen teilte Gilliland mir mit, daß Pardo und Alberto mich zum Strand von San Sebastian mitnehmen wollten, wo sie mir vollkommene Freiheit geben würden. Ich verließ die Klinik und stieg ins Auto... nach Santander... Unterwegs gab man mir dreimal Luminal und eine Spritze in die Wirbelsäule: Narkose. Als ich bei Dr. Moralès in Santander eingeliefert wurde, war ich ein lebender Leichnam.

Sylvia Plath
Doktor Gordons Privatklinik

Doktor Gordons Privatklinik thronte auf einer grasbedeckten Anhöhe am Ende einer langen, versteckt liegenden Zufahrt, die mit weißem Venusmuschelbruch bedeckt war. Die gelben Außenwände des großen, mit Holz verkleideten Hauses, das auf allen Seiten von einer Veranda umgeben war, leuchteten in der Sonne, aber Menschen spazierten auf dem grünen Rasenbuckel nicht umher.

Als meine Mutter und ich näher kamen, fiel die Sommerhitze über uns her, und in einer Blutbuche hinter dem Haus sprang, wie ein unsichtbarer Rasenmäher, eine Zikade an. Der Ton dieser Zikade brachte die gewaltige Stille erst richtig zum Klingen.

Eine Krankenschwester empfing uns am Eingang.

»Wenn Sie bitte drüben im Aufenthaltsraum warten würden. Doktor Gordon kommt gleich zu Ihnen.«

Mich störte vor allem, daß alles an diesem Haus so normal aussah, obwohl ich doch wußte, daß es mit Verrückten vollgestopft sein mußte. Die Fenster waren, soweit ich sie sehen konnte, nicht vergittert, und es waren auch keine wilden oder beunruhigenden Geräusche zu hören. In gleichmäßigen Rechtecken verteilte sich das Sonnenlicht auf dem abgetretenen, aber weichen roten Teppich, und der Duft von frisch gemähtem Gras würzte die Luft.

Ich blieb in der Tür zum Aufenthaltsraum stehen.

Einen Moment lang glaubte ich, er sei eine Nachbildung des Gesellschaftszimmers einer Pension auf einer Insel vor Maine, in der ich früher mal Urlaub gemacht hatte. Durch die Glastüren fiel blendend weißes Licht herein, den hinteren Teil des Raumes füllte ein Flügel, und Leute in Sommerkleidern saßen an Spieltischen und in schiefen Korbsesseln, wie man sie in heruntergekommenen Seebädern oft findet.

Dann fiel mir auf, daß sich alle diese Leute nicht bewegten.

Ich sah genauer hin und versuchte herauszufinden, was die Posen, die sie eingenommen hatten, bedeuten mochten. Ich erkannte Männer und Frauen, auch Jungen und Mädchen, die so jung sein mußten wie ich, aber es war etwas Einförmiges in den Gesichtern all dieser Leute, als hätten sie unter Schichten von feinem, bleichem Staub, fern von jeglichem Sonnenlicht, lange auf einem Regal gelegen.

Dann sah ich, daß sich manche Leute doch bewegten, aber mit so kleinen, vogelfeinen Gebärden, daß ich sie zunächst nicht wahrgenommen hatte.

Ein Mann mit grauem Gesicht zählte einen Packen Spielkarten durch, eins, zwei, drei, vier... Ich dachte, er wolle feststellen, ob sie vollständig seien, aber als er mit dem Zählen fertig war, fing er wieder von vorn an. Neben ihm spielte eine dicke Frau mit einer Kette aus Holzperlen. Sie schob alle Perlen an ein Ende der Kette und ließ sie dann nacheinander, klick, klick, klick, an das andere Ende rutschen.

Am Flügel blätterte ein junges Mädchen in ein paar Noten, aber als sie bemerkte, daß ich zu ihr hinübersah, zog sie verdrossen den Kopf ein und zerriß die Notenblätter.

Meine Mutter stieß mich an, und ich folgte ihr in das Zimmer. Schweigend saßen wir auf einem unförmigen Sofa, das bei der kleinsten Bewegung quietschte.

Dann glitt mein Blick über die Leute hinweg zu dem strahlenden Grün jenseits der durchsichtigen Vorhänge, und es kam mir vor, als säße ich im Schaufenster eines riesigen Kaufhauses. Die Gestalten ringsum waren keine Menschen, sondern Schaufensterpuppen, wie Menschen geschminkt und aufgestellt in Haltungen, die Leben vortäuschten.

Ich stieg Doktor Gordons Jackenrücken nach.

Unten in der Halle hatte ich versucht, ihn zu fragen, wie die Schockbehandlung sein würde, aber als ich den Mund öffnete, kamen keine Wörter heraus, meine Augen wurden nur größer und starrten in das lächelnde, vertraute Gesicht, das vor mir schwebte wie ein Teller voll freundlicher Beteuerungen.

Hinter dem oberen Treppenabsatz endete der granatrote Teppich. An seine Stelle schob sich einfaches braunes, auf den Boden genageltes Linoleum, das den ganzen, von geschlossenen weißen Türen gesäumten Gang füllte. Während ich Doktor Gordon folgte, öffnete sich irgendwo weiter hinten eine Tür, und ich hörte eine Frau schreien.

An der Ecke des Flurs vor uns tauchte plötzlich eine Krankenschwester auf, die eine Frau in einem blauen Bademantel mit struppigem, bis zur Hüfte herunterhängendem Haar an der Hand führte. Doktor Gordon trat zur Seite, und ich drückte mich an die Wand.

Die Frau fuchtelte mit den Armen und versuchte sich dem Griff der Krankenschwester zu entwinden und rief, während sie weitergezerrt wurde, immer wieder: »Ich springe gleich aus dem Fenster, gleich springe ich aus dem Fenster.«

Die stämmige, stark nach außen schielende Krankenschwester in ihrem vorne bekleckerten Kleid trug eine so dicke Brille, daß mich durch die runden Gläser vier Augen anstarrten. Ich versuchte herauszufinden, welches die richtigen und welches die falschen Augen waren und welches von den richtigen Augen das schielende und welches das gerade war, da schob sie ihr Gesicht mit einem breiten, verschwörerischen Grinsen vor meines und zischte, als wollte sie mich beruhigen: »Die glaubt, sie würde gleich aus dem Fenster springen, aber das kann sie gar nicht, die sind nämlich alle vergittert!«

Und als mich Doktor Gordon in ein kahles Zimmer auf der Rückseite des Hauses führte, sah ich, daß die Fenster in diesem Trakt tatsächlich vergittert waren und daß die Zimmertür und die Tür des Wandschranks und die Schubladen der Kommode und alles, was sich öffnen und schließen ließ, mit Schlüssellöchern versehen war, so daß man es verschließen konnte. Ich legte mich auf das Bett.

Die schielende Krankenschwester kam zurück. Sie band mir die Armbanduhr ab und ließ sie in ihre Tasche gleiten. Dann begann sie, mir die Klammern aus dem Haar zu ziehen.

Doktor Gordon schloß eine Abstellkammer auf, zog einen Rolltisch hervor, auf dem eine Maschine stand, und schob ihn hinter das Kopfende meines Bettes. Die Krankenschwester begann, mir die Schläfen mit einem übelriechenden Fett einzureiben.

Als sie sich über mich beugte, um die der Wand zugewendete Seite meines Kopfes einzufetten, schob sich ihre dicke Brust wie eine Wolke oder ein Kissen über mein Gesicht. Ein undeutlicher medizinischer Gestank ging von ihrer Haut aus.

»Nur keine Angst«, grinste die Krankenschwester zu mir herunter. »Beim ersten Mal ist jeder zu Tode erschrocken.«

Ich versuchte zu lächeln, aber meine Haut war steif geworden, wie Pergament.

Doktor Gordon befestigte zwei Metallplatten an beiden Seiten meines Kopfes. Mit einem Band, das sich mir in die Stirn einschnitt, schnallte er sie fest und gab mir einen Draht zu beißen.

Ich schloß die Augen.

Es trat eine kurze Stille ein, wie ein Atemanhalten.

Dann kam etwas über mich und packte und schüttelte mich, als ginge die Welt unter. Wii-ii-ii-ii-ii schrillte es durch blau flackerndes Licht, und bei jedem Blitz durchfuhr mich ein gewaltiger Ruck, bis ich glaubte, mir würden die Knochen brechen und das Mark würde aus mir herausgequetscht wie aus einer zerfasernden Pflanze.

Ich frage mich, was ich Schreckliches getan hatte.

Ich saß in meinem Korbstuhl und hielt ein kleines Cocktailglas mit Tomatensaft in der Hand. Die Uhr befand sich wieder an meinem Handgelenk, aber irgend etwas stimmte nicht mit ihr. Dann sah ich, daß sie falsch herum gebunden war. Ich spürte auch, daß die Klammern in meinem Haar anders saßen als sonst.

»Wie fühlen Sie sich?«

Eine alte Stehlampe aus Metall tauchte im Geiste vor mir auf, eines der wenigen Überbleibsel aus dem Arbeitszimmer meines Vaters. Aus dem glockenförmigen Kupferschirm lief eine verschlissene tigergelbe Schnur an dem Metallständer herunter bis zu einer Steckdose in der Wand.

Eines Tages wollte ich diese Lampe von ihrem Platz beim Bett meiner Mutter neben meinen Schreibtisch am anderen Ende des Zimmers stellen. Die Schnur war lang genug, deshalb zog ich den Stecker nicht heraus. Ich legte beide Hände um die Lampe und die ausfransende Schnur und packte zu.

Da sprang unter blauem Blitzen etwas aus der Lampe und schüttelte mich, bis mir die Zähne klapperten. Ich versuchte, die Hände loszureißen, aber sie klebten fest, und ich schrie, oder ein Schrei wurde aus meiner Kehle hervorgezerrt, denn ich merkte nicht, wie es geschah, ich hörte nur, wie er dann, gleich einem gewaltsam entleibten Geist, aufstieg und durch das Zimmer gellte.

Mit einem Ruck waren meine Hände wieder frei, und ich fiel nach hinten auf das Bett meiner Mutter. Ein kleines Loch, wie mit Bleistift geschwärzt, hatte sich mir in die rechte Hand gebrannt.

»Wie fühlen Sie sich?

»Ganz gut.«

Aber das stimmte nicht. Ich fühlte mich miserabel.

»Wie hieß doch gleich das College, auf das Sie gehen?«

Ich sagte es ihm.

»Ach ja!« Über Doktor Gordons Gesicht glitt ein fast tropisches Lächeln. »Die Army hatte dort im Krieg eine Frauenreserveeinheit stationiert, nicht wahr?«

Die Fingerknöchel meiner Mutter waren knochenbleich, als hätte sie während der Stunde, die sie gewartet hatte, die Haut darüber abgeschält. Sie sah an mir vorbei auf Doktor Gordon, und der mußte wohl genickt oder gelächelt haben, denn ihr Gesicht entspannte sich.

»Noch ein paar Schockbehandlungen, Mrs. Greenwood«, hörte ich Doktor Gordon sagen, »und Sie werden, denke ich, eine wunderbare Besserung feststellen.«

Das Mädchen saß noch immer auf dem Klavierstuhl, und die zerrissenen Notenblätter waren um ihre Füße verstreut, als läge da ein toter Vogel. Sie starrte mich an, und ich starrte zurück. Ihre Augen verengten sich. Sie streckte mir die Zunge heraus.

Meine Mutter folgte Doktor Gordon zur Tür. Ich blieb zurück, und als sie sich abgewendet hatten, drehte ich mich dem Mädchen zu und zeigte ihr mit gespreizten Fingern lange Ohren. Sie zog die Zunge ein, und ihr Gesicht versteinerte.

Ich trat hinaus in die Sonne.

Wie ein Panther lag Dodo Conways schwarzer Kombi im Fleckenmuster der Baumschatten auf der Lauer.

Diesen Kombi hatte ursprünglich eine wohlhabende Dame aus der besseren Gesellschaft bestellt, schwarz, ohne das kleinste bißchen Chrom, und mit schwarzem Lederpolster, aber als er dann kam, fand sie ihn deprimierend. Er sei einem Leichenwagen zum Verwechseln ähnlich, fand sie, und alle anderen fanden das auch. Deshalb wollte ihn niemand kaufen, und zuletzt übernahmen ihn die Conways zu einem ermäßigten Preis und sparten auf diese Weise ein paar hundert Dollar.

Auf der vorderen Sitzbank zwischen Dodo und meiner Mutter kam ich mir wie betäubt und abgestumpft vor. Jedesmal, wenn ich mich zu konzentrieren versuchte, glitten meine Gedanken wie Eisläufer in einen großen leeren Raum hinaus und drehten dort verloren ihre Pirouetten.

»Mit diesem Doktor Gordon bin ich fertig«, sagte ich, nachdem wir Dodo und ihren schwarzen Wagen hinter dem Kiefernvorhang zurückgelassen hatten. »Du kannst ihn anrufen und ihm sagen, daß ich nächste Woche nicht komme.«

Meine Mutter lächelte. »Ich wußte doch, daß meine Kleine nicht so ist.«

Ich sah sie an. »Wie – *so*?«

»So wie diese schrecklichen Leute. Diese schrecklichen, toten Leute da in der Klinik.« Sie machte eine Pause. »Ich wußte, du würdest wieder in Ordnung sein wollen.«

STARLET NACH 68 STUNDEN KOMA TOT

Ich tastete in meiner Handtasche zwischen den Papierschnitzeln, dem Etui, den Erdnußschalen, den Münzen und der blauen Schachtel mit neunzehn Rasierklingen herum, bis ich den Schnappschuß fand, den ich an diesem Nachmittag in der orangeweiß gestreiften Zeltbude hatte machen lassen.

Ich hielt ihn neben das verwischte Foto des toten Mädchens. Er paßte, Mund zu Mund, Nase zu Nase. Der einzige Unterschied waren die Augen. Die Augen auf dem Schnappschuß waren offen und die auf dem Zeitungsfoto waren geschlossen. Aber ich wußte, wenn man die Augen des toten Mädchens mit den Daumen aufsperren würde, würden sie mich mit dem gleichen toten, schwarzen, leeren Ausdruck ansehen wie die Augen auf dem Schnappschuß.

Ich stopfte das Bild in meine Handtasche zurück.

»Jetzt bleibe ich auf dieser Parkbank sitzen, bis auf der Uhr an dem Haus da drüben fünf Minuten vergangen sind«, sagte ich mir, »und dann gehe ich irgendwohin und tue es.«

Ich rief den kleinen Chor der inneren Stimmen zusammen.

Interessiert Ihre Arbeit Sie eigentlich nicht, Esther?

Weißt du, Esther, du hast wirklich das Zeug zu einer Neurotikerin.

So kommen Sie niemals weiter, so kommen Sie niemals weiter, so kommen Sie niemals weiter.

An einem heißen Sommerabend hatte ich einmal einen stark behaarten Jurastudenten aus Yale, der aussah wie ein Gorilla, eine Stunde lang geküßt, weil er mir leid tat, so häßlich war er. Als ich fertig war, sagte er: »Jetzt weiß ich, was mit dir los ist, Baby. Mit vierzig bist du prüde.«

»Artifiziell!« hatte mein Professor für kreatives Schreiben am College unter eine Erzählung von mir mit dem Titel »Das tolle Wochenende« gekritzelt.

Ich hatte gar nicht gewußt, was artifiziell bedeutet, und hatte im Wörterbuch nachgeschlagen.

Artifiziell, gekünstelt, künstlich, unecht.

So kommen Sie niemals weiter.

Ich hatte seit einundzwanzig Nächten nicht geschlafen.

Es kam mir vor, als müsse Schatten des Schönste auf der Welt sein, die Millionen beweglicher Formen und Sackgassen des Schattens. Schatten fand sich in Kommodenschubladen, Wandschränken, Koffern, und Schatten fand sich unter Häusern, Bäumen, Steinen, auch fand sich Schatten ganz hinten in den Augen und im Lächeln der Leute, und Schatten, Meilen und Meilen von Schatten, fand sich auf der Nachtseite der Erde.

Ich betrachtete die beiden fleischfarbenen Heftpflaster, die sich auf meiner rechten Wade kreuzten.

An diesem Morgen hatte ich einen Anfang gemacht.

Ich hatte mich im Badezimmer eingeschlossen, hatte warmes Wasser in die Wanne laufen lassen und eine Rasierklinge herausgenommen.

Auf die Frage, wie er sterben wolle, hat mal irgendein alter römischer Philosoph geantwortet, er würde sich in einem warmen Bad die Adern öffnen. Ich dachte, es würde einfach sein – in der Wanne liegen und zusehen, wie die Röte aus meinen Handgelenken aufblüht, Schwall um Schwall in dem klaren Wasser, bis ich unter mohnbunter Oberfläche in den Schlaf sank.

Aber als es so weit war, sah die Haut an meinem Handgelenk so weiß und wehrlos aus, daß ich es nicht fertigbrachte. Es kam mir vor, als wäre das, was ich töten wollte, nicht in dieser Haut oder in diesem schwachen blauen Puls, der unter meinem Daumen pochte, sondern woanders, tiefer, versteckter und viel schwerer zu erreichen.

Zwei Bewegungen würden nötig sein. Zuerst das eine Handgelenk, dann das andere. Drei Bewegungen, wenn man das Wechseln der Rasierklinge von einer Hand in die andere mitzählte. Dann würde ich in die Wanne steigen und mich hinlegen.

Ich trat vor das Arzneischränkchen. Wenn ich in den Spiegel sah, während ich es tat, würde es so sein, als sähe ich jemand anderem zu, wie in einem Buch oder einem Theaterstück.

Aber die Person im Spiegel war gelähmt und zu dumm, irgend etwas zu tun.

Dann fiel mir ein, ich könnte zur Übung etwas Blut vergießen, also setzte ich mich auf den Rand der Wanne und legte meinen rechten Fußknöchel auf das linke Knie. Dann hob ich die rechte Hand, in der ich die Rasierklinge hielt, und ließ sie mit ihrem eigenen Gewicht wie eine Guillotine auf die Wade fallen.

Zuerst spürte ich nichts. Dann eine kurze, tiefe Erregung, und schon sickerte unter der Kante des Schnitts ein leuchtend roter Saum hervor. Das Blut sammelte sich, dunkel wie eine Frucht, und floß am Fußknöchel abwärts in die Schale meines Lackschuhs.

Ich überlegte, ob ich nun in die Wanne steigen sollte, aber mir fiel ein, daß ich durch mein Trödeln den größeren Teil des Vormittags schon vertan hatte und daß meine Mutter wahrscheinlich nach Hause kommen und mich finden würde, bevor es mit mir zu Ende war.

Deshalb verpflasterte ich den Schnitt, packte meine Rasierklingen wieder ein und nahm den Bus um halb zwölf nach Boston.

Mercè Rodoreda

Ein Brief

Herr Doktor, wundern Sie sich nicht, wenn ich Ihnen schriftlich mitteile, was mit mir los ist. Wundern Sie sich nicht, wenn ich nicht mit meinem richtigen Namen unterschreibe. Obwohl ich nicht recht daran tue, wenn ich Ihnen sage, Sie sollen sich nicht wundern; wenn ich nämlich nicht sagte, daß ich nicht mit meinem richtigen Namen unterschreibe, kämen Sie gar nicht auf den Gedanken: aber ich muß es Ihnen sagen, weiß auch nicht recht, warum, daß es nicht mein richtiger ist. Ich bin schüchtern von Natur aus und habe Angst vor den Leuten. Seit ein paar Jahren bin ich schreckhaft wie ein Huhn. Wenn Sie in Ruhe darüber nachdenken, werden Sie vielleicht erraten, wer ich bin, doch falls meine Krankheit unheilbar ist, wäre es mir lieber, daß Sie es nicht täten. Falls Sie es aber doch erraten, dann würde ich es vor aller Welt – wenn Sie es nämlich erraten, werden es bald alle wissen – jederzeit abstreiten. Und nun sucht mal schön.

Das Schreiben fällt mir schwer, Bauernarbeit paßt nämlich nicht zu Papier und Feder, aber was ich habe, steckt so tief in mir drin und bringt mich dermaßen zur Verzweiflung, daß ich mich notgedrungen schriftlich aussprechen muß. Wenn es kein Mittel gegen meine Krankheit gibt, dann antworten Sie mir doch auch schriftlich. Tun Sie Ihren Brief bitte in das Loch im Stamm des Olivenbaums rechts von dem Weg, der zum Hof Ihrer ältesten Tochter führt. Wenn Sie glauben, Sie können mich heilen, werde ich zu Ihnen kommen. Ich habe niemandem von meiner Krankheit erzählt: Sie werden der erste sein, der davon erfährt.

Ich kann mich nicht erinnern, je krank gewesen zu sein: ich bin stark gewesen wie ein Pferd und bin es noch. Ich kann in aller Herrgottsfrühe aufstehn und bis zum Einbruch der Nacht arbeiten. Nein, jetzt nicht mehr: früher. Vor zwei Jahren. Seit zwei Jahren ist alles anders. Angefangen hat es, als mein Mann starb. Aber damals merkte ich es nicht.

Sie kennen ebenso wie ich diese frühen Morgenstunden der letzten Sommertage, golden noch, nicht schläfrig: bloß eben still. Das Korn wogt nicht mehr, weil es geschnitten wurde, und von den Mohnblumen keine Spur. An einem solchen Morgen sagte mein Mann, er wolle zum Frühstück Feigen essen. Ungefähr eine Woche zuvor hatten wir einen Streit wegen Geld, und ich war ihm immer noch böse. Ich geh Feigen pflücken, sagte er. Der Feigenbaum hatte schon gelbe Blätter, und die Feigen, Frauenhalsfeigen, waren süß wie Honig: besonders die, an denen die Vögel gepickt hatten. Ich sah ihm beim Futterabkochen für die Hühner vom Küchenfenster aus zu, und während er im Schuppen die Leiter holen ging, dachte ich: Soll er doch krepieren.

Bevor er in den Schuppen ging, stellte er den Korb auf den Boden. Beim Rauskommen nahm er ihn mit der einen Hand; mit der andern hielt er die Leiter und zog sie hinter sich her. Man sah ihm an, daß er langsam alt wurde. Ich kann Ihnen nicht sagen, woran man das sah. Vielleicht, weil er beim Gehen kaum die Füße vom Boden hob, als ob seine Knie nicht richtig funktionierten... vielleicht, weil er den Kopf einzog und sein Nacken allmählich fleischig wurde... ich weiß es nicht. Vielleicht, weil er fast immer schlecht gelaunt war. Langsam stieg er die Leiter hoch; der Korb, der an seinem Arm hing, schlug hin und her, und einmal verhakte er sich an einer Sprosse. Damals, als wir bloß erst miteinander befreundet waren, als er nur zur Erntezeit und zur Weinlese auf Arbeit kam und er mir allmählich zu gefallen begann (ich war die Reiche und er der Arme), fing ich, sobald ich ihn kommen sah, zu zittern an, statt ihn ruhig zu erwarten und ihm guten Tag zu wünschen. Das Zittern fing in den Händen an, breitete sich bis in die Beine aus und stieg von den Beinen in die Lippen hinauf. Ich versteckte mich hinter dem Stamm des Feigenbaums und kam erst hervor, wenn er schon vorbei war. Als die Arbeitssaison zu Ende ging und die Leute sich verliefen, machten sich meine Schwestern über mich lustig: »Den siehst du nie wieder!« Ich weiß heute noch nicht, wie es kam, daß wir einander heirateten. Ich muß Ihnen gestehen, daß ich ein Jahr nach der Hochzeit noch immer Jungfrau war, und das hat einiges Geschrei abgesetzt.

An jenem Morgen war der Himmel über dem Feigenbaum und zwischen den Blättern des Feigenbaums malvenfarben. Ich dachte: Die Feigen werden frisch sein. Und ich erschauderte am ganzen Leib, weil mir ein Kitzeln übers Rückgrat lief, wie Spinnen. Und als ich aufhörte, diesen wahren Prachtstag, der da heraufzog, zu bestaunen, erblickte ich meinen Mann zuoberst auf dem Feigenbaum, wie einen Riesenvogel, und dachte: Der spinnt ja, so hoch oben... Der Ast machte knacks! und mein Mann, der

Korb und ein paar Feigen, alles lag auf dem Boden. Der Knecht und mein Ältester hoben ihn auf und legten ihn aufs Bett: da war er schon tot. Der Doktor (der vor Ihnen, ein sehr anständiger Mann) sagte mir ein paar tröstende Worte und kam außerdem zur Beerdigung.

Nun stellen Sie sich vor, verwitwet, die Buben noch sehr jung und all das Land, das man nicht verwahrlosen lassen darf... Ich war es zwar gewohnt, das können Sie mir glauben. Mein Mann war ein einfältiger Mensch. Du hast die Hosen an, sagte mein Ältester immer. Ich soll die Hosen angehabt haben? Weil ich mußte, Herr Doktor, nicht zum Vergnügen. Und das war ein Glück, für uns alle. Mein Mann war ein Weichling, der nur schrie, wenn er unrecht hatte, und das hatte er immer. Wer ruhiger ist, hat immer das Sagen. Und setzt sich durch. Ich ließ ihn schreien. Während er schrie, dachte ich an das, was zu tun war, und gab die Befehle. Schrei du nur, wenn du lange genug geschrien hast, dann weißt du nicht mehr, weshalb du geschrien hast, und schreist bloß noch, damit du weiter deine Stimme hörst. Passiert Ihnen das nie, wenn Sie mit Ihrer Frau streiten, falls Sie überhaupt mal streiten: am Schluß wissen weder Sie noch Ihre Frau, warum Sie streiten, und dann sind Sie wegen irgend etwas böse, das gar nichts zu tun hat mit dem, weswegen Sie den Streit begonnen haben?

Ich will Sie nicht zu lange aufhalten: eines Tages bekam ich von Miquel, meinem ältesten Sohn, einen Brief, in dem er schrieb, er wolle mit mir reden und ich solle ihn für ein paar Tage besuchen. Ich hatte damals gerade keine Lust, über die Angelegenheiten zu reden, über die er mit mir sprechen wollte, und antwortete ihm: »Ich werde später schon mal kommen, aber jetzt kann ich nicht, weil ich seit drei Tagen krank im Bett liege; ich bin sehr stark erkältet.« Das stimmte natürlich nicht, aber ich brauchte eine Ausrede. Ich ließ den Brief einwerfen, und eine Weile danach, es mochte noch keine halbe Stunde vergangen sein, bekam ich einen sehr schweren Migräneanfall, nieste ein paarmal, mein Hals fing schrecklich an zu brennen, und ich mußte früh zu Bett gehen. Am nächsten Tag konnte ich nicht aufstehen, weil ich eine mächtige Grippe hatte. Sie werden natürlich sagen, das seien Bauernmärchen, mein Mann sei gestorben, weil er sterben mußte, und ich hätte eine Mordserkältung gehabt, weil ich sie haben mußte. Urteilen Sie nicht zu früh.

Ein paar Monate lang lebte ich ungestört, vollauf beschäftigt lediglich mit der Plackerei im Haus und auf dem Feld... Doch eines Tages... ich kam vom Markt, saß allein auf dem Wagen oben. Ich brauchte nicht einmal das Pferd zu lenken, es ist nämlich ein altes Pferd, das den Weg auswendig kennt. Es war stark bewölkt. Ein Himmel mit tiefen, dichten Wolken, die im Westen fast schwarz waren. Ich wollte rasch nach Hause und mir ein schönes Abendbrot machen. Der Weg führte durch Felder mit trockener, rissiger Erde; lediglich rechter Hand, in einiger Entfernung, war ein alter Baum mit kahlen Zweigen zu sehen, auf denen lauter Raben saßen. Die Raben flogen hin und her, drei oder vier flogen weg vom Baum und kehrten nach einem launischen Flug wieder zurück. Ich dachte: Alles sieht wie tot aus; wenn sich die Raben nicht bewegen würden, sähe alles wie tot aus. Das Pferd blieb stehen, und mir blieb die Stimme im Hals stecken. Ich konnte nicht hott! rufen, und die Raben auf dem Baum und die in der Luft hielten still, die einen auf dem Ast, die andern am Himmel. Nur tief in mir drin verspürte ich eine ungeheure Angst. Was ist los? dachte ich immer. So war ich, wer weiß wie lang, leblos oben auf dem Wagen mit dem leblosen Pferd und ringsumher alles erstarrt. Und ich wäre bis an mein Lebensende so geblieben, wenn ich nicht zufällig auf die Idee gekommen wäre zu denken: Fliegen sollen sie! Die Raben auf dem Baum begannen, erst einer, dann ein anderer, von den Zweigen aufzufliegen, die am Himmel flogen auseinander, und das Pferd setzte sich in Bewegung. Noch einige Zeit danach, wenn ich vor dem Einschlafen an diesen Vorfall dachte, bekam ich Gänsehaut und drückte es mir das Herz zusammen. Doch warten Sie nur: das ist noch gar nichts.

Am Tag nach Weihnachten, also eigentlich am Stephanstag, als der Nachmittag mit den Raben schon über einen Monat zurücklag, stand ich auf, ging in die Stube und machte Feuer im Herd. Die Burschen waren in den Stall gegangen und die Mädchen, zusammen mit Augustina, zu den Hühnerställen, um sie auszumisten und das Stroh in den Brutnestern zu erneuern. Draußen war es noch stockdunkel, und man sah nur das Licht aus den Stallfenstern und aus der angelehnten Tür des Hühnerstalls. Ich bekam Lust auf ein Röstbrot. Ich rieb die Brotscheiben mit einer Knoblauchzehe ein, streute eine Prise Salz darüber und goß Öl darauf. Das Öl war ganz starr gewesen, und ich hatte die Flasche eine Weile ans Feuer stellen müssen. Die Flammen loderten in kräftigen Farben im Kamin empor wie selten sonst. Blau und Rot spielten Fangen, und das prasselnde Holz machte den Herd zur Johannisnacht. Ich setzte mich nah ans Feuer, und als ich eben in die Brotscheibe beißen wollte, sah ich sie an und dachte: Die ist nicht braun genug. Die höchste und röteste Flamme neigte sich zu mir herab, wie von einem Windstoß gekrümmt, trennte sich, wie mit einem Messer abgeschnitten, vom unteren Teil und kam ganz friedlich an mein Brot heran; sehr vorsichtig, um meine Fingerspitzen nicht zu verbrennen, röstete sie es, bis es richtig war, und kehrte in die Hauptflamme zurück, ließ ein Pfeifen hören und ringelte sich fröhlich den Kamin hinauf. Was sagen Sie dazu?

Eines Nachts, als ich ziemlich schläfrig war, dachte ich so, wie jung ich Witwe geworden war und wie schade das sei. Ich lag mit dem Gesicht zur Decke, und durch das offene Fenster kam Sternenglanz herein und mit ihm Mischgeruch von Stroh, Laub und Sommer. Ich strich mit der Hand über meinen Bauch und dachte, daß er dreimal rund gewesen war, rund, prall und glänzend, und daß mein Gesicht geleuchtet hatte, wenn mein Bauch rund gewesen war. Die Streitereien mit meinem Mann waren im Grunde unwichtig gewesen; alle schlechten Launen verflogen im Bett. Und schaun Sie, Sie können mir glauben oder nicht: ich traute mich nicht, hinzuschaun, aber auch ohne Hinschaun merkte ich, daß das Leintuch neben mir aufschwoll, als ob jemand zu mir ins Bett gekrochen wäre. Und ich spürte eine Hand, die über meinen Bauch strich, und zwar nicht meine eigene Hand. Gegen Vormittag fanden sie mich bewußtlos neben dem Bett auf dem Boden. Als ich wieder zu mir gekommen war, war ich bleich wie eine Magnolie und hatte etwas an den Nerven, mein eines Auge ging gegen meinen Willen immer auf und zu.

Meine Schwiegertochter stand kurz vor der Niederkunft: es war ihre erste Geburt. Sie hatten ein Gasthaus in Tossa, und im Haus gab's eine Unmenge zu tun. Sobald das Kind, ein kerngesundes bildhübsches Mädchen, auf der Welt war, taten sie es in ein separates Schlafzimmer direkt neben meinem, das heißt zwischen dem der Eltern und meinem. Die Wände waren rosa gestrichen, mit einer Girlande von Stiefmütterchen ringsherum. Im Zimmer standen eine Kommode, eine Wiege, die mit geblümeltem, gerüschtem Stoff bezogen war, am Fenster ein Tischchen mit einem Kissen darauf, wo man das Kind zum An- und Ausziehn hinlegen konnte, zwei Stühle und, direkt neben der Wiege, ein mächtiger Sessel. In diesem Sessel machte ich meinen Mittagsschlaf. Eines Tages gab es ein Gewitter. Das Kind schlief unruhig. Es bewegte die Ärmchen hin und her und wimmerte ab und zu. Draußen donnerte und regnete es. Donnerschläge, daß man meint, die Welt geht unter. Das Wasser klatschte wie aus Eimern gegen die Scheiben. Die Fensterläden waren angelehnt und das Licht ganz schwach. Auf der Kommode stand zwischen zwei Vasen ein Bild meines Sohnes, als er klein war. Ich hatte den Kopf in den Sessel gelehnt und dachte über allerhand nach. Über Dinge von damals und früher, Belanglosigkeiten. Ja, ich dachte nicht einmal richtig. Der Regen lenkte mich ab. Aber ich sah Teilchen aus meinem Leben, dem Leben meiner Kinder, Teilchen von allem und jedem. Ich sprang vom einen Jahr zum andern und von der Stunde eines Tages zur gleichen eines andern. Ich schaute auf das Bild meines Sohnes, und im Halbdunkel kam es mir vor, daß er seinen Arm hob. Weil jedoch in diesem Augenblick das Kind in seiner Wiege wimmerte, konnte ich nicht so genau darauf achten. Ich erinnere mich, daß es blitzte... und was für ein Blitz! Ich bin sicher, er hat das Dach gestreift. Und ich duckte mich und wartete auf den Donner. Mir fiel ein, daß der Bub als kleines Kind immer schnell zu mir gelaufen kam, wenn er es donnern hörte, und sich in meinem Schoß verbarg. Und auf einmal krachte der Donner los, einer von der Sorte, die nicht gleich auf den Blitz folgen, sich aber über den Himmel wälzen wie ein verwundetes Untier, und dann tauchte aus dem dunkelsten Schatten ein kleines Kind auf, und im Augenblick, da es sich in meinem Schoß verbarg, kam ganz verängstigt meine Schwiegertochter herein. Und das Kindchen löste sich auf, aber meine Schwiegertochter hatte es gesehen. »Was macht dieses Kind hier?« Ich sagte, sie sehe Gespnester. Sie glaubte es; und als sie es geglaubt hatte, glaubte ich es auch.

Und jetzt kommt das Schlimmste. Ich liebe das Meer. In den letzten Tagen meines Aufenthalts in Tossa ging ich nach dem Abendessen, sobald die Arbeit getan war, am Strand spazieren. Ich ging zum Codolar und schaute den Wellen zu. An jenem Abend, dem Abend, von dem ich sprechen will, waren die Wellen... ich weiß nicht, wie ich es Ihnen erklären soll... demütig. Ich legte mich in den Sand: die Nacht war still und heiß; ich schlief dann vermutlich ein. Als ich die Augen geschlossen hatte, um auszuruhen, war alles schwarz geworden, aber nachher, als ich dann langsam aufwachte, schien mir das Mondlicht durch den schmalen Spalt der Augenlider herein, die ich nur ganz wenig aufgemacht hatte. Ein Mond... als ob Gott in eigener Person ihn eben für immer und ewig zwischen das Meer und die Nacht gehängt hätte. Als ob er aus sämtlichen Blüten der Apfelbäume in meinem Garten bestünde. Noch halb im Schlaf schaute ich und lauschte, und mir schien, die Erde schaue mit meinen Augen und fühle mit meinen Sinnen. Als ob ich nicht aus Fleisch und Blut wäre, oder als ob die Welt ich wäre. Und ohne zu denken fast, dachte ich bloß Wörter: Blüten, Apfelbäume, weißblühende Apfelbäume, weiß von Blüten, weiße Apfelblüte, Blüten auf dem Boden verstreut... Und ich dachte, wie schön es wäre, mitten im Meer einen Apfelbaum zu sehen. Auf einmal hielten die Wogen inne, und mein Herz begann zu springen. Als ob mit dem Innehalten der Wasserwogen die Wogen des Blutes in meinem Herzen ins Wallen gerieten. Langsam setzte ich mich halb auf, den einen Ellbogen in den Sand gestützt, die Augen so rund wie zwei Glaskugeln, denn, Herr Doktor, ein bißchen weiter draußen fing das Wasser an zu sprudeln. Gluck-gluck, machte es, gluck-gluck. Die Bläschen spielten Entstehen und Vergehen, und aus der Wunde, die so auf dem glatten Wasser entstand, kamen immer mehr Blüten hervor. Und schließlich formten sie alle miteinander einen Apfelbaum. Stellen Sie sich vor, ein blühender Apfelbaum mitten im Sommer, und dazu noch im Meer! Wenn ich Ihnen sagen würde, daß ich Fieber zu haben glaubte, ich würde nur die Wahrheit sagen. Ich dachte gar nichts... Ich schaute bloß, stand dann unwillkürlich auf und ging bis ans Wasser. Dort war der Apfelbaum, fest im glatten, starren Wasser, und ich ging langsam, langsam auf ihn zu... Unter den Fußsohlen hatte ich Seide. Das Wasser war aus Seide. Und der Apfelbaum erwartete mich, und es war, als ob er sagte, komm, komm... Als ich nah heran war, streckte ich den Arm aus: die Blüten schaukelten sacht, obwohl kein Lüftchen wehte, sie seufzten, sie waren echt und lebendig. Bevor ich nur eine anfassen konnte, sank alles unter, der Apfelbaum, die Blüten und meine Wenigkeit, und wenn ich nicht gerade noch Zeit gehabt hätte zu schreien und wenn nicht mein Sohn, beunruhigt, weil ich schon Stunden von zu Hause fort war, mich suchen gekommen wäre, hätte ich Ihnen das alles gar nicht erzählen können, denn ich bin aus den Bergen, und schwimmen, richtig schwimmen habe ich nie gelernt.

Ich habe alles mögliche erlebt; ich erzähle Ihnen hier bloß einiges davon. Wenn ich alles erzählen müßte, käme ich nie an ein Ende. Am meisten quält mich, daß ich nicht zu denken wage, daß ich in ständiger Aufregung lebe. Am liebsten würde ich meine Gedanken mit einem Strick zusammenbinden, fest zuziehen und sie erwürgen, oder jemanden finden wie Sie zum Beispiel, der mir glauben würde und mich heilen wollte oder könnte. Ich habe ununterbochen überlegt und überlegt, Tag und Nacht, und das macht viele Stunden. Und ich bin verängstigt, weil ich, nachdem ich so lange nachgedacht habe, nun meine Krankheit, glaub ich, kenne. Ich glaube, ich bin eine Hexe.

Nur der Geist ist vergänglich

Dorothy Parker

Geburtstagsblues

Was war das noch, was ich mir merken sollte gleich beim Aufwachen? Ich weiß genau, da war etwas, etwas ziemlich Schlimmes sogar. Nicht einfach schlimm. Das hier war sehr ätzend schlimm, schlimm mit Rosinen drin. Ach ja, ich hab's. Meinen Geburtstag heute. Das wiegende Fest meiner Geburt, hier kommt es wieder den kosmischen Gürtel entlang. Der Herrgott weiß, ich habe nicht darum ersucht. Ich brauche es so nötig wie ein Loch im Kopf. Ich bin ein Geburtstagskrüppel, so stehen die Dinge.

Nun ja. Das Beste, was man da machen kann, ist das Beste, was man da machen kann. Noch viele glückliche Male, meine Liebe – da hat dich aber das laute Lachen gepackt, nicht wahr? So, das ist schon besser. Was sollen die salzigen Tränen auf deiner Wange an diesem deinem *Jour de fête*? Heute ist Fiesta. Schau, aus dem Brunnen sprudelt Wein, und auf dem Platz ist schon das tanzende Volk am Werk. Komm, los, ein Lied, ein Lied! *Happy birthday to you, happy birthday to you, happy birthday, poor bastard, happy birthday to-o-o you!*

Das ist es nämlich, Schätzchen. Das ist die Wende. Du hast den Dreißigern zum zehnten und letzten Mal Lebwohl gesagt. Jetzt bist du dran, Schätzchen. Jetzt kriegst du's voll in die Fresse, Schätzchen. Gänsefüßchen unten Schätzchen Gänsefüßchen oben.

Feine Vorteile hast du da rausgeschlagen mit deinem Geschummel über dein Alter. Bestenfalls ein paar Jährchen konntest du glaubwürdig wegdrücken, und was zählen schon ein paar ausgespuckte Sandkörner in einem Archipel? Wenn du in eine fremde Stadt gezogen wärst und erzählt hättest, ein entsetzlich tragisches Leben zum größten Teil in den Tropen läge hinter dir, dann hättest du eventuell einen nennenswerten Nachlaß schaffen können.

Nein, das hättest du nicht geschafft. Selbst wenn du bis nach Trebizond gezogen wärst, du hättest genau da irgendeine getroffen, die in deiner Klasse war. Die reisen durch die ganze weite Welt, deine Klassenkameradinnen; Upper Montclair muß völlig entseelt sein. Mach die Augen zu und tipp irgendwo auf den wirbelnden Globus, und wo immer dein Finger draufzeigt, zu Wasser und zu Lande, irgendeine Schulkameradin von dir ist längst da. Es übersteigt jede Glaubwürdigkeit, daß sich vierzehn zottelige kleine Mädchen zu derart flächendeckenden Globetrottern auswachsen.

Nicht einmal zu Hause ist man vor ihnen sicher. Zieh dein schönstes Kleid an, geh aus dem Haus in sanftes Scheinwerferlicht, alles ist bereit, damit du »hochachtungsvoll – Katherine Hepburn« in erwartungsvoll dargereichte Bücher schreibst, und schon taucht etwas auf und will dich gerade anspringen, das in Jackson Whites Akademie für Überhöhte Töchter, die du in deiner Jugend offenbar besucht hast, neben dir gesessen hat. Du erkennst deine Mitschülerinnen schon einen Häuserblock weit an ihrem Gang; es ist genau wie bei Leuten, die neben einem Gefängniswärter ihre letzte Meile abschreiten. Weitere untrügliche Merkmale sind Haare, die aussehen wie durch die Gegend gepustete Asche, Münder wie Hufeisen, aus denen das Glück nur so tropft, und diese ganze Art, egal wie herrlich das Wetter ist, grundsätzlich für schwere Regenfälle gerüstet zu sein. Oh, oh Gott. Womöglich siehst du genauso aus für sie. Nein, nein, natürlich nicht. Hör auf. Tust du nicht, tust du nicht, tust du nicht.

Du weißt genau, sie sehen so aus, weil sie so sind und weil sie immer so gewesen sind; Jahre spielen da keine Rolle. Jahre sind nur Kleider, und entweder trägst du sie dein Leben lang mit Stil, oder du gehst eben als Schlampe ins Grab. Und dies hier sind die schönsten Jahre, die stehen dir am besten, diese Jahre, die dir demnächst geschenkt werden. Geht dir das denn nicht in den Kopf, du armes Hühnchen? Oh – mit welch tiefem Dank wirst du an diesen Tag zurückdenken! Als zierlichen Torbogen wirst du ihn sehen, durch den du in den Zaubergarten geschritten bist. Sicher wirst du das. Weißt du, was heute los ist? Heut' kommt des Lebens Jubeltag, wie Miss Rossetti wissen will, und nähmst du bloß ein Fünkchen Grips und gäbst dir einen Stoß, dein Herz würd' zwitschern wie der Vogel da, des Nest erbaut im Wasserschoß. (Liebe Christina Rossetti, wir nehmen gerade englische Dichter durch, und ich habe Sie als Aufsatzthema gewählt. Bitte, schreiben Sie mir alle interessanten Sachen über sich, die Ihnen noch einfallen, auch wie Sie dazu gekommen sind, Gedichte zu schreiben, und was ist zum Teufel ein Wasserschoß.)

Sehr schön. Dann lauf eben *nicht* den ganzen Tag herum wie ein patschnasser Vogel, wenn du das so siehst. Aber du könntest wenigstens höflich sein und ein bißchen Begeisterung zeigen. Klar, du hast doch die Welt am Schwanz gepackt. Alles wird gut für dich von jetzt an. Du wirst all das haben, was du nie gehabt hast – Ruhe und Würde und Anerkennung. Du wirst nützlich sein und die wahre Zeit deines Lebens verbringen. Oh, es wird dir gefallen. Ehrlich, wird es. Ehrlich.

Also gut, Mittelalter. Du hast jetzt zehn Jahre hier rumgelungert. Jetzt nimm schon deinen Fuß von der Schwelle und komm rein… Nein – bitte, warte eine Minute… Bitte, bitte, nur noch eine Minute… Ich kann noch nicht…

Es ist dieses Wort »Mitte«. Jedes Wort, mit dem es zusammenstößt, bekommt so eine altjüngferliche Aura. Mitte – Mittelmaß, Mittelschicht, Mitte-links, Mittelalter. Ach, könntest du doch bloß diese öden Dekaden überspringen und erst in den höheren Zahlen wieder runtergehen! Siebzig hat einen gewissen Chic, Achtzig Eleganz.

Die Leute sollten eins von beiden sein – jung oder alt. Nein, wozu sich zum Narren halten? Die Leute sollten eins von beiden sein – jung oder tot.

Tja. Nimm's wie ein tapferer kleiner Soldat, was? Aber was um Himmelswillen gibt es da eigentlich zu nehmen? Hättest du gestern abend nicht sämtliche nächsten Seiten aus dem Kalender gerissen, du hättest den Unterschied nie gemerkt.

Wahrscheinlich siehst du gar nicht einmal mehr als vierundzwanzig Stunden älter aus als gestern. Es ist nur dein persönliches Stück Pech, daß du heute bist, was du bist, auch wenn du dich innerlich nie kregler gefühlt hast.

Innerlich bist du genau dieselbe wie vor fünfzehn Jahren, oder zwanzig. Möchte irgendein Kavalier vielleicht auf dreißig erhöhen? Die einzigen spürbaren Unterschiede sind dein Hang, deine Freunde für etliche Jahre älter zu halten, als sie zugeben, und die Bereitwilligkeit, mit der du Sechzig für das Tor zur Mündigkeit hältst. Du könntest allerdings gewisse äußerliche Veränderungen vornehmen, wenn dir danach ist. Zum Beispiel könntest du diesen Apfelblütenhut weggeben; irgendeine kleine Krätze kann ihn bestimmt gut gebrauchen, für die Sonntagsschule. Wird auch Zeit, daß du das Handtuch wirfst und endlich aufhörst, Kleider immer eine Nummer größer machen zu lassen, weil du ja noch reinwachsen könntest.

Nimm's leicht – mehr brauchst du nicht zu tun. Kämpf nicht dagegen an. Du bist die einzige, die sich leidenschaftlich für dein

Alter interessiert; andere Leute haben selber Sorgen. Es wird vermutlich nie Thema werden, außer du selbst bringst es aufs Tapet. Und wie oft kommt denn schon wirklich das Gespräch auf Abiturfeiern?

Feines Benehmen. Die besten Jahre deines Lebens liegen vor dir, offen wie ein bunter Fächer, und du sitzt hier rum und schmollst. Schau dir all die Frauen an, die erst lange nachdem sie – sagen wir: voll erblüht waren, berühmt geworden sind. Schau dir Ninon de Lenclos an. Nein, du sollst jetzt nicht über all die armen Seelen grübeln, die sich immer mit Blick auf Ninon de Lenclos aufzumöbeln versuchen. Behalt du nur Ninon de Lenclos im Auge, dann kannst du gar nichts falsch machen; was eine Frau geschafft hat, kann eine Frau schaffen. Und halt dich bei deinen Gedanken an das, was vor dir liegt. Es wird Freunde geben und Arbeit und Geselligkeit und Gelächter. Es könnten sogar sehr gut ein paar gediegene kleine Abenteuer dabei rauskommen. Es ist gar nicht gesagt, daß du nicht auch zum Tanz gebeten wirst. Um Gotteswillen, es muß doch irgendwo irgendwen geben, der Benjamin Franklins Brief an einen jungen Mann zur Kenntnis genommen hat!

Dein Weg liegt so eben und so anmutig vor dir. Du brauchst überhaupt nie mehr einen Narren aus dir zu machen – du hast die komplette Kollektion beisammen. Nie wieder Fehler – du hast sie alle gemacht. Für dich gibt es nur noch Erfüllung und Leichtigkeit und Zärtlichkeit. Und du brauchst sie dir nicht einmal zu erarbeiten. Sie werden dir geschenkt, als Gaben zu diesem deinem glücklichsten Geburtstag.

Na, komm schon rein, Mittelalter, komm rein, komm rein! Komm ganz nah, gib mir deine Hand, laß dir ins Gesicht schauen… Oh… Siehst du wirklich so aus?… Oh, Gott hilf mir… hilf mir…

Marguerite Duras
Ich habe ein zerstörtes Gesicht

Eines Tages, ich war schon alt, kam in der Halle eines öffentlichen Gebäudes ein Mann auf mich zu. Er stellte sich vor und sagte: »Ich kenne Sie seit jeher. Alle sagen, Sie seien schön gewesen, als Sie jung waren, ich bin gekommen, Ihnen zu sagen, daß ich Sie heute schöner finde als in Ihrer Jugend, ich mochte Ihr junges Gesicht weniger als das von heute, das verwüstete.«

Ich denke oft an jenes Bild, das einstweilen nur ich sehe und von dem ich nie gesprochen habe. Es ist immer noch da, in der gleichen Stille, wunderbar. Es ist das einzige Bild von mir, das mir gefällt, das einzige, in dem ich mich wiedererkenne und welches mich entzückt.

Sehr bald in meinem Leben war es zu spät. Mit achtzehn war es zu spät. Zwischen achtzehn und fünfundzwanzig nahm mein Gesicht eine unerwartete Richtung. Mit achtzehn bin ich gealtert. Ich weiß nicht, ob es allen so geht, ich habe nie gefragt. Mir ist, als hätte man mir schon von jenem Zeitschub erzählt, der einen manchmal überrascht, wenn man die jugendlichsten, die meistgefeierten Jahre des Lebens durchquert. Dieses Altern war jäh. Ich sah, wie es einen Gesichtszug nach dem andern erfaßte, wie es deren Beziehung untereinander veränderte, wie es die Augen größer machte, den Blick trauriger, den Mund bestimmter und in die Stirn tiefe Furchen grub. Statt darüber erschrocken zu sein, verfolgte ich dieses Altern meines Gesichts mit der gleichen Neugier, mit der ich mich zum Beispiel in ein Buch vertieft hätte. Ich wußte auch, es war keine Täuschung, es würde sich eines Tages verlangsamen und seinen normalen Lauf nehmen. Die Leute, die mich im Alter von siebzehn, während meiner Reise nach Frankreich, kannten, waren beeindruckt, als sie mich zwei Jahre später mit neunzehn wiedersahen. Dieses neue Gesicht habe ich behalten. Es war mein Gesicht. Selbstverständlich ist es weiter gealtert, doch weniger, als zu erwarten gewesen wäre. Ich habe ein von trockenen und tiefen Falten zerfurchtes Gesicht, mit welker Haut. Es ist nicht erschlafft wie manche Gesichter mit feinen Zügen, es hat die Konturen bewahrt, doch sein Stoff ist zerstört. Ich habe ein zerstörtes Gesicht.

Dubravka Ugrešić
Body

Goldgelber Orangensaft leuchtet im sonnenbeleuchteten Glas; dicker und süßer Karamel kriecht über Hügel von rosafarbenem Eis; der Reißverschluß der Jeans fährt mit scharfem Laut nach oben zum Nabel, den goldene Schweißtröpfchen bedecken; ein saftiges Hinterteil demonstriert seine Birnenform; sämiges *ketchup* tränkt durstige Teigwaren; Perlzähne beißen krachend in einen saftigen Apfel; Katarakte seidiger Locken fallen auf zarte Frauenschultern; Haferflocken fallen lautlos in ein Milchmeer mit Porzellanufern; und alles ist so *juicy*, ach, so *crispy*, mmm, und so *crunchy*, mmm, und so *fluffy*, mmmm, und so *delicious*, ohh, und so *irresistible*…

Ich vergöttere die amerikanische TV-Werbung. Sie ist die komprimierte, vollendet gestylte Ideologie des amerikanischen Alltags. Sie artikuliert und bedient zugleich die wesentlichen Inhalte des amerikanischen Lebens. Und die wesentlichen Inhalte des amerikanischen Lebens (nein, jedes Lebens, nur habens die anderen noch nicht gemerkt!) bestehen aus dem – Körper. BODY! Der Körper, der sich ernährt, der geht, schläft, sich bewegt. Diese einfache Botschaft – DER KÖRPER – entquillt den Bildschirmen in karnevalistischer Farbenpracht.

Die amerikanische Werbung artikuliert und bedient jeden Körperteil extra. Am häufigsten und vor allem wendet sie sich – dem *Mund* zu. Sie verkündet dem Amerikaner, welche Getreideflocken er sich einverleiben soll, welche Kekse kauen, welche Konserven schlucken, welches Getränk schlürfen, welche Bonbons knabbern… Sie lehrt den Amerikaner, womit er seinen Körper zu ernähren hat.

Wenn sich ein Teil der *Füllung* widmet, so ist ein anderer eifrig mit der *Entleerung* beschäftigt. Die Werbung für Mittelchen gegen unangenehme Krämpfe wechselt mit der für Hamburger, die Werbung für Tabletten gegen Blähungen mit der für Süßigkeiten, die Werbung für Laxanzien mit der für Säfte, die Werbung für Hämorrhoidenbekämpfung mit der für Käse…

Während ein Teil der Werbung den Körper als Verdauungsmaschine behandelt, beschäftigt sich der andere damit, diesem satten Körper die optimale Form zu verleihen: ihn zu verschlanken, von überflüssigem Speck zu befreien, zu modellieren, zu dynamisieren (*Move your body!* befiehlt ein Slogan), zu trainieren, der Vollkommenheit entgegenzuführen.

Die amerikanische Berühmtheit Jane Fonda wirbt im Fernsehen mit pathetischem Ernst für ihre Erfindung – ein billiges Plastiktreppchen zur Gymnastik für die Beinmuskeln – mit demselben pathetischen Ernst, mit dem sie einstmals gegen den Krieg in Vietnam protestierte.

Wenn in der *New York Times* das Foto eines schönen Körpers mit dem Titel »Body Consciousness« (was immer das heißen soll) ein mehrfach größeres Format hat als das Foto frischer Leichen in Bosnien, dann ist es völlig *normal,* daß ein Amerikaner (so ist es mir geschehen) Gymnastik macht, während man seine Fragen über »diesen Krieg auf dem Balkan« beantwortet. Oder daß eine Gesprächspartnerin (so ist es mir geschehen) im Restaurant vom Stuhl aufspringt und ein paar Übungen zur Dehnung der Wirbelsäule macht, während man ihr etwas vom Postmodernismus erzählt, der sie, die Gesprächspartnerin, absolut nicht interessiert.

Die Arbeit am Körper ist noch nicht beendet. Die amerikanische TV-Werbung empfiehlt dem Amerikaner auch weiterhin, wie er seinen satten und durchtrainierten Körper pflegen soll (*Nourish it inside, nourish it outside!* lautet der zweideutige, rhythmische Slogan). Die Reklame redet von Haut, Haar, Zähnen, Füßen, Gesicht... Das amerikanische Fernsehen sprüht vor Duschbad, Shampoo, Duftwässerchen, Creme...

Als sie hörte, daß ich aus »Osteuropa« komme, fragte mich eine Amerikanerin sofort inbrünstig:

»Gibt es denn bei Ihnen *body-shops?*«

Mein Student Aljoscha aus Irkutsk hat mir eine Geschichte erzählt. Bevor die Studenten aus der (ehemaligen) Sowjetunion auf die amerikanischen Universitäten verteilt wurden, hielten die amerikanischen Organisatoren des Studentenaustauschs ein »Briefing« für sie ab. Jeder Student erhielt ein Stück Seife, ein Handtuch und einen Zettel mit Instruktionen für das Verhalten in Amerika zum Geschenk. In § 1 der Instruktionen heißt es, daß die Amerikaner ein »sauberes« Volk sind, daß sie täglich (wenn nötig mehrmals!) duschen und daß die sowjetischen Studenten gebeten werden, sich daran zu halten, Deos zu benutzen und täglich die Wäsche zu wechseln.

Es gibt also (das saubere) Amerika und *others*. An der Grenze stelle ich mir Woody Allen als Zöllner vor. Warum ihn? Weil er irgendwo seinen Alptraum beschrieben hat, in dem Leute in seine Wohnung einzudringen versuchten, um ihn zu – shampoonieren!

Die Sache mit dem Körper ist noch nicht zu Ende. Jetzt gilt es, die nächste Umgebung in Ordnung zu bringen. Die Werbung empfiehlt dem Amerikaner, wie er seine Umwelt zu säubern hat: womit die Küche, womit das Bad, womit den Staub, womit Fenster, Geschirr, Wäsche, Klosettschüssel... Dieser Teil provoziert bei den weiblichen Zuschauern den tief vergrabenen Traum vom Puppenhaus, und so ist es kein Wunder, daß eine New Yorkerin, die meinem Landsmann ihre Wohnung vermietete, ihm Bettbezug und Laken zeigte und in belehrendem Ton sagte: Dies ist ein Kissenbezug, damit beziehen wir Amerikaner das Kopfkissen, und dies ist ein Laken, das breiten wir Amerikaner über die Matratze.

Und wenn alles *in* und *out* endlich sauber ist, dann empfiehlt die amerikanische Reklame dem Amerikaner, wie er seinen satten, durchtrainierten, gepflegten, sauberen Körper ins – Auto setzt. Die einzige Reklame, die sich auf die nichtkörperliche Sphäre des Lebens bezieht, ist diejenige, die den Amerikaner belehrt, wie er am billigsten und wirkungsvollsten telefoniert! Andere menschliche Betätigungen kann man also, nach der TV-Werbung zu schließen, völlig vernachlässigen. Nur ein kleiner Teil der Werbeempfehlungen bezieht sich auf Reisen (Erholung für den Körper!), auf die Wahl der Kreditkarten (mit denen der Körper bezahlt, was er konsumiert hat!) und dergleichen.

In der amerikanischen Kultur ist der Körper – Seine Majestät Der Körper. Die amerikanische Körperideologie wird deshalb alles tun, um die altmodische, schändliche *Mehrdeutigkeit,* die von der Idee des Körpers an sich getragen wird, zu beseitigen und zu entwerten. So werden die glatzköpfigen und gleich danach die mit dichtem Haupthaar geschmückten Männer, die über die Bildschirme gleiten, von jeder noch so kleinen parodistischen Nuance befreit sein: Reklame für Perücken und Haartransplantationen ist Werbung wie jede andere. Reklamespots mit vollbusigen Schönheiten werden neben Aufnahmen von haufenweise weggeworfenen Silikonprothesen vorüberflimmern, ohne daß jemand einen ironischen Zusammenhang herstellen würde. Werbung für strahlende Zähne steht neben Werbung für Zahnersatzkleber: das perfekte Design beider verwischt jeden Gedanken an den Hohn des Widerspruchs.

Amerika in seiner Ideologie des Körpers beseitigt dessen Recht auf karnevalistisch-groteske Ambivalenz. Man wird Bilder vom Wettbwerb um die dickste Amerikanerin oder das häßlichste Gesicht Amerikas zeigen, aber das Fernsehen – dieser mächtige Modelleur der kollektiven Meinung – wird jede ironisch-subversive Botschaft vermeiden. Der Wettbewerb um die dickste Amerikanerin wird nicht als karnevalistische Rebellion des häßlichen gegen den schönen Körper oder wenigstens als sein logischer Gegensatz interpretiert, sondern er gleicht eher dem administrativen Zugeständnis an eine Alternative, eine Variante. Die Teilnehmerinnen am Wettbewerb selbst werden sich nicht benehmen wie *häßliche*, sondern wie *alternativ schöne Frauen*.

Frei von Ironie werden auch die bizarrsten aus dieser Ideologie stammenden Ideen sein: die Ideen von der Hibernation, von der Präparierung des Körpers u. ä. So werden die Juristen in der Serie *L. A. Law* mit größtem Ernst den Fall eines Mandanten behandeln, der nach seinem Tod präpariert zu werden wünscht!

In seiner Ideologie des eindeutigen Körpers beseitigt Amerika alle Widersprüche: Krankheit, Altern, Tod, Häßlichkeit, physischen Verfall. Als zutiefst infantile Kultur wird Amerika seine Ideologie des Körpers auf infantilen Mechanismen errichten (denn wozu braucht ein Körper an sich Spitzfindigkeit?). Dieser gemeinsame amerikanische Körper gleicht einem Baby, das gefüttert wird, Bäuerchen macht, in die Windeln kackt und pinkelt, seine ersten Schritte tut – und sich dabei der hingerissenen Zustimmung seiner Umgebung erfreut. Das infantile Niveau bedienen fast alle Reklamen: besonders ausdrucksvoll ist z. B. die für Mittel gegen Durchfall (oder Verstopfung, ganz egal). Der Mann geht mit sorgenvollem Gesicht zur Arbeit, die Frau reicht ihm mit »alles wissendem und alles verstehendem« Gesicht die Pillen. Im nächsten Bild ruft der Mann von der Arbeit zu Hause an. Von seinem Gesicht ist jede Spur leidvoller Sorge verschwunden: er ist fröhlich, entspannt, sicher (er muß nicht mehr jeden Augenblick zum WC). Bravo, applaudiert das Gesicht der Gattin. Bravo, applaudieren Millionen amerikanischer Fernsehzuschauer.

Jeder körperliche Sieg in dem schon 500 Jahre alten und immer noch jungen amerikanischen Pioniermythos erfährt den Beifall der Umwelt. Michael Jackson – eine lebende Gummipuppe, Symbol des amerikanischen Körpers, der sich selbst stylt und wiederstylt, des Körpers, der Metamorphosen durchmacht, der sich aus Schwarz in Weiß verwandelt, der Körper, der zur Ewigkeit strebt – erhält allgemeinen Applaus. Bravo, Michael, bravo, siegreicher Körper.

Willard Scott, eine hundertjährige Greisin, die mit ihrem kokett gewölbten Matronenbäuchlein täglich einen Tanzkursus besucht, erfährt den Applaus Amerikas. Was ist das Geheimnis eines so langen Lebens? *(What's the secret of living so long?)*, wird Willard Scott von den Amerikanern gefragt. Und keiner kommt auf den Gedanken, nach dem Sinn zu fragen. *What's the purpose of living so long?* Das Altwerden ist Selbstzweck. Bravo, Willie! Bravo, langlebiger Körper!

Männer und Frauen, die Bodybuilding machen und fast ernsthaft *beefcakes* (Rinderkuchen) genannt werden, erfahren den Beifall ihrer Umgebung. Bravo, Körper!

In New York kann man auf den verkehrsreichsten Straßen einzelne junge Männer sehen, die stehenbleiben, ihren Rucksack ablegen, die Hanteln hervorholen und Bodybuilding betreiben. Nachts kann man in New York Vereinzelte in Sportkleidung sehen, die an Zäunen, Treppen, Betonblöcken stehenbleiben und durch niemanden und nichts gestört ihre Körper recken. Einsame Sportler trainieren in der Nacht von New York ihre Muskeln. Und sie scheinen niemanden zu brauchen, scheinen sich selbst zu genügen. Vielleicht senden sie unbewußt Signale aus, vielleicht wird ein Zittern ihrer Muskeln Lichtjahre überwinden und auf einem anderen Planeten eine zarte Vibration hervorrufen.

Die einsam Trainierenden, diese Samurais, die die sanktionierten Orte wie Fitneßzentren, Parks, Strände, offene und geschlossene Übungsplätze verlassen und sich über den amerikanischen Raum verteilt haben, radikalisieren nur die Idee vom schönen, gesunden, dynamischen und autistischen Körper. Denn der amerikanische Körper kommuniziert mit niemandem und dient zu nichts.

Die amerikanische Ideologie des Körpers hat nämlich diesem herausfordernden Körper das Recht auf Geselligkeit, auf seine sexuelle Funktion genommen, sie hat diesem attraktiven Körper das Recht auf Sex appeal genommen. Die Aufhebung dieser Funktion ist durch das Gesetz über *harassment* institutionalisiert: Jeder noch so harmlose Gedanke an einen sexuellen Gebrauch des

Körpers wird strafbar. Die mentale Kastration der sexuellen Funktion schafft Raum für neue Funktionen.

Die neue Werbung für *Reebok*-Tennisschuhe zielt auf einen kräftigen, unabhängigen, zu schwersten physischen Anstrengungen befähigten Frauenkörper. *Life is short, play it hard,* rät der Slogan. Die Reklame scheint eine neue, kriegerische Funktion des Körpers zu suggerieren. Als sollte ein künftiges Amerika von starken Frauen, Kriegerinnen regiert werden, die anstelle von Waffen *Reebok*-Tennisschuhe tragen.

Die mentale Kastration der sexuellen Funktion des Körpers öffnet Räume für neue ästhetische Funktionen. Der asexuelle Körper wird zur Skulptur. Den überholten Fetisch des (von einer freigebigen Natur oder der Silikonindustrie hervorgebrachten) Busens ersetzt jetzt der Fetisch der Hand, für die wir selbst verantwortlich sind. Die modellierte Hand hat wie jedes Kunstobjekt sehr bald ihre Promotoren, Philosophen, Kritiker, künstlerischen Werkstätten gefunden. »Self-determination«, sagt Radu, der Direktor des Studios für Körperkultur in Manhattan. »Discipline and power«, empfiehlt Pasquale Manocchia, der persönliche Trainer von Madonna. *Pump-up*-Ästhetik, Selbstdetermination sind neue Termini, und die körperliche Schönheit erfährt eine erneute Re-Definition. »Schönheit ist heute der sich bewegende Muskel – das wie eine Kobra lebendige, aktive, graziöse Gewebe«, sagt der Ästhet Radu.

In dem gestörten, sexuell kastrierten oder einfach neuen Wertesystem kann es geschehen, daß man beim Anblick eines fetten, einer Haremsschönheit ähnelnden, in der Kühltruhe eines Supermarktes liegenden (immer auf dem Rücken!) Truthahns vor Scham errötet und einem beim Anblick eines durchtrainierten Muskels das Wasser im Mund zusammenläuft! Etwas nicht in Ordnung? Und ist das nicht der Grund, warum der Haremstruthahn erfolglos in Nylonhüllen verpackt wird, was seine Rundungen noch mehr hervorhebt? Etwas nicht in Ordnung? Alles in Ordnung. Eine logische Vermutung, die aus dem amerikanischen System der gestörten Körperfunktionen folgt, ist – der Kannibalismus. Wenn ein Körper zu einem Zweck nicht taugt, dann zu einem anderen, nicht wahr? Wer übrigens käme auf den Gedanken, ein hungriges, afrikanisches Kind, einen gelben Chinesen, einen dürren Türken, der täglich hundert Zigaretten raucht, oder einen Unglückseligen, der Menschen auf dem Balkon massakriert hat, zu essen? Aber einen schönen, gesunden und so sinnlosen amerikanischen Körper... mit seinen wie eine Kobra lebendigen, aktiven und graziösen Bizepsen und Trizepsen... Mmm, das ist so *juicy*, mmm, so *fluffy*, so *crispy*, mmm, *irresistible*...

Der Ersatz des Ganzen durch den Teil, des Körpers durch den Fetisch der Hand berührt sich übrigens mit den Feinschmeckerprinzipien des Kannibalismus. Kein Kannibale hat bisher das Ganze gegessen, nicht einmal Tschikatilo.

Andrei Tschikatilo, der ukrainische Kannibale, der 56 Menschen gegessen hat, bekam in den amerikanischen Medien große Publizität. *»I am a mistake of nature, a mad beast«*, erklärte der Kannibale aus Rostow in der amerikanischen Version. Weiter führte er aus, sein Kannibalismus sei das Ergebnis »sexuellen Unvermögens und des repressiven Sowjetsystems« *(»sexual inadequacy and repressive Soviet system«)*. Tschikatilo hat (zusammen mit George Bush) nicht nur dem Kommunismus den letzten Schlag versetzt, sondern einen neuen politischen Aspekt in die spitzfindige amerikanische Kannibalistik der »schweigenden Lämmer« und »amerikanischen Psychopathen« gebracht.

Seine Majestät Der Körper...

Ich komme aus einem Land, wo der Körper nur eine billige Zielscheibe ist. Hier habe ich mich natürlich sofort auf *aerobic* gestürzt, einen nordischen *track* bestellt, die Küchenschränke mit *slim-fast* gefüllt, auch ein *tight-master* lag pornographisch in einer Ecke... Dann begriff ich, daß es zu spät ist, und – gab auf. Ich bin zu alt, indoktriniert, überzeugt, daß der Körper nichts wert, daß er nur eine Zielscheibe ist. Die tägliche Praxis in meinem schrecklichen Land beweist es wieder und wieder. In meinem Land düngt man mit menschlichen Körpern den Boden, verfüttert sie an Hühner und Schweine, stopft Gruben mit ihnen aus, damit eines Tages wieder die fette schwarze Saat des Bösen aufgehen kann.

Dennoch ließ ich es nicht ganz sein.

Kürzlich las ich in meiner Lokalzeitung eine Anzeige. Ein gewisser Roger Papazian aus dem nahen Rocky Hill bietet in seinem Geschäft »Eden« einen ungewöhnlichen Service an...

Wenn ich also sterbe, bitte, kremiert mich, aber die Asche nicht in eine Urne, sondern in die Hand von Meister Papazian. Meister Papazian verspricht, mit meiner Asche – Munition zu füllen. Ich, der unverbesserliche Faulpelz, werde endlich einen zufriedenstellenden Körper haben: leicht, schlank, verführerisch, aerodynamisch und gefährlich... Endlich werde ich »eine Tussi wie eine Bombe« sein! Und wo ich ende – ob im Herzen eines gealterten Liebhabers, im Körper eines Feindes oder einer befreundeten Wildente –, ist völlig unwichtig. Denn der Körper ist ewig. Nur der Geist ist vergänglich.

Luise Pusch

Schöner altern

Die Essentials, dargereicht vom Club der freien Radikalen

1. Altern ist die größte Herausforderung an den Menschen. Gemeinerweise findet es genau dann statt, wenn wir sowieso immer klappriger werden. Ein Trost: Älter werden als solches ist nicht schwer, das schaffen Sie schon.
2. Fangen Sie rechtzeitig an zu altern. Mitte zwanzig wäre etwa ein günstiger Zeitpunkt. Je eher Sie altern, um so mehr Zeit haben Sie dazu und um so besser gelingt es Ihnen. Sie sehen ja, immer mehr Alte stöckern über Deutschlands Straßen und Plätze. Reihen Sie sich schon mal ein, bevor es zu eng wird.
3. Als Frau können Sie mit dem Altersstarrsinn nicht früh genug anfangen! Wir empfehlen als spätesten Zeitpunkt die Pubertät. Für den Altersgeiz gilt dasselbe.
4. Sie sind 35, und der Schalterbeamte fragt Sie, ob Sie eine Seniorenkarte wollen. Lassen Sie ihm das nicht durchgehen und bestehen Sie auf einer Senior*innen*karte.
5. *Wenn die britischen Tage aufhören, beginnt das britische Alter.* Genau! Streichen Sie das Wort *kritisch* aus Ihrem Wortschatz!
6. Achten Sie stets gut auf Ihre Gebärmutter und trennen Sie sich nicht mutwillig von ihr. Sie ist Ihre beste Verbündete im Kampf gegen die mit Recht so unbeliebte Inkontinenz.
7. Werden Sie nicht hormoniesüchtig. Ihr Gynäkologe soll die Östrogene selber nehmen. Beobachten Sie mit selbstlosem Wohlgefallen, wie sie bei ihm anschlagen! Auch er kann durch Hitzewallungen Energie sparen helfen und die zwischenmenschliche Kälte mildern.
8. Für ein gemütliches Alter sollten Sie beizeiten einen Sohn gebären. Derweil Ihre Tochter mit ihrer Schwiegermutter beschäftigt ist, wird seine Ehefrau Ihnen den Lebensabend verschönern.
9. Ihre Falten sollten Sie nicht verstecken. Es besteht sonst Gefahr, daß Sie sie nicht wiederfinden. Und das wäre schade!

10. Je mehr Falten wir haben, desto häufiger falten wir die Hände. Wenn es Sie mit zunehmendem Alter öfter in die Kirche treibt, macht nichts, sofern sie gut geheizt und die Bestuhlung bequem ist.
11. Ohne Zähne kein Zahnweh.
12. Sehen Sie schon mal zu, daß Sie was erben. Simone de Beauvoir hat festgestellt, daß Alter und weibliche Armut eine gängige, aber nicht eigentlich erstrebenswerte Kombination darstellt. Übrigens: Je älter Sie werden, um so mehr gibt es zu erben.
13. Es heißt Paro-, nicht Paradontose.
14. Wer nicht heiratet, bekommt keine Witwenrente, aber auch keinen Witwenbuckel. Entscheiden Sie sich!
15. Wenn Sie in Ehren ergrauen wollen, brauchen Sie dazu Haare. Bei schütterem Haar gelingt das Ergrauen nur mäßig. Aber eine selbstgestrickte rosa Angoraperücke hat auch ihren Schick.
16. Wenn Sie Ihre Brille nicht finden, schauen Sie im Kühlschrank nach. Da finden Sie immer was Nettes.
17. Ab siebzig sind Sie keine Nachwuchsschauspielerin, -wissenschaftlerin oder -schriftstellerin mehr. Bewerben Sie sich jetzt nur noch bei SeniorInnenwettbewerben. Das ist aussichtsreicher.
18. Wenn es auch bei den SeniorInnenwettbewerben nicht klappen will: Eine Seniorinnenkarte der Deutschen Bundesbahn bekommen Sie immer.
19. Ab achtzig können Sie in aller Ruhe weiterrauchen. Sie haben in den vergangenen Jahrzehnten Ihre Zähigkeit hinreichend bewiesen.
20. Zellulitis gibt es nicht.
21. Je älter Sie sind, um so weniger durchschlagend wird Ihr entrüsteter Aufruf: »Nur über meine Leiche!« Benutzen Sie lieber einen anderen Ausdruck.
22. Nach dem Lebensabend ist Feierabend. Wenn Sie noch weiterleben wollen, bedenken Sie, daß das Fernsehen immer unerfreulicher wird: Sie bekommen nur noch Kleinkinder und Halbwüchsige gezeigt, und Ihre Lieblingsstars werden dafür immer älter.
23. Wenn Sie beizeiten aus der Küche ausgetreten sind und Männe in Penision geschickt haben, dürfen Sie sich auf einen friedlich besonnten Lebensabend freuen.

24. Wenn Sie unsere Ratschläge befolgen, garantieren wir Ihnen ein entzückendes Alter. Allerdings: Wer Agonie sagt, muß auch Begonie sagen.

Djuna Barnes
Altweibersommer

Im Alter von dreiundfünfzig Jahren war Madame Boliver wieder jung. Sie wurde mit einem Male von einem Strudel unbekümmerter Jugendlichkeit gepackt und zur strahlenden Schönheit. Was sie mit den Jahren angefangen hatte, die sich zu einer derart vollkommenen Summe addiert hatten, wußte sie nicht – es war ein seltsamer, verschwommener Traum. Sie war unansehnlich, beinahe häßlich gewesen, schüchtern, eine alte Jungfer. Sie war groß und ungelenk gewesen – in dem jugendlichen Alter, das bei Mädchen als Knospe bezeichnet wird, hatte sie sich hingesetzt, als würde sie gleich in der Mitte durchbrechen.

Als sie dreißig war, war sie unverhohlen und in erstaunlichem Maße Yankee gewesen; kerzengerade kam sie eckigen Ganges auf einen zu. Sie war streng, schweigsam und neugierig gewesen. Was wahrscheinlich der Grund dafür war, daß sie Madame genannt wurde. Sie trug Schwarz, das mit weißen Krägen und Manschetten abgesetzt war, ihr Haar war straff zurückgebunden und ließ Ohren mit großen Ohrläppchen sehen. Dies straffe Haar entblößte ihr Gesicht zu jener augenfälligen, unschönen Nacktheit, die Zimmer zuweilen an sich haben, wenn schwere, melancholische Vorhänge aufgezogen werden – sie blickte mit derselben unalltäglichen, erwartungsvollen Miene dem Leben entgegen, die gute Stuben zur Schau tragen, wenn sie sich für die einzige festliche Gelegenheit des Jahres auftun, die bekundet, daß ihre Besitzer keine armen Leute sind.

Sie hatte keine Freunde und konnte keine Bekanntschaften aufrechterhalten – ihre Zunge war scharf, rasch und wahrheitsliebend. Sie sprach selten, doch mit so viel unerbittlicher Strenge und Genauigkeit, daß diejenigen, die einmal mit ihr zu tun gehabt hatten, Sorge trugen, ihr kein zweites Mal in dieser Weise ausgeliefert zu sein.

Sie wurde stetig älter und das ohne Bedauern – lange noch, ehe sie dreißig war, hatte sie alle Ansprüche auf ein gewöhnliches Leben wie auch jegliche Hoffnung auf ein *ungewöhnlich* zu nennendes aufgegeben; sie wandelte auf einem geradlinigen Pfad zwischen beiden, und sie war es zufrieden und machte sich wenig Gedanken darüber, was an ihr das wohl war, das sie ungeliebt und unliebenswürdig gemacht hatte.

Ihre Schwestern hatten geheiratet und sich von ihr entfernt, wie Blütenblätter fortgeweht werden und den kahlen Stengel übriggelassen – ihre Kinder kamen zu ihr wie Pollen, und sie hatte Freude an ihnen und war auf bescheidene Weise glücklich. Früher hatte sie auch einmal von Liebe geträumt, doch das war gewesen, ehe sie noch siebzehn war – zu dem Zeitpunkt war ihr dann klar, daß sie niemand um ihre Hand bitten würde – sie war unansehnlich und unattraktiv, und sie war zufrieden.

Sie war Magd und Ratgeberin in einem geworden – alles, was es zu bewerkstelligen oder zu lösen gab, wurde ihr aufgebürdet. Sie schuftete anstandslos und bereitwillig für andere, und die ließen sie schuften.

Mit dreiundfünfzig erglühte sie in einem Altweibersommer von überwältigender Schönheit. Sie war groß und prachtvoll anzuschauen. Der Duft einer exotischen Blume umwehte sie; sie strömte irgend etwas aus, das in Duft und Ton jene köstliche Nähe zu Schmerz und Lust ahnen ließ; allen bis dahin gestaltlosen Dingen lieh sie plastische Gestalt. Sie war wie ein erlesenes Holz, das zu einem Model geschnitzt worden war – sie atmete unversehens wie jemand, der ein halbes Jahrhundert tot gewesen ist.

Ihr Gesicht war freilich nicht jenes mollige, flaumige nichtssagende Antlitz der ersten Jugend – es war schmal und dunkel und zeigte ein paar höchst empfindsame Fältchen; um den Mund herum gab es Anzeichen eines Humors, den sie nie besessen hatte, und einer Liebe, die sie nie gekannt hatte, einer Freude, die sie nie erlebt hatte, und einer Weisheit, die zu erwerben ihr ganz unmöglich gewesen war. Ihre immer noch neugierigen Augen mit den blauweißen Rändern und der leuchtenden Iris waren halb von seltsam staubigen Wimpern verhangen. Das Haar, das einst straff zurückgekämmt gewesen war, war zwar immer noch zurückgekämmt, doch entblößte es keine so entsetzlich strengen Züge mehr. Vielmehr schien das Haar all jenen einen Gefallen erweisen zu wollen, deren Blick seine bescheidene Fülle suchte, weil es ein Gesicht enthüllte, das zugleich betrachtenswert und ungewöhnlich war.

Ihr Lächeln war reich an Farben – das leuchtende Hellrot ihres Zahnfleischs, die auffällige Weiße ihrer Zähne, der feuchte Schimmer ihres empfindsamen Mundes, das alles erweckte den

Eindruck, Madame Boliver sei durch und durch von einem vollendeten, erlesenen Leben gefärbt.

Wenn sie jetzt den Raum betrat, hoben alle Anwesenden die Köpfe und sprachen über sie. Sie war sich dessen sehr wohl bewußt, und es gefiel ihr – nicht, daß sie übermäßig eitel gewesen wäre, es war nur so neu und unerwartet.

Eine Zeitlang genügte ihr schon ihre bloße Jugend – sie lebte mit sich selbst, als sei sie ein zweiter Mensch, dem der Zugang zu einem wunderschönen, lang ersehnten Traum gestattet worden war. Sie wußte nicht, was sie tun sollte. Hätte sie aufgrund ihrer neuen Jugend die Religion wiederentdecken können, sie hätte an Andachten teilgenommen und mit inbrünstiger Freude und Zuversicht dem Niederknien und Aufstehen beigewohnt, doch gehörte dies zu ihrer einstigen Kindheit und war somit nicht, was sie brauchte.

Damals hatte sie gebetet, weil sie häßlich war; jetzt konnte sie nicht beten, weil sie schön war – sie wollte etwas Neues, dem sie sich zuwenden, mit dem sie sprechen konnte.

Eins ums andere verschwanden die alten, unschönen Dinge, und an ihrer Stelle fanden sich venezianisches Glas und Onyxschalen, Seidenstoffe, Kissen und Parfum ein. Aus ihren Büchern wurden Zeitschriften mit seltsamen, unübertrefflich gelungenen und gewagten Illustrationen.

Alsbald hatte sie einen Salon. Alles riß sich um sie. Herren mit Politikerkoteletten, mit pomadisiertem und gelocktem Haar, überließen ihre Überzieher den Armen feierlich ernster, bestens geschulter Bediensteter.

Junge Studenten mit Blume im Knopfloch und Ambitionen fanden sich ein; ein, zwei Gesandte schauten herein, legten Herzen zu Füßen und empfahlen sich wieder. Dichter und Musiker, Literaten und Künstler, die mit Modernem experimentierten, gruppierten sich um ihre Kaminsimse wie Schmetterlinge sich über Bonbons zusammenfinden und ergossen ihre Herzen in ihr Ohr.

Etliche Herren von Muße und Millionen machten ihr mit Tränlein in den Winkeln ihrer alerten Augen entfesselt den Hof. Professoren mittleren Alters und gar ein Diözesan fanden sich im Gedränge derer, die ihre hübsche Wohnung an den Tagen füllten, wenn sie empfing.

Etwas an Madame Boliver wollte ihr nicht recht nachgeben. Sie war immer noch ängstlich; sie schreckte zusammen, zog mitten in irgendeiner hitzigen Debatte die Hand zurück und erbleichte – bei solchen Gelegenheiten eilte sie dann zum Spiegel, wenn sie auch nie den Kopf wandte, um hineinzuschauen.

War das möglich, daß sie jetzt schön war? Und wenn, würde es andauern? Und ihr Herz sagte ihr: »Ja, es wird andauern«, bis sie endlich glaubte.

Sie ließ die Vergangenheit hinter sich und versuchte, sie zu vergessen. Die Erinnerung daran schmerzte sie, als sei das etwas, das sie in einem Augenblick der Zerstreutheit begangen hatte und dessen sie sich schämen mußte. Sie erinnerte sich daran, wie man sich an eine kleine unrechte Handlung erinnert, die jahrelang im Gedächtnis verborgen lag. Sie dachte an ihre einstige Reizlosigkeit, wie ein anderer an irgendeine selbst verübte Grausamkeit denken mochte. Ihre Augen wurden feucht, wenn sie daran zurückdachte, wie sie sich selbst in den Zwanzigern gesehen hatte. Ihre Lippen zitterten, wenn sie an ihre Strenge und ihre scharfen Erwiderungen zurückdachte.

Ihr eigener Körper warf ihr all das vor, was ihm in ihrer anderen Jugend aufgezwungen worden war, und eine seltsame Leidenschaft bemächtigte sich ihrer und verwandelte die Erinnerung an ihre Schwestern in etwas, das zuweilen jenem Haß der Unterdrückten gleichkam, die sich der Drangsal erinnern, wenn sie der Fülle gewichen ist.

Doch jetzt war sie frei. Sie dehnte sich, sie sang, sie saß lange Stunden träumend, die Ellenbogen aufs Fensterbrett gestützt, und schaute in den Garten hinaus. Sie lächelte, als ihr der alte Brauch der Serenade in den Sinn kam, und fragte sich, wann sie sie wohl selbst kennenlernen würde.

Daß sie dreiundfünfzig war, bereitete ihr niemals Sorge. Es kam ihr nicht einmal in den Sinn. Sie war schon vor langer Zeit, als Zwanzigjährige, dreiundfünfzig gewesen, und jetzt war sie zwanzig mit dreiundfünfzig, das war alles – das war die Entschädigung, und wenn sie ihr mittleres Alter in der Jugend durchlebt hatte, dann konnte sie ihre Jugend auch im mittleren Alter durchleben.

Manchmal dachte sie, wieviel schöner die Natur doch in ihren Betrügereien war als in ihren Heilmitteln.

Diejenigen, die sie umschwebten, boten ihr, ein ums andere Mal, die Ehe an oder wollten sie nach Italien oder Spanien mitnehmen, sie mit Geld und Verehrung überhäufen, und anfangs hatten sie mit ihren Beteuerungen nahezu offene Türen bei ihr eingerannt, weil diese Beteuerungen an sich so neu und so beglückend waren.

Doch desungeachtet war sie irgendwo hinter all ihrer Jugendlichkeit alt genug zu wissen, daß sie nicht liebte, wie sie lieben wollte, und so wartete sie mit einer Geduld, die ihr durch die unablässigen Aufmerksamkeiten der Vielen versüßt wurde.

Und dann war Petkoff, *der Russe,* in Begleitung eines der Studenten gekommen.

Eine schwere Pelzmütze senkte sich bis fast über seine zwinkernden, durchdringenden Augen. Er trug ein Gemisch von Kleidern, das ihn auf Anhieb zugleich als Ausländer wie als armen Mann erkennen ließ. Sein kleiner Schnauzbart bedeckte kaum eben empfindsame, wohlgeformte Lippen, und die gerade Haarsträhne, die ihm zu beiden Seiten seiner enganliegenden Ohren hinabwuchs, erweckte den Eindruck, als gehöre er in eine andere Zeit, so als habe auch er, ungeachtet seines geringen Alters, in der Zeit gelebt, als sie ein Mädchen war. Er konnte nicht viel über dreißig sein, vielleicht war er gerade eben dreißig – er sagte wenig, wandte den Blick jedoch niemals vom Gegenstand seines Interesses.

Er sprach aber nicht schlecht und fiel dabei gelegentlich ins Russische, was sehr pikant war. Mit seinem unbeirrbaren Blick schlug er alle anderen Bewerber aus dem Feld. Er ignorierte die restliche Gesellschaft so gründlich, daß man ihm wenigstens keine Grobheit nachsagen konnte. Wenn einer die bloße Gegenwart seiner Mitmenschen nicht zur Kenntnis nimmt, kann er allenfalls als *seltsam* gelten.

Petkoff war gleichzeitig ein ehrgeiziger und ein selbstbezogener Mensch – in allem war er entschieden und kannte kein zögerndes Versteckspiel, es sei denn, es bedurfte eines solchen, um zum erwünschten Ergebnis zu kommen. Er wirkte anziehend auf Madame Boliver, weil er genauso seltsam war wie sie, ihre Jugend war etwas Fremdes, und das war auch Petkoff.

Er war in dies Land gekommen um einer vielversprechenden Unternehmung willen; er hatte sich also fürs erste als Mensch und in Herzensdingen in acht zu nehmen.

Was er in bezug auf Madame Boliver empfand, war zunächst Erstaunen darüber, daß eine solche Frau noch unverheiratet war; er wußte nichts über ihre Vergangenheit und schätzte sie als wesentlich jünger ein, als sie in Wirklichkeit war. Nach einer Weile wich sein Erstaunen dann dem Vergnügen und schließlich wirklicher, aufrichtiger Liebe.

Er begann, ihr den Hof zu machen, vernachlässigte infolgedessen seine Geschäfte ein wenig und machte sich diesbezüglich Sorgen, blieb aber dennoch hartnäckig.

Er erkannte sehr wohl, daß sie ihrerseits eine tiefe Neigung für ihn zu fassen begann. Stundenlang lief er im Park umher und ließ sich die Affäre gründlich durch den Kopf gehen. Für und Wider gleichermaßen.

Das brachte ihm jedoch nichts ein, außer zunehmender Ungeduld. Er neigte zu eindeutigen Schritten und konnte sich nicht entschließen, zu gehen oder zu bleiben. Im Grunde konnte es für sein Geschäft überhaupt nichts Schlimmeres geben als diese anhaltende fiebrige Unentschlossenheit. Er kam zum Entschluß.

Madame Boliver war selig. Sie begann, sich von ihrem geselligen Leben zurückzuziehen und verwandte statt dessen fast ihre ganze Energie auf die Anbetung ihrer ersten wirklichen Liebe. Sie erhörte ihn auf der Stelle mit einer Spur ihrer einstigen messerscharfen Entschiedenheit und grenzenlosen Freimütigkeit. Er erklärte ihr, sie nehme ihn ja wie ein Stück Kuchen bei einer Teegesellschaft, und sie lachten beide.

Das war im Winter. Madame Boliver war fünfundfünfzig – er fragte sie nie, wie alt sie sei, und ihr kam es nie in den Sinn, es ihm zu erzählen. Sie setzten ihren Hochzeitstermin auf Anfang Juni nächsten Jahres fest.

Sie waren ungeheuer glücklich. Einer nach dem anderen zogen die feurigeren unter den anderen jüngeren Bewunderern sich zurück, doch nur langsam; sie wandten im Gehen ein wenig den Kopf, da sie gleichzeitig zu eitel und zu skeptisch waren, um zu glauben, daß so etwas von Dauer sein könne.

Sie gab immer noch Empfänge, und immer noch waren ihre Zimmer voller Menschen, doch wenn Petkoff eintrat, ein wenig besser gekleidet, aber immer noch ein wenig gleichgültig der Schar der anderen gegenüber, legte ihre ausgelassene Heiterkeit sich schlagartig, und sie sprachen von den neuen Romanen und dem neuesten Trend in der Kunst.

Petkoff hatte in dem Maße von ihnen Notiz genommen, wie es einem Mann geziemt, der weiß, was er erobert hat und von wem und wie vielen. Er blickte sie beiläufig an, doch mit einer Spur von Wohlgefühl.

Madame Boliver wurde schöner, strahlender, graziöser. Ihre Bewegungen begannen fließendem Wasser zu ähneln. Sie war fast zu glücklich, zu geschmeidig, sich ihres Wohlbefindens allzusehr bewußt. Sie wurde arrogant, blieb dabei aber immer noch die strahlende Schönheit; sie wurde eitel, blieb jedoch immer noch anmutig; sie wurde sich selbst zur Gewohnheit, blieb jedoch immer noch nachdenklich. Man könnte sagen, sie war in einem allzu günstigen Alter aufgeblüht; sie war alt genug, um es zu würdigen, und das ist etwas Gefährliches.

Sie brachte Stunden beim Friseur und beim Schneider zu. Ihr Toilettentisch glich einem Schlachtfeld. Hier fand sich das gesamte Waffenarsenal, um das Alter auf Distanz zu halten. Sie fuhr in einer offenen Kutsche die Allee entlang und lächelte, wenn sie ihren Namen und ihr Foto auf der Seite mit den Gesellschaftsnachrichten fand.

Schließlich hatte man den Eindruck, sie sei zwar schön, sich dessen jedoch zu bewußt; talentiert, doch zu eitel; gewandt im Auftreten, doch dessen allzu sicher; eigenartig und ausgefallen und wundervoll, doch ein wenig zu eigenartig, ein wenig zu ausgefallen, ein wenig zu wundervoll. Sie wurde nach außen hin ungeheuer komplex, doch im Innern bewahrte Madame Boliver immer noch ihre Ehrlichkeit, ihre Offenheit und ihre Schlichtheit.

Und dann mußte Madame Boliver sich eines Tages hinlegen. Es begann mit Kopfschmerzen und endete mit starken Schüttelfrösten. Sie hoffte, am nächsten Tag wieder aufstehen zu können, und lag dann eine Woche im Bett. Sie verschob ihre Gesellschaft, weil sie annahm, bald wieder auf den Beinen zu sein, statt dessen hielt sie sie in einem Sessel sitzend ab, von Kissen gestützt.

Petkoff war besorgt und verdrossen. Er hatte Madame Boliver eine Menge Zeit geschenkt, und er hatte auf eine selbstsüchtige, alles umfassende Weise viel für sie übrig. Als sie nicht mehr aufstand, zerbrach er einen venezianischen Becher, indem er ihn in den Kamin warf. Als sie darüber lachte, brach er plötzlich in sehr heftiges Weinen aus. Sie versuchte, ihn zu trösten, doch er wollte sich nicht trösten lassen. Sie versprach ihm, daß sie bald wieder auf den Beinen sein werde, wie eine Mutter einem Kind einen lang ersehnten Gegenstand verspricht. Als sie sagte: »Bald geht es mir wieder gut, Lieber, schließlich bin ich doch eine junge Frau«, hörte er auf und schaute sie durch einen Film schmerzlicher Tränen an.

»Aber bist du das denn wirklich?« fragte er und ließ zum erstenmal seine heimliche Befürchtung laut werden.

Und in diesem Augenblick dämmerte ihr das Grauenhafte der Situation. Der Jugend, wenn die Jugend kommt, wie es ziemlich ist, wohnt das Greisenalter inne, das ihren Verlust verschmerzen kann; doch wenn sie kommt, wenn jemand schon alt ist, fehlt ihm die Zeit, ihren Verlust mitanzuschauen.

Sie setzte sich auf und starrte ihn an.

»Ja, nun«, sagte sie trocken und bestimmt, »so ist das nun mal. Ich bin nicht mehr jung an Jahren.«

Sie konnte nicht sagen *nicht mehr jung*, weil sie jung war.

»Es kommt ja auch nicht darauf an.«

»Oh«, sagte sie, »dir wird es nicht darauf ankommen, uns hingegen schon.«

Sie legte sich zurück und seufzte, und kurz darauf bat sie ihn, sie ein Weilchen allein zu lassen.

Als er fort war, rief sie den Arzt.

Sie sagte: »Mein Freund – sterbe ich schon – so bald?«

Er schüttelte nachdenklich den Kopf. »Natürlich nicht«, versicherte er ihr, »in einer Woche etwa haben wir Sie wieder auf den Beinen.«

»Was hält mich denn dann im Bett fest?«

»Sie haben sich überanstrengt, weiter nichts. Wissen Sie, ein so ausgedehntes gesellschaftliches Leben, liebe Madame, das nimmt noch die Jüngsten mit.« Er schüttelte bei diesen Worten den Kopf und zwirbelte seinen Schnauzbart. Sie schickte ihn ebenfalls weg.

Die nächsten Tage waren glücklich. Sie fühlte sich besser. Sie saß ohne Anstrengung im Bett. Sie genoß Petkoffs liebevolle Aufmerksamkeit, die er ihr mit frischem Eifer zuteil werden ließ. Er hatte Angst gehabt, und er verschwendete mehr übertriebenes Lob und mehr bestrickende Worte auf sie als je zuvor. Er war wie ein Mann, der, als er sein Vermögen schwinden sah, erkannt hatte, wie teuer es ihm doch war und wie unentbehrlich, als es ihm zurückkehrte. Dadurch, daß er sie fast verloren hatte, wußte er einzuschätzen, was er empfunden hätte, hätte er sie wirklich verloren.

Es wurde zu einem Scherz zwischen ihnen, daß sie überhaupt irgendwelche Befürchtungen gehegt hatten. Im Klub schlug er seinen Freunden auf den Rücken und rief: »Gentlemen, eine schöne, junge Frau.« Und dann erwiderten sie gewöhnlich den Schlag und riefen: »Glückspilz.«

Sie bestellte einen großen Wein- und Kuchenvorrat für die Hochzeitsfeier, kaufte ein paar neue venezianische Gläser und genehmigte sich ein paar neue kostbare alte Teppiche für den Fußboden. Sie liebäugelte außerdem ziemlich mit einem neuen Kleid, das für eine bemerkenswert niedrige Summe angeboten wurde, doch sie begann sich zu zügeln, denn sie hatte es eigentlich doch arg übertrieben.

Und eines Tages starb sie.

Petkoff kam in einer aufgewühlten, seltsamen Stimmung. Vier Kerzen brannten zu Kopf und Füßen, und Madame Boliver war schöner denn je. Stampfend, so daß er mit jedem Schritt kleine Staubspiralen vom neu erworbenen Teppich emporsandte, schritt Petkoff neben der Bahre auf und ab. Er beugte sich vor und zündete sich an einer der flackernden Kerzenflammen eine Zigarette an. Madame Bolivers ältliche Schwester, die neben der Toten kniete, hüstelte und blickte vorwurfsvoll in Petkoffs Gesicht hinauf, der einmal mehr jeden und alles vergessen hatte. »Verdammt!« sagte er und schob die Finger in die Weste.

Quellenverzeichnis

Isabel Allende. 1942
Eine Rache
In: Isabel Allende. Eine Rache und andere Geschichten. Aus dem Spanischen von Lieselotte Kolanoske
© Suhrkamp Verlag Frankfurt am Main 1990
Für immer
In: Isabel Allende. Paula. Aus dem Spanischen von Lieselotte Kolanoske.
© Suhrkamp Verlag Frankfurt am Main 1995
Tosca
In: Isabell Allende. Geschenk für eine Braut. Geschichten. Aus dem Spanischen von Lieselotte Kolanoske.
© Suhrkamp Verlag Frankfurt am Main 1990

Ingeborg Bachmann. 1926–1973
Undine geht
In: Ingeborg Bachmann. Werke. Herausgegeben von Christine Koschel, Inge von Weidenbaum und Clemens Münster. Zweiter Band: Erzählungen
© Piper Verlag GmbH, München 1978

Djuna Barnes. 1892–1982
Aller et Retour
In: Djuna Barnes. Leidenschaft. Neun Erzählungen. Deutsch von Karin Kersten.
Copyright © by Verlag Klaus Wagenbach, Berlin 1986
Altweibersommer
In: Saturnalien
© Verlag Klaus Wagenbach, Berlin 1987

Ulla Berkéwicz. 1953
Nonnenstieg
Aus: Ulla Berkéwicz. Adam
© Suhrkamp Verlag Frankfurt am Main 1987

Leonora Carrington. 1917
Ich bin nicht mehr das entzückende junge Mädchen, das einmal verliebt durch Paris gegangen ist

In: Leonora Carrington. Unten. Aus dem Französischen von Edmund Jacoby.

Kim Chernin. 1940
Geliebtes Wesen!
Die-da
In: Kim Chernin. Über die Grenze. Eine Entdeckungsreise. Aus dem Amerikanischen von Christel Dormagen.

Tove Ditlevsen. 1918–1976
Es ist die Hölle auf Erden
In: Tove Ditlevsen. Sucht. Erinnerungen. Aus dem Dänischen von Erna Plett in Zusammenarbeit mit Else Kjaer.

Marguerite Duras. 1914–1996
Die Sache hing einzig und allein von ihr ab
Ich habe ein zerstörtes Gesicht
In: Marguerite Duras. Der Liebhaber. Aus dem Französischen von Ilma Rakusa.

Marieluise Fleißer. 1901–1974
Ein Pfund Orangen
In: Ein Pfund Orangen und neun andere Geschichten der Marieluise Fleißer aus Ingolstadt.

Evelyn Grill. 1942
Versuchter Eingriff
In: Evelyn Grill. Wilma. Erzählung.

Marlen Haushofer. 1920–1970
Die Zeit
Der Entschluß
I'll be glad when you're dead
In: Marlen Haushofer. Schreckliche Treue. Erzählungen. Deutscher Taschenbuchverlag GmbH & Co. KG.

Marie Luise Kaschnitz. 1901–1974
Ich liebe Herrn X.
In: Marie Luise Kaschnitz. Gesammelte Werke. Vierter Band. Die Erzählungen. Herausgegeben von Christian Büttrich und Norbert Miller.
© Insel Verlag Frankfurt am Main 1983

Jamaica Kincaid. 1949
Mädchen
In: Jamaica Kincaid. Am Grunde des Flusses. Aus dem Amerikanischen übertragen von Sarah und Moritz Kirsch.
© 1986 Deutsche Verlags-Anstalt GmbH, Stuttgart.

Hertha Kraeftner. 1928–1951
Wenn ich mich getötet haben werde
In: Hertha Kraeftner. Kühle Sterne. Gedichte, Prosa, Briefe. Aus dem Nachlaß herausgegeben von Gerhard Altmann und Max Blaeulich. Mit zwei Nachworten.
Copyright © 1997 by Wieser Verlag, Klagenfurt-Salzburg

Sabine Küchler. 1965
Eiscafé ›Jugend‹.
In: Sabine Küchler. In meinem letzten Leben war ich die Callas.
© Suhrkamp Verlag Frankfurt am Main 1993

Else Lasker-Schüler. 1869–1945
Mein Liebesbrief
Wenn mein Herz gesund wär
In: Else Lasker-Schüler. Gesammelte Werke. Band 2. Prosa und Schauspiele. Herausgegeben von Friedhelm Kemp
© Suhrkamp Verlag Frankfurt am Main 1996

Clarice Lispector. 1925–1977
Liebe.
In: Clarice Lispector. Die Nachahmung der Rose. Übertragung aus dem Brasilianischen und Nachwort von Curt Meyer-Clason.
© Suhrkamp Verlag Frankfurt am Main 1982
Leben pur
In: Clarice Lispector. Wo warst du in der Nacht. Erzählungen. Aus dem brasilianischen Portugiesisch von Sarita Brandt.
© Suhrkamp Verlag Frankfurt am Main 1996

Katherine Mansfield. 1888–1923
Ihr erster Ball
In: Katherine Mansfield. Das Gartenfest und andere Erzählungen. Aus dem Englischen von Heide Steiner.
© Insel Verlag Frankfurt am Main und Leipzig 1995

Angeles Mastretta. 1949
Neben dir will ich nicht begraben werden
Cristina Martínez
In: Angeles Mastretta. Frauen mit großen Augen. Aus dem Spanischen von Monika López.
© Suhrkamp Verlag Frankfurt am Main 1994

Meret Oppenheim. 1913–1985
Selbstportrait seit 50000 v. Chr. bis X
In: Meret Oppenheim. Husch, husch, der schönste Vokal entleert sich. Gedichte. Zeichnungen. Herausgegeben und mit einem Nachwort von Christine Meyer-Thoss
© Suhrkamp Verlag Frankfurt am Main 1984

Grace Paley. 1922
Liebe
Mutter
Wollen
In: Grace Paley. Adieu und viel Glück. Gesammelte Geschichten. Aus dem Amerikanischen von Hanna Muschg, Marianne Frisch und Jürg Laederach.
© Suhrkamp Verlag Frankfurt am Main 1987

Dorothy Parker. 1893–1967
Geburtstagsblues
In: Der Rabe. Magazin für jede Art von Literatur. Herausgegeben von Gerd Haffmanns.
© 1944 by Dorothy Parker

Sabine Peters. 1967
allein in der achterbahn.
In: Erste Einsichten. Neueste Prosa aus der Bundesrepublik. Herausgegeben von Christian Döring und Hajo Steinert.
© Suhrkamp Verlag Frankfurt am Main 1990

Sylvia Plath. 1932–1963
Je mehr ich darüber nachdachte
Doktor Gordons Privatklinik

In: Sylvia Plath. Die Glasglocke. Aus dem Amerikanischen von Reinhard Kaiser.

Luise F. Pusch. 1944
Schöner altern
Abdruck mit freundlicher Genehmigung von Luise F. Pusch

Mercè Rodoreda. 1909–1983
Das Kindermädchen
Ein Brief
In: Mercè Rodoreda. Der Fluß und das Boot. Erzählungen. Aus dem Katalanischen und mit einem Nachwort versehen von Angelika Maass.

Renate Rubinstein. 1929–1990
Montag. Scheiße. Mann weg
In: Renate Rubinstein. Nichts zu verlieren und dennoch Angst. Notizen nach einer Trennung. Aus dem Holländischen von Johannes Piron.

Lisa St Aubin de Terán. 1953
Die Schuhe
Die Gärtnerin
In: Lisa St Aubin de Terán. Der Marmorberg und andere Geschichten. Aus dem Englischen von Ebba D. Drolshagen.

Dubravka Ugrešič. 1949
Refugee
Body
In: Dubravka Ugrešić. My American Fictionary. Aus dem Kroatischen von Barbara Antkowiak.

Alissa Walser. 1961
Geschenkt
In: Alissa Walser. Dies ist nicht meine ganze Geschichte.